U0535867

古典学还有未来吗？

Confronting the Classics:
Traditions, Adventures, and Innovations

从古希腊罗马到现在

[英]玛丽·比尔德 著
汪蘅 译

MARY BEARD

北京联合出版公司

本书献给彼得·卡森

目 录

序　言　　　　　　　　　　　　　　　　　　　　　　i

导　论　古典学还有未来吗？　　　　　　　　　　　iv

第一部分　古希腊

1　废墟建造者　　　　　　　　　　　　　　　　　5

2　萨福开言　　　　　　　　　　　　　　　　　17

3　相信哪个修昔底德？　　　　　　　　　　　　25

4　亚历山大：如何伟大？　　　　　　　　　　　37

5　希腊人笑什么？　　　　　　　　　　　　　　52

第二部分　早期罗马的英雄与恶棍

6　谁要雷穆斯死？　　　　　　　　　　　　　　67

7　绝境中的汉尼拔　　　　　　　　　　　　　　77

8	到什么时候?	85
9	罗马的艺术窃贼	96
10	倾向性报道恺撒之死	107

第三部分 帝国时期的罗马——皇帝、皇后和敌人

11	寻找皇帝	119
12	克里奥帕特拉:神话	132
13	与帝国成婚	144
14	卡利古拉的讽刺?	155
15	尼禄的斗兽场?	165
16	不列颠女王	173
17	龙套皇帝	182
18	哈德良和他的别墅	193

第四部分 罗马从下到上

19	获释奴隶与势利眼	207
20	算命、口臭和压力	218
21	把军队挡在罗马城外	227
22	罗马统治的不列颠的生与死	235
23	南希尔兹的亚拉姆语	244

第五部分　艺术 & 文化；游客 & 学者

24	唯有埃斯库罗斯能行？	259
25	大显身手	267
26	别忘了木髓帽	278
27	游客的庞贝城	288
28	金　枝	298
29	哲学遇见考古学	308
30	遗漏了什么	317
31	阿斯特里克斯与罗马人	327

后　记	评述古典学	338
致　谢		349
文章来源		351
出版后记		355

序　言

本书是一次跟随导游在古典世界中的旅行，从克里特岛的克诺索斯史前宫殿到阿斯特里克斯和他的朋友们仍在抵抗罗马人的那座虚构的高卢村庄。两者之间，我们会遭遇古代史中一些最负盛名或最声名狼藉的人物：萨福、亚历山大大帝、汉尼拔、尤利乌斯·恺撒、克里奥帕特拉、卡利古拉、尼禄、布狄卡和塔西佗（这些只是精选人物）。我们还会一睹希腊和罗马绝大多数普通人的生活——奴隶、军队里的新兵、生活在整个罗马帝国军事占领下的数百万人（更不用说第19章里我自己尤其喜爱的罗马面包师欧律萨西斯［Eurysaces］）。这些人会为什么事而发笑？他们会清理牙齿吗？需要帮助或建议时——比如婚姻出问题或破产了——该去找谁？我希望本书[1]能为读者们介绍，或重新介绍古代史中最扣人心弦的章节和各阶层最令人难忘的人物；我还希望它能回答一些饶有趣味的问题。

1　本书原名为 *Confronting the Classics: Traditions, Adventures and Innovations*（《直面古典学：传统、冒险与创新》）。——编者注

但我的目标更为远大。Confronting the Classics 书如其名。本书也谈及我们能如何参与或挑战古典传统，为何就算到了 21 世纪，古典学还有那么多可争论的事；简单讲，这本书是关于这个学科为何仍然"正在施工"，而非"尘埃落定"（或者用我的副标题来说，它为何既是"传统"，也是"冒险"和"创新"）。我希望在后面的章节中这个意思能传达得妥帖清楚。会有惊喜等着你，你也能品尝到或新或旧的激烈争论。古典学家仍在奋力琢磨修昔底德艰深得可怕的希腊语究竟是何含义（我们有进展，但还没完成），我们在克里奥帕特拉在罗马史上到底有多重要、卡利古拉皇帝能否被当作精神病一笔勾销这些问题上还有分歧。与此同时，现代的眼光总能找到各种办法开启新问题，有时还会找到新答案。我希望本书为更广泛的读者展现眼下的一些辩论——从波斯文献对我们理解亚历山大大帝有什么帮助，到罗马人到底用什么样的手段来获得足够奴隶以满足需求。

关键词是辩论。我在导论中将再次强调，研究古典学就是进入一场谈话——不仅同古代本身的文献和物质遗存交谈，还要同之前几个世纪尝试理解、引用或再现希腊人和罗马人的人们交谈。部分出于这个原因——因为他们也在对话中——早几代的学者和考古学家、旅行家、艺术家和文物研究者在这本书中获得了应有的关注。不屈不挠的阿斯特里克斯也因此得到关注，因为——我们直说吧——我们中的很多人最初都是通过他那伙勇敢的高卢人来学习如何思考罗马帝国主义的冲突的。

本书全部章节都来自过去 20 多年登载于《伦敦书评》（London Review of Books）、《纽约书评》（New York Review of Books）或《泰晤士报文学增刊》（Times Literary Supplement）上的书评与随

笔，并经过修改和增补，这是恰当的。我在后记中会对书评这一行业多讲一点。现在就让我单纯地坚持说，书评长久以来就是古典学辩论最重要的场所之一。我希望随后的篇章能够表明古典学为何仍是值得我们带着尽可能严谨的态度——更不必提乐趣与幽默——去讨论的学科。

****

不过本书的开篇是 2011 年 12 月我不胜荣幸地在纽约公共图书馆发表的罗伯特·B. 西尔维斯演讲的一个版本。"古典学还有未来吗？"这个标题直击要害。如果你愿意，这就是我的宣言。

导　论
古典学还有未来吗？

对于已故的特伦斯·拉蒂根（Terence Rattigan）来说，2011年好得不同寻常：弗兰克·兰杰拉（Frank Langella）在百老汇主演了他的戏剧《男人与男孩》（Man and Boy，一个金融家败亡的热门故事），这是20世纪60年代以来该剧首次在纽约上演；《蔚蓝深海》（The Deep Blue Sea）[1]拍成了电影，剧中和一位飞行员发生恋情的法官妻子由蕾切尔·薇兹（Rachel Weisz）扮演，影片11月底在英国首映，12月于美国上映。这一年是拉蒂根百年诞辰（他去世于1977年），随之带来百年诞辰往往会有的重新评价。多年来，在评论家眼里——尽管伦敦西区观众不这样认为——他关于特权阶层压抑痛苦的优美故事无法与约翰·奥斯本（John Osborne）和其他愤怒的年轻戏剧家的工人阶级现实主义匹敌。但

---

[1] 拉蒂根1952年的一部戏剧作品，后拍成电影。除非特殊标注，本书脚注均为译者所加，以下不再一一说明。

我们一直学着重新审视。

我一直在重新审视拉蒂根的另一部剧作，1948年首演的《布朗宁译本》(*The Browning Version*)。本剧讲述了安德鲁·克罗克-哈里斯（Andrew Crocker-Harris）的故事，他是一位40多岁的英国公学教师，严厉老派，因严重心脏病被迫提早退休。"老家伙"（"the Crock"，这是孩子们对他的称呼）的厄运还在于娶了个名叫米莉的十足恶毒的女人，她除了和科学老师保持时断时续的婚外情，就是在家里想方设法，以花样繁多的虐待手段毁掉丈夫。

但该剧的剧名却将我们带回古典世界。你可能已经猜到了，"老家伙"教古典学（顶着克罗克-哈里斯这名字他还能教什么别的？），剧名里的"布朗宁译本"指的是1877年罗伯特·布朗宁（Robert Browning）翻译的埃斯库罗斯《阿伽门农》的著名译本。希腊原作创作于公元前5世纪50年代，讲述阿伽门农王从特洛伊战争返家后的悲剧，他刚到家就被妻子克吕泰涅斯特拉和她在丈夫离家期间找的情人谋杀。

某种意义上，这部经典才是拉蒂根这出戏里真正的明星。学生约翰·塔普罗（John Taplow）将这本书作为退休礼物送给"老家伙"，他一直在上额外的希腊语课，逐渐对暴躁的老教师感到了某种爱戴之情。赠送礼物是情节中关键的一刻，几乎是救赎的一刻。克罗克-哈里斯的面具第一次滑落：打开"布朗宁译本"时他哭了。他为什么哭？首先，因为它迫使他面对自己如何在一段出轨的婚姻中被毁（这不算是女权主义戏剧）的事实，就像阿伽门农那样。但他哭泣还因为年少的塔普罗写在扉页上的话。那是《阿伽门农》的一句台词，用希腊语认真抄写出来，"老家伙"把它译作"神从远处仁慈地关照温柔的主人"。他把这句话理解为对自己职业生涯的评论：他从来都保证不是个温柔的师长，神也没有仁慈地关照过他。

拉蒂根在剧中不仅探索了英国中上阶层备受折磨的心理（但它并不仅仅是另一个"校园故事"，某些英国作家对此有怪异的迷恋）。受过良好古典学训练的他在此也提出了关于古典学、古典传统、我们在现代对它的参与等核心问题。古代世界能在何种程度上帮我们理解自己的世界？我们重新阐释或再挪用古代世界时应设何种限制？当埃斯库罗斯写下"神从远处仁慈地关照温柔的主人"时，考虑的当然不是教师，而是一位军事征服者；事实上，这句话——我猜这也是拉蒂根的重点之一——是阿伽门农对克吕泰涅斯特拉说的最后一番话里的一句，之后她便带他进去杀了他。

换句话说，我们要如何让古代世界对我们产生意义？我们如何翻译它？年轻的塔普罗实际上并不高看布朗宁的翻译，确实，按我们的品味，那是用糟糕的19世纪诗歌语言译成的（布朗宁将关键台词译作"和善地征服的人，神自天上，仁慈地关照"，我们中的大多数人是很难因为这种句子而迫不及待地往下阅读的）。不过当塔普罗自己在课上因埃斯库罗斯的希腊语而激动，为一段谋杀段落做出了极富生气但略欠精确的翻译，"老家伙"却训斥他——"你应该是在翻译希腊语"——也就是说，逐字逐句按照字面翻译这语言——"而不是和埃斯库罗斯合作"。

我想大多数人现在都站在合作者这边，坚信需要和古典传统发生关联，又要与之争论，而不仅仅是复制或装腔作势地谈论。在这样的语境下，我忍不住要向你们提起2011年12月去世的英国诗人克里斯托夫·洛格（Christopher Logue）现代得令人骇然的荷马史诗《伊利亚特》译本，包括《国王》(*Kings*)、《战曲》(*War Music*)等，加里·威尔斯（Garry Wills）曾称之为"继（亚历山大·）蒲柏后最好的荷马翻译"。我觉得这一评论既由衷，又有点反讽。因为好笑之处在于我们的首席荷马合作者洛格一个希腊字也不识。

拉蒂根提出的不少问题都构成了我必须在此阐明的论点的基础。我并不是要努力说服谁古典文学、文化或艺术值得严肃对待；我想这在大多数情况下可能都是多此一举。相反，我想要表明古典学的文化语言和古典文学仍是"西方文化"根本的、不可抹除的方言土语，内嵌于拉蒂根的戏剧中，也同样嵌于泰德·休斯（Ted Hughes）的诗歌、玛格丽特·阿特伍德（Margaret Atwood）或唐娜·塔特（Donna Tartt）的小说中——毕竟《校园秘史》(*The Secret History*)写的不可能是一个地理系的故事[1]。但我也想更细致地考察我们对古典学问的衰落的执着关注。在这一点上，拉蒂根的《布朗宁译本》或其后续也提供了引人入胜的视角。

这出戏一直很受一文不名的剧院和电视公司欢迎，有个很简单的原因：拉蒂根将整出场景设在克罗克-哈里斯的起居室里，要搬上舞台极其便宜。但《布朗宁译本》也已经有了两个电影版本，它们确实跨出克罗克-哈里斯的公寓，开发了英国公学的电影潜力，从古色古香带护墙板的教室到绵延的绿色板球场。拉蒂根亲自为1951年由迈克尔·雷德格雷夫（Michael Redgrave）主演的第一部电影写了剧本。他利用电影较长的形式阐述了教育哲

---

[1] 唐娜·塔特的畅销小说《校园秘史》讲述一群学习古典学的学生和老师的故事。

学,把科学教学(由米莉的情人代表)与古典学教学(由"老家伙"代表)对立起来。他还给接替"老家伙"担任古典学教师的吉尔伯特先生更多戏份,清楚表明他会从刻板的拉丁语希腊语语法功夫转移到我们现在所谓更"以学生为中心"的方法上。

1994年制作了另一部电影,这次的主演是阿尔伯特·芬尼(Albert Finney)。故事被现代化了:米莉更名劳拉,她的科学教师情人显然是个学院派美国人。老版故事的某些感觉依然存在:芬尼朗读埃斯库罗斯的几行诗句时把全班都迷住了,收到"布朗宁版本"的礼物时比雷德格雷夫哭得更动情。但在引人瞩目的情节转折中引入了新的衰落叙事。这个版本里,"老家伙"的继任者其实是要完全停止教授古典学。"我的职责范围,"他在影片中说道,"是组织一个新的语言系:现代语言,德语、法语、西班牙语。毕竟现在是个多元文化社会了。""老家伙"被视为他那个物种的最后孑遗。

但如果说本片是在预言古典学问的死亡,它似乎也无意之中确认了这一点。某个场景中,"老家伙"看来正带着全班苦读一段埃斯库罗斯的希腊文,学生们觉得特别难。任何眼尖的古典学家都会轻易看出他们何以遭遇困境:每个男孩桌上只有一本企鹅版埃斯库罗斯译本(其封面一望而知);他们根本没有希腊文课本。可以想象,道具组的某个家伙被打发去找20本《阿伽门农》,又知识不足,只想到拿来英文译本。

多数读者可能已然熟悉古典学问终结的幽灵了。我要带着些许惶恐尝试以新角度看待这一问题,越过令人沮丧的老生常谈,(部分在特伦斯·拉蒂根的帮助下)以新眼光看待我们自认的"古典学"一词表达的含义。但首先我们要回忆近来关于古典学现状——别管其未来如何了——的讨论倾向于强调什么。

基本信息是黯淡的。确实，过去十来年出现了数百本书籍、文章、书评和评论版文章，标题诸如《危机中的古典学》《古典学能否存活？》《谁杀死了荷马？》《美国为何需要古典传统》《从保守派手里拯救古典学》。所有这些都以不同方式哀悼古典学的死亡，对其尸体进行解剖，或推荐一些颇为姗姗来迟的急救步骤。这些文字中陈列的冗长的黯淡事实和数字及其腔调大体上都很熟悉。常见大标题是拉丁语和希腊语在学校中的衰落（近些年，英格兰和威尔士只有不足 300 名年轻人选择古希腊语作为 A-level 考试的一门科目，且绝大多数来自私立学校）或全球大学古典学系关闭。

实际上，2011 年 11 月正式发起了一项国际请愿，鉴于古典语言日益边缘化，请联合国教科文组织宣布拉丁语和希腊语为受特殊保护的"人类非物质文化遗产"。我不确定我怎么看待这种像对待濒危物种或珍贵遗址一样对待古典语言的做法，但我敢说，眼下（如请愿书所言）提出让意大利政府特别承担这些保护职责（好像它手上的事还不够多似的），不算顶好的政治活动。

这种衰落是什么导致的？这个问题引来了五花八门的答案。有人认为古典学的支持者只能怪自己。这是"欧洲死白男"类型的主题，被过于频繁地当作各种各样文化和政治过失的方便的托词：从帝国主义和欧洲中心主义到社会上的势利眼和最令人厌烦的教学形式。英国人手持西塞罗著作主宰帝国；戈培尔选择希腊悲剧作床头读物（另外，如果你相信马丁·贝尔纳［Martin Bernal］[1]的说法，戈培尔本来会从古典学术的自身传统中找到证

---

1 马丁·贝尔纳（1937—2013），英国学者，其著作《黑色雅典娜》提出希腊文明埃及起源说，激发了许多争议。

据来证明其疯狂的雅利安优越论）。人们有时会说，古典学在新的多元文化世界中是自食其果。更不用说至少在英格兰，拉丁语学习历代以来都是森严的阶级特权和社会阶层排外性的把关人——纵然其表面上的受益人为此付出了惨重的代价。它让你得以进入少数精英行列，没错，但也将你的童年时光投入了想象力可及的最逼仄的教学课程：无非是拉丁语的双向翻译（等你年长一些时就是希腊语）。在电影《布朗宁译本》中，我们看到克罗克-哈里斯让学生们将丁尼生的《夏洛特的女郎》（*The Lady of Shalott*）前4节译为拉丁语：此种练习既具威信又毫无意义。

其他人声称古典学溃败于现代学术政治之中。如果你信奉维克多·戴维斯·汉森（Victor Davis Hanson）及其同僚的观点，你必然坚定地将本学科的普遍衰败怪罪到野心勃勃的常青藤——无疑还有牛剑（Oxbridge）——学界人士头上，他们（一边追求着高薪和悠长假期）沿着某些自私自大的后现代死胡同偏离，而普通学生和"外面那些人"真心想要了解荷马和其他希腊罗马杰出人物。对此的反驳则是：也许恰恰因为古典学教授们拒绝和现代理论打交道，坚持透过玫瑰色的滤镜看待古代世界（似乎它是某种应当仰慕的文化），本学科才命悬一线，眼看就要变成一潭古董死水了。

有些声音坚持认为我们应正视古典时代的污秽悲惨、奴隶制、厌女症和不理性，这可以通过摩西·芬利（Moses Finley）[1]和爱尔兰诗人兼古典学家路易·麦克尼斯（Louise MacNeice）追溯至我

---

1 摩西·芬利（1912—1986），美国出生的英国古典学者，1955年因受麦卡锡主义审查牵连移居英国，后长期在剑桥任教，其著作包含令人深受启发、具开创性的《奥德修斯的世界》和《古代经济》。

本人的 19 世纪剑桥前辈、卓越的简·艾伦·哈里森（Jane Ellen Harrison）[1]。当我本应记得希腊的光荣时，麦克尼斯在《秋季日志》（*Autumn Journal*）中令人难忘地写道：

> 我却想起
> 恶棍，冒险家，投机分子，
> 漫不经心的运动员和花花公子……
> ……喧闹声
> 来自煽动家和骗子；女人们泼洒
> 奠酒在墓地
> 还有德尔斐的修剪工和斯巴达的傀儡以及最后
> 我想起了奴隶。

当然，不是一切关于古典学现状的文字都是无法挽救的阴郁。例如有些活泼的乐观主义者指向了公众对古代世界的新兴趣。见证一下《角斗士》等电影或斯泰茜·希弗（Stacy Schiff）的克里奥帕特拉传记的成功，或者文学上源源不断的对古典学的致敬或参与（其中包括，光是 2011 年一年就至少有 3 部重要的对荷马史诗的小说或诗歌再创作）。另外，与戈培尔和英国帝国主义之邪恶例证相对照，你可以列出古典传统的整整一系列形形色色的更激进的英雄，从西格蒙德·弗洛伊德、卡尔·马克思（他的博士论文就是关于古典哲学的）到美国国父们。

---

[1] 简·艾伦·哈里森（1850—1928），英国古典学者和语言学家，古希腊宗教与神话研究的奠基者之一。

至于拉丁语本身，在后克罗克-哈里斯的世界中讲述了一系列不同的故事。在这门语言的教学活动尚未全然废除的地方，现在你可能会看到摆脱了老式语法训练折磨后的拉丁语如何对智力和语言发展产生巨大影响：不论是声称学习拉丁语提高儿童智商分数的基于纽约布朗克斯区学校的调研，还是一些常见的断言，说如果想学法语、意大利语、西班牙语或任何你乐意列出的其他印欧语言，懂得拉丁语会有极大帮助。

但这里有个问题。乐观主义者有些反对意见确实击中要害。古典学所描述的过往从来就不是某一种政治倾向的专属：古典学为之正名的革命很可能和它为之正名的保守独裁政权一样多（多年以来，埃斯库罗斯既为支持撒哈拉以南非洲的解放运动而上演，也为纳粹宣传而上演）。但有些反诉明显属于误导。《角斗士》的成功毫不新鲜；想一想《宾虚》《斯巴达克斯》《罗宫春色》，还有《庞贝末日》的大量版本，几乎可直接追溯到电影工业初期。流行的古典传记的成功也一样；我这一代有无数人都是通过现在很大程度已被遗忘的迈克尔·格兰特（Michael Grant）撰写的各种传记被引入古代的。

我也担心现在用来为拉丁语学习辩护的许多理由也很危险。拉丁语当然能教你语言和语言机制，它是"死语言"这一点也能非常让人释然：你不用学习用拉丁语点披萨，或询问去大教堂的方向，对此我永远感恩。但老实说，如果你想学法语，直接去学要更好，而不是从另一种语言开始。学拉丁语其实只有一个好理由，那就是你想阅读拉丁语写的东西。

不过这不是我的主旨。我的更大的问题是：究竟是什么驱动我们如此锲而不舍地考察古典学的"状态"并购买那些哀悼其衰落的书籍？阅读了种种意见后，有时候你可能感觉正进入一种奇怪样式的医院剧：一种学术的急救室，里边的患者（"古典学"）显得疾病在身，其身边围绕着不同的医生，他们的诊断或预断都无法达成一致。是不是病患只是在装病，其实特别健康？是不是可以逐渐改善病人的健康但也许再也不能恢复到最佳状况？还是说患者已经病入膏肓，仅有选项是姑息治疗或隐秘的安乐死？

但更切题的也许是，我们为什么对古典学将要发生什么如此感兴趣，又为什么以此种方式讨论它，并用互不相让的答案填满这么多书页？关于"古典学衰落的辩论"和这个迷你出版业有一点自相矛盾之处，它似乎是靠着一大批古典学核心支持者来购买记录其消亡的书籍的。我的意思是，如果你不在乎拉丁语、希腊语和古典传统，你也不会选择读一本讨论为何不再有人关心这些事的书。

当然，我们对"古典学"是什么的不同假设构成了围绕其健康状况的不同说法的基础：从多少可以归结为对拉丁语和希腊语的学术研究，到光谱的另一端，也就是更宽泛意义上大众对一切形式的古代世界的兴趣。大家对"古典学"的情况到底如何意见不同，部分原因在于当他们谈论"古典学"（Classics，美国一般写作"the classics"）时，谈的并非同一件事。我不打算在这里直接给出新定义。但我要拾起特伦斯·拉蒂根剧本中出现的一些主题，并提出古典学内嵌于我们思考自身和自身历史的方式中，其方式比我们通常承认的更复杂。它们不只来自或关于遥远的过去。它们也是我们在与古代概念的对话中业已学会言说的文化语言。显而易见，某种意义上，如果它们与什么人有关，那么它当然和我们有关，不亚于和希腊罗马人有关。

不过首先是有关衰落的修辞,让我给你另一篇阴郁之辞:

> 吾人从四面八方听闻自信的断言……希腊语和拉丁语之事已毕——其时日已逝。如果这些语言作为有力的教育工具的消亡是文明进步所要求的不可避免的牺牲的话,痛惜亦是徒劳,吾人只能屈服于必然。但鉴诸历史,我等可知,伟大的霸业陨落的一个重大原因是其守卫者的无所作为和目光短浅。因此,那些相信……希腊语和拉丁语可以和过去一样,在未来继续赋予所有人类更高等教育以珍贵益处的人们,其责任便是询问这些原因是否存在,如何能立即去除。因为这些学问一旦失败,就像路西法一样,便是永劫不复。吾人必定无法期望第二个文艺复兴。

你可能已经从修辞风格猜到这不是昨天写的(尽管昨天你可能听到了颇为类似的观点)。这其实是剑桥拉丁学者 J. P. 波斯特盖特(J. P. Postgate)在 1902 年对拉丁语和希腊语衰落的悼词——这段哀悼词很有名,登载于一份影响很大的伦敦杂志(《双周评论》[*The Fortnightly Review*])上,其威力直接导致一百多年前英国成立了古典学会,目标是将想法相同的各方聚在一起,开门见山要拯救古典学。

重点在于,如果你查看古典传统的历史,就会发现这样的哀悼或焦虑比比皆是。人所共知,托马斯·杰斐逊在 1782 年为自己的教育课程中古典学的显要地位辩护,部分理由就是欧洲正在发生的事:"我被告知希腊语和拉丁语学习在欧洲正逐渐废止。我不了解其风俗和职业要求什么:但如果我们在这件事上仿效他们,就太考虑不周了。"

这在我们看来简直荒谬；因为对我们而言这是来自古典研究和知识黄金时代的声音，那是我们已失去的时代。但它们有力地提醒我们古典学在象征层面上最重要的一个方面：那种行将失去的感受、我们和遥远古代之间的联系脆弱得令人生畏（总在断裂的危险中）、对门口的野蛮人的恐惧、对我们就是无力保存珍视之物的忧虑。也就是说，关于古典学衰落的文章并非对古典学的评论，而是古典学内部的辩论：它们某种程度上是在表达一直浸染在古典学研究中的失落、渴望、乡愁等情绪。有创造力的作家往往比职业古典学家更敏锐地捕捉这种感受。消逝、缺席、往昔的荣光、时代的终结，这种感受就是《布朗宁译本》非常清晰的一条信息。

但脆弱的另一面却是托尼·哈里森（Tony Harrison）非凡的剧本《俄克喜林库斯[1]的追踪者》（*The Trackers of Oxyrhynchus*）的一个重要主题，本剧 1988 年首演，（在混合了古代和现代的复杂情节中的一部分里）讲述一对英国古典学家正在挖掘埃及城市俄克喜林库斯的垃圾堆，想找到莎草纸碎片，上面或许包含古典文学所有那些"新"残片，或为古代世界平凡而混乱的真实生活提供宝贵的一瞥。但正如哈里森坚持认为的，你能得到的就是字纸篓里的碎片——而这一过程中的困窘和失望让其中一位挖掘者发了疯。

真相是古典学从定义上就是在衰落中的；就算在如今所称的"文艺复兴"时期，人文学者也并未庆贺古典学的"重生"；他们

---

[1] 古埃及城市，重要的考古遗址，在当地发掘出大量莎草纸文书。

倒是很像哈里森的"追踪者",基本上投身于绝望的孤注一掷,试图挽救脆弱而转瞬即逝的古典遗迹免于湮没。至少从公元2世纪起,就没有任何一代曾设想过自己对古典传统的教养比前辈更好。当然这里也有好的一面。迫切的失去感、对我们可能正站在彻底失去古典学的边缘的永恒恐惧是非常重要的,它赋予了人们——不论是在专业研究中还是在创造性的再参与中——能量和紧迫感,而我认为他们依然拥有这些情感。

我不确定这些在预测古典学的未来时有多大用,但我猜想到了2111年,人们仍会紧张而有创造性地从事古典学,也仍会哀悼其衰落——而且很可能在回顾往昔的时候,把我们看作古典学研究的黄金时代。

但问题依然存在:我们所说的"古典学"是什么意思?我意识到我和我批判的那些人几乎同样前后不一。有时我指的是拉丁语和希腊语,有时指的是自我描述为古典学家的人研究的学科,有时又指向一种宽泛得多的文化属性(电影、小说和诗歌等)。然而定义往往是假朋友。最聪明、最有吸引力的定义常常把太多东西排除在外;最审慎、最广泛的又审慎到乏味,没什么用处。(最近一次定义古典学的尝试是这样:"在最宽泛的意义上,对使用希腊语和拉丁语的任何人群的文化研究,从最初到[比如]公元7世纪穆斯林的征服。"没错,但是……)

我不打算另外构建一个定义。但我确实想反思定义的坐标可能是什么——一个或许更有助于思考"古典学"是什么,其未来何在的模板。在最简单的意义上,我认为我们必须超越那种(内嵌于我刚才引用的定义之中的)表面上合理的观念,即认为古典学是——或是关于——古代世界的文学、艺术、文化、历史、哲学和语言。当然，它们确实是它的一部分。我描述过的失去和渴望的感受的对象某种程度上是遥远过去的文化，是俄克喜林库斯字纸篓里的莎草纸碎片。但不仅如此。正如怀旧的修辞所明确表达的，失落和渴望的感受也针对我们的前辈，我们通常认为他们同古代世界的联系比我们自己要近切得多。

我尽量干脆利落地说明，古典学研究是研究在古代和我们自己之间的间隙中发生的事。不仅是我们和古典世界的文化之间的对话；也是我们和先于我们逝去的人们之间的对话，他们自己也曾与古典世界对话（无论是但丁、拉斐尔、威廉·莎士比亚、爱德华·吉本、巴勃罗·毕加索、尤金·奥尼尔还是特伦斯·拉蒂根）。古典学（正如公元2世纪的作者们已经注意到的）是一系列"与逝者的对话"。但逝者不只包括两千年前走进坟墓的人。《双周评论》另一篇文章很好地捕捉到这个理念，这次是1888年的一篇幽默短文，小品场景设于冥府，3位著名的古典学者（死去已久的本特利［Bentley］和波森［Porson］，还有他们新近逝去的丹麦同行马兹维［Madvig］）与欧里庇得斯和莎士比亚自由而坦率地谈话。这个小小的讽刺作品还提醒我们，对话中唯一真正说话的是我们；是我们在用腹语术，是我们让古人必须说的话有了生命：在这里其实是几位古典学学者抱怨阴间的日子太可怕，因为不断有古代幽灵来责备他们、抱怨古典学者误解了自己。

随之而来的是两件非常简单的事。第一，对于我们对古典世界所做的论断，我们应该多加警惕——或至少应在战略上更多地意识到那是谁的论断。例如常见的说法"古代雅典人发明了民主"，这么说就不对。就我们所知，从没有古希腊人这么说过；而且不管怎样，民主并不是像活塞式发动机那样被"发明"的东西。

"民主"一词源自希腊人，这是真的。除此之外，其实是我们选择授予公元前5世纪的雅典人以"民主发明者"的地位的；我们将自己对源头的欲望投射到他们身上。（这种投射会让我们两百年前的先辈惊诧——因为对其中大多数人来说，公元前5世纪的雅典政治是一种灾难性的暴民统治形式的原型。）

第二，古典传统无法分离地嵌于西方文化之中。我不是说古典学和西方文化是同义词；当然有许多其他多元文化的脉络和传统需要我们关注，定义了我们是谁，没有它们当今世界将无法估量地变得更贫乏。但事实是但丁读的是维吉尔的《埃涅阿斯记》，而不是《吉尔伽美什史诗》。我一直强调的是我们通过先辈和古典学之间的关系而与他们产生关联。略为不同的说法是：现在没有维吉尔则不可能理解但丁，没有柏拉图不可能理解约翰·斯图尔特·穆勒，没有欧里庇得斯不可能理解唐娜·塔特，没有埃斯库罗斯不可能理解拉蒂根。我不确定这是否相当于一个关于未来的预言；但我会说，如果我们要将古典学从现代世界切除，那么这绝不只是关闭若干大学院系、把拉丁语语法扫进故纸堆那么简单。这将意味着西方文化的躯体上的流血的伤口——和充满误解的黑暗未来。我不相信我们将走向那条路。

结束前我想最后讲两点：一个是对知识和专门知识略为严厉的评论，另一个则更有道贺的意思。

首先，知识：我已数次提到我们自己不得不借腹语术让古希腊人和罗马人说话、赋予他们的作品和留下的物质痕迹以生命；我们和他们的对话并不平等；我们坐在驾驶座上。但如果要让它成为有用、有建设性的对话，而非逻辑不清并最终毫无意义的混乱的语言，就需要建基于对古代世界和古代语言的专门知识。我的意思不是每个人都应该学习拉丁语和希腊语（也不是说如果没有亲自读过维吉尔，任何人都无法从但丁那儿有任何收获）。幸运的是，文化理解是合作性、社会性的行动。

重要的文化观点是有些人应该读过维吉尔和但丁。换句话说，古典学的整体力量不是由究竟有多少年轻人从学校或大学学会拉丁语和希腊语来衡量。更好的衡量方式是问有多少人认为世界上应有人确实通晓拉丁语和希腊语、有多少人认为其中存在值得严肃对待的专门知识——并最终为之买单。

我想我的一个忧虑在于，尽管仍有广泛而巨大的对古典学的热情，我刚才提到的那个意义上的专门知识却更脆弱。克里斯托夫·洛格开始搞《伊利亚特》时不懂希腊语；但他认识的一个人确实懂，而且很懂，那就是唐纳德·卡恩-罗斯（Donald Carne-Ross），后来成了波士顿大学古典学教授。比较一下这场合作和你在很贴近古典学的学科（例如艺术史、英语）的重要出版物中都能一再发现的错印、混乱和错译的拉丁语和希腊语。我不介意作者们不懂这些语言；这没关系。但我确实介意他们都不肯费心请教其他有专门知识的人来帮他们理解正确。最为讽刺的也许是，我自己那本拉蒂根的《布朗宁译本》的新版本里面对剧本非常关键的那一点希腊语的印刷错误如此离谱，字句几无意义。"老家伙"会死不瞑目。或者按我的话说，你没法同胡言乱语对话。

不过我希望用不那么恶声恶气的想法来结尾。看看已经写下的内容，我发觉漏掉了关于古典学的一项重要内容：一种应有的惊叹的感受。职业古典学家在这方面不怎么擅长。你会经常听见他们抱怨古代世界那些我们所不知道的事，哀叹我们丢失了那么多李维的书，或者塔西佗没告诉我们罗马穷人的情况。但这没抓住要害。真正令人惊喜赞叹的是我们所拥有的古代世界的事物，而非我们所没有的。如果你本来不知道，而有人告诉你两千年或更久以前的人写的资料依然大量幸存，多数人穷其一生都读不完——你都不会相信。这很令人震惊。但这就是事实；而这让最美妙的有人陪伴的探索之旅成为可能。

到这里，该回到布朗宁的《阿伽门农》译本并更仔细地看他如何介绍它了。"可否允许我，"他写道，"在有些辛苦、也许无果的冒险终结时闲聊片刻，以为消遣？"辛苦？很可能。无果？我不这么看，尽管布朗宁的语言腔调颇为老派。冒险？当然了——而古典学里的冒险是我们都能分享的。

罗伯特·B. 西尔维斯讲座，纽约公共图书馆，2011 年 12 月

第一部分

古希腊

关于遥远的古希腊史前史的过往，我们能了解什么？我们如何回到伯里克利兴建帕特农神庙或苏格拉底饮下毒芹汁之前数百年便已繁荣的那些最早的地中海文明？希腊史前史的再发现中，亚瑟·埃文斯（Arthur Evans）爵士是关键人物之一。1899年，他在克里特岛伊拉克利翁城外买了一块地，发掘出一座几可追溯至公元前2000年的巨大宫殿的遗迹，继而将之重建，如今仍可探访。人们有时开玩笑说，这看似"史前"的宫殿其实是克里特岛上最早的钢筋混凝土建筑之一。

本部分第1章将考察埃文斯在克诺索斯宫殿的发现，并更广泛地探讨他在（最早由他命名的）"米诺斯文明"中发现了什么；还会问及他是如何精确或富于想象力地重建了这座宫殿及其著名画作，他的目标、方法和动机又如何时至今日仍被争论——我们还会在路上短暂停留，思索考古学家间的分歧为何会如此频繁地变成丑恶的私仇。

本部分其余内容将继续以不同方式探讨"我们是怎么知道我们认为我们知道的关于古希腊的种种"这一潜在主题。第2章提出，如果希腊妇女留存的文字如此之少，我们怎么才能重获她们的声音。真相是我们拥有的其实比通常设想的多一点（比如，没有多少人听说过诗人科琳娜［Korinna］、诺西斯［Nossis］或梅林诺［Melinno］，最后一位写下了我们仍能读到的《罗马颂》，时间很可能是公元前2世纪）。尽管如此，这也不算什么。如果确有文字幸存，其含义如何又往往有激烈辩论；最激烈者莫过于萨福的诗歌,公元前6世纪早期,她在莱斯波斯(Lesbos)岛上生活、写作。迄今为止她一直是最著名的希腊女诗人(事实上有些希腊人授予了她"第十位缪斯"的头衔)。但她的作品究竟是"讲什么的",尤其是她有关其他女性的诗句本意有多情色,仍有争议。她为现代世界带来了"lesbian"一词与性有关的含义,这词源于她家乡岛屿之名。但她究竟是我们意义上的女同性恋,或只是对女性朋友和学生特别投入感情(许多保守的19世纪评论家想要这么认为),则是另一回事。

当我们考察公元前5世纪的希腊历史学家修昔底德或亚历山大大帝生平故事时,关于阐释的不同问题就开始产生影响了。修昔底德对雅典和斯巴达之间伟大的"伯罗奔尼撒战争"的叙述通常被看作细致而严格的历史写作的里程碑——而它对古代权力关系的有时令人胆寒的分析又让它成了现代外交政策分析家的宠儿。如第3章所示,此处的问题不仅在于修昔底德对雅典人输掉战争的解释是否正确(他们真的像修昔底德指出的那样因为前去入侵西西里而过度拉长了自身的战线?伯里克利在战争初期去世后,他们是否错误地摒弃了这位伟大将领的谨慎策略?)。更切题的是,我们到底怎样才能略为理解修昔底德异常难懂的希腊语。事实证明,他有些最著名的警句是可悲的,或至少是过于乐观的错译,而我们仍在试图理解他的许多希腊语究竟何意。是的,我们接近些了,但这个例子很好地说明,即便古典学术的基础工作都远未完成。

至于亚历山大大帝,问题在于我们有足够多关于其战役以及偶尔奢华的生活方式的古代生动记录——但是公元前4世纪其同时代人撰写的诸多历史和回忆录却无一流传至今。相反,我们拥有的叙述都写于数百年后,全都创作于罗马帝国主义背景下。第4章冒险一试(还有点挑衅,我觉得应该警告你),提出我们根本不应将亚历山大大帝看作希腊英雄/恶棍,而应看作罗马人的文学创造。

本部分最后一章涉及的主题是人人都知道他们无法真正回答的那种:过去的人因何发笑?这一章试图从唯一幸存的古代笑话集里复活一些古代笑话(但是,既然其中有些似乎是"蒙蒂派森风格"的,谁知道我们是否理解正确呢)。本章还考虑了一下阿布德拉城(位于希腊北部)为什么和发笑之人紧密相关和被人笑话。换个灯泡需要多少个阿布德拉人(笨蛋)……?

1
废墟建造者

伊夫林·沃（Evelyn Waugh）对于克诺索斯的史前米诺斯宫殿遗存及其著名装饰印象平平，这很典型。他1930年的游记《标签》（*Labels*）令人难忘地记录了他的失望，与其说是对发掘工地本身失望（"在那里，"他狡黠地写道，"亚瑟·埃文斯爵士……正在重建宫殿"），倒不如说是对那些珍贵的绘画和雕塑失望，这些物品已转移到了伊拉克利翁博物馆。他在雕塑中"没有看见任何事物展现出真正的美感"。壁画则难以判断得多，"因为暴露于我们考察之下的大片区域中仅有几平方英寸的历史早于过去20年，另外也不可能不怀疑：壁画作者们对精确重建的热情掺杂了某种对《时尚》（*Vogue*）杂志封面的不合适的偏好"。

对绘画修复不久便前往参观的沃来说，要发现这些米诺斯杰作中真正属于米诺斯文化的有多稀少，似乎还相对容易。再过差不多一个世纪，大量褪色后，伊拉克利翁博物馆的多数观众都幸福地没有意识到，出现在成千上万明信片、海报和博物馆纪念品上的史前克里特文化的那些标志（"海豚"壁画、"蓝衣女子"或"百合花王子"）很大程度上是公元20世纪初的再造，同公元前第二个千年仅有间接联系。大多数人也没有认识到，克诺索斯遗址的标志，那些特别原始的短粗红柱，全是以现代混凝土建造，乃是埃文斯"重建"的一部分。

亚瑟·埃文斯在上世纪前25年中指导了克诺索斯宫殿的发掘和修复，尽管最著名的发现多完成于1900年和1905年之间的最初几次行动中。埃文斯是知名文物学家之子（其父从造纸业获利颇丰），生于1851年，在牛津念了现代史。尽管他有一级荣誉学位，却未能赢取学院奖学金，这时他转而前往东欧旅行，把自己的考古学兴趣和《曼彻斯特卫报》（*Manchester Guardian*）巴尔干记者职务结合到了一起。新闻调查在过去和现在一样有其风险，尤其在巴尔干地区。他被指控在黑塞哥维那搞间谍活动，并被毫不客气地拒于整个奥匈帝国之外，他返回牛津，并在那里于1884年获任为阿什莫林博物馆[1]负责人（据说是击败他父亲争取到这份工作的）。

后来事实证明，这是一项革命性的任命。尽管面对来自本杰明·乔伊特（Benjamin Jowett）[2]等人的诸般反对，埃文斯仍然着手筹款，将阿什莫林的收藏发展为全欧洲从史前开始的考古学的研究资源；1894年他精心策划将该馆搬迁至博蒙特街大学美术馆（University Galleries）背后宏大的新址，至今仍在那里。从19世纪90年代中期开始，他的兴趣越来越集中在克里特岛。首先，他正在追踪史前书写系统，因为埃文斯确信克里特将提供海因里

---

[1] 位于英国牛津市的私人博物馆，由古物学者、政治家伊莱亚斯·阿什莫尔于1677年赠予牛津大学。

[2] 本杰明·乔伊特（1817—1893），牛津大学神学家、导师，在牛津深具影响力。

希·施利曼（Heinrich Schliemann）[1]在迈锡尼的发掘工作中显然未能找到的早期读写的证据。然而随着时间推移，情况变得清楚，对希腊史前史的想象岌岌可危：他正在搜寻这处遗址能挑战迈锡尼文化的支配地位，以及随之而来的阳刚好战版本的早期希腊。

埃文斯利用家族资金，到了1899年，他已成功购买伊拉克利翁外的克法拉丘（Kephala）遗址，小规模发掘早已显示这就是史前克诺索斯的位置所在，也就是神话中米诺斯国王、阿里阿德涅公主和迷宫中凶恶的米诺陶洛斯的城市。其他人也曾试图插手此地；施利曼本人在19世纪80年代就曾半心半意地试图得到此处，曾夸口说只要有一百个人他一周就能发掘。但埃文斯的现金支付和应对各种本地地主时的锲而不舍赢得了最终的胜利。发掘工作在1900年开始，几周内就在"王座室"内发现了著名的"王座"，配以"浴池"（或"净身室"，或"鱼池"，看怎么选），还有整整一系列曾经装饰着墙壁的诱人的壁画残片。埃文斯立刻就被吸引到了富有想象力的阐释中。一旦有几平方英寸的褪色墙泥出土，他就忙着在心中修复它（是阿里阿德涅公主本人？还是司酒官？）；同时他为他发现的房间起了有感召力的名称："双斧厅""王后大厅"——原本可能是暂时的名称，但保留了下来。这一切为他正发掘的文明形成了有力的形象（"米诺斯"是他为它起的名字），在适当的时候，他的艺术家和建筑师团队赋予了这

---

[1] 海因里希·施利曼（1822—1890），德国商人，业余但极为执着的考古者，被视为史前希腊文明的发现者。从小痴迷《荷马史诗》，后全身心投入古希腊考古，在迈锡尼的发掘影响极大，但发掘的是否为传说中的特洛伊城，学界颇有争议。发掘出的古物中有一个黄金面具，据说他当时拍电报给希腊国王："我凝视了阿伽门农的脸庞。"本文稍后对此有提及。

种形象以物质形式，他们"完成了"残缺的画作，按照埃文斯的规范重建了宫殿的大部分。

从一开始，这一程序就有争议。沃不是唯一对在伊拉克利翁博物馆所见的一切心怀疑虑之人，可疑的还有壁画看起来好像——如果不是《时尚》杂志封面，至少也是装饰艺术（Art Deco）；他也不是唯一对埃文斯在遗址自身之上的"废墟建造者"角色（一份法国报刊这样称呼他）感到不安的人。R. G. 柯林武德[1]（R. G. Collingwood，见本书第311—319页）宣称，"来访者心中第一印象便是克诺索斯建筑是由车库和公厕构成"。还有许多其他评论与之相仿。

这不只是个"现代化"的问题。这些精心修复也包括一些已经证实的众所周知的尴尬错误。其中最声名狼藉的是所谓"蓝色猴子"壁画。其少量碎片原本由埃文斯的艺术家们复原为采摘番红花的身材纤细的小男孩：完美象征了被认为居住在这个米诺斯世界中的无忧无虑的人们及其对自然的天真热爱。直到很久以后，有人质疑这奇怪的蓝色并注意到了看似尾巴的部分，这幅画才被重新修复为番红花田里的一只蓝色猴子。类似的问号依然悬在"百合花王子"头上（图1）——有力的侧影，缠腰布、百合花项链和精美的羽毛头饰，上面有更多百合。尽管早期对于这个形象如何复原有些疑问，埃文斯很快说服自己它表现了米诺斯国家的"祭司王"（priest-king），并在他有关遗址的出版物每一卷封面上以昂贵的镀金凸版印制这头饰。现在看来这个剪影的3件残存碎

---

[1] 柯林武德（1889—1943），英国哲学家、古罗马史学家、考古学家，涉猎诸多研究领域，重要著作包括《历史的观念》《自然的观念》等，提出"一切历史都是思想史"。本书第29章专文论述柯林武德。

片（头饰、躯体和一条腿的若干部分）最初很可能不属于同一人物；头饰更可能装饰过邻近的斯芬克斯的头，远非弗雷泽¹式祭司王的王冠（参看本书第 307 页）。

图 1　史前艺术还是《时尚》封面？《百合花王子》是亚瑟·埃文斯最喜爱的米诺斯绘画之一，但实则是误导人的修复大杂烩

1　詹姆斯·弗雷泽（James Frazer, 1854—1941），英国人类学家、神话和宗教学家，其著作《金枝》享有盛誉。本书第 28 章专文讨论弗雷泽和《金枝》。

但不论争议还是明显的错误都没怎么影响埃文斯的再创作的流行。名流们成群结队地前来克诺索斯游览（据说伊莎多拉·邓肯［Isadora Duncan］曾在宏伟的台阶上表演过一场"即兴"舞蹈）。游客们则更普遍地认为这是游览克里特岛的充分理由。1888年的贝德克尔希腊旅游指南[1]还没有克里特岛条目；到1904年就有15页关于克诺索斯和其他景点的介绍；如今，每年有100万人游览该遗址。埃文斯的各种图像也醒目地反哺到其所来源的文化中。宫殿的审美很可能直接来自20世纪早期的艺术世界（埃文斯将一块米诺斯绘画残片同威廉·莫里斯［William Morris］的墙纸相比较）。但20世纪后期，轮到艺术家、电影制作人和小说家（特别是玛丽·瑞瑙特［Mary Renault］[2]）在他及其团队的创造中发现灵感。设定在希腊英雄时代的电影中，很少有哪一部的布景不是取自"米诺斯宫殿"的，至少部分如此。

此种流行不足为奇。不只是因为埃文斯拿出一些颇平淡的废墟和枯燥的涂色墙泥，将之变得值得一观；如果他让遗址保留发掘时的状态，如今在克诺索斯排队的游客要远远少于100万。更有影响的事实是他给予了（或者不如说反馈给）20世纪初它正好想要的原始文化意象。米诺斯人不是施利曼的迈锡尼的令人厌恶的暴力英雄；也不是米诺陶洛斯神话可能表现的暗黑险恶之徒。相反，他们大体上来说是爱好和平的，与大自然和谐共处，喜爱活力适度（且半宗教）的跳牛背运动，令人满意地略带点母系社会的时髦趋势。J. A. 麦吉利夫雷（J. A. MacGillivray）在他的

---

[1] 德国贝德克尔出版社出版的旅行指南，比较权威。

[2] 玛丽·瑞瑙特（1905—1983），英国作家，主要写作古希腊背景的历史小说。

埃文斯传记中诉诸某些粗糙的流行心理学，来解释埃文斯对米诺斯文化的想象中对母神的强调："6岁时母亲去世"给他的生命留下"真空"。我怀疑当时人类学和神话研究中的潮流与此关系更大；就像詹姆斯·弗雷泽是整个米诺斯"祭司王"观念的主要影响来源。

然而这些复杂的重构之下的考古学又如何？埃文斯的矛盾之处在于，嘲笑他用混凝土和颜料重新发明（并以新闻记者的妙笔大肆宣传）的浪漫版米诺斯文化容易，但遗址上的发掘是实事求是的，而且按当时标准来看，是极其小心谨慎的。这份小心谨慎的一部分，也许是大部分，可能是发掘助手邓肯·麦肯齐（Duncan Mackenzie）的成就。埃文斯也许拥有购买大片克里特岛土地的财力，但1900年他在克诺索斯开始工作时，他在实践考古学方面却相对缺乏经验。雅典英国学校校长的建议是聘用会挖的人来协助；于是他雇了监督过米洛岛发掘工作的麦肯齐。按科林·伦弗鲁（Colin Renfrew）[1]的说法，麦肯齐是"爱琴海最早的科学工作者之一"，他对精确记录极其热衷，并坚持记了整整一系列（总共26本）的"日志"，详细记载了克诺索斯的各种发现，埃文斯日后出版的记录也往往以它为基础。他还利用自己在米洛岛的经验帮埃文斯测探遗址的地层学层次，并最终以此对建筑为人使用的时间顺序得出了一些想法。

但发掘工作相对较高的质量不能完全归功于麦肯齐。不管埃文斯对米诺斯文化表面的热情如何，他对神话中米诺斯和阿里阿德涅名字的追踪、过于迅速地给新发掘的房间起的美化名

---

[1] 科林·伦弗鲁（1937—），英国考古学家、古语言学家、剑桥大学教授。

称("王座室"等),以及他对遗址的发掘报告和多卷本出版物都特别出色地经受了时间的考验。甚至在现代学术理论和学术论辩的意义上也很少有重大阐释错误。埃文斯认为保存于数百块克诺索斯泥版上的线形文字 B 并非希腊语的一种形式,半个世纪后迈克尔·文特里斯(Michael Ventris)[1] 和约翰·查德威克(John Chadwick)[2] 将会证明这个结论是错误的(但发明这些名称的功劳归他,我们仍用"线形文字 A"和"线形文字 B"指代早期希腊的前字母阶段的书写)。他将自己的"米诺斯"文明塑造为史前爱琴海的原发文化,让大陆上的"迈锡尼"宫殿降级为附属现象,这也是错。然而,除了这些错误,尽管本领域其他学者对他进行了一系列充满敌意的攻击(古希腊考古这门学科不算特别友好),埃文斯其他多数主要论点即使未被接受,至少是可讨论的。他提出的问题仍大体设定了讨论议程:克诺索斯的宫殿及其他类似宫殿的功能是什么?遗迹显示了怎样的社会和政治结构?是什么令该文化终结?将这同施利曼的命运对照,后者的发现仍然最为重要,但他提出的问题或论点(时间上或阐释上的)在发掘 100 多年后几乎无一幸存。毕竟谁那么在乎他是否凝视了阿伽门农的脸庞?

麦吉利夫雷的传记主要围绕埃文斯在克诺索斯的工作,但未

---

[1] 迈克尔·文特里斯(1922—1956),英国建筑师、密码员,1952 年破译了线形文字 B。他少年时期即善于破译密码,1936 年听到亚瑟·埃文斯演讲中提到仍未解决线形文字泥版的问题,下决心要解决这个谜。1952 年宣布线形文字 B 是一种非常古老的希腊语形式。之后和约翰·查德威克共事,进展迅速并发表了正式论文。1956 年死于车祸。

[2] 约翰·查德威克(1920—1998),英国语言学家、古典学家,和文特里斯一起以解读线形文字 B 而闻名。

提出任何此种微妙或矛盾之处——而是挖苦贬低，含沙射影。麦吉利夫雷本人在克诺索斯工作过几年；很难不认为本书一定程度上是要解决和一个在那里依然存在感强烈的幽灵的宿怨。从外表看，埃文斯并不特别像一个反面人物，麦吉利夫雷却执意将他描绘为此等人物，他因此所必然采取的策略随着本书进展越来越无所不用其极：没有一句话未曾插入贬损之辞；只要恶意的动机能解释得通，他就绝不为埃文斯的行为提出正派的动机。

因此，举例来说，尽管一切证据表明埃文斯从波斯尼亚-黑塞哥维那发出的报道敏锐透彻且具影响力，麦吉利夫雷却把他称为"平庸的"记者。他还把埃文斯的学位贬低为"只是勉强得到'一等'"，并暗示考官腐败——赤裸裸曲解了埃文斯一份讣告中的一条观点。埃文斯对年轻的莫蒂默·惠勒（Mortimer Wheeler）[1]慷慨大方，自己掏腰包为后者微薄的 50 英镑奖学金翻了一倍，却被离奇地抹杀为"仅仅是遵守第三和第九童子军法"（不管那是什么，都不可能为真）。他对米诺斯文明的热情则一律被污蔑为种族主义、雅利安主义和对非洲和闪米特文化影响的无视，然而事实上，对埃文斯一直以来的一条批评观点却是他过于急切地想在克里特找到埃及的影响——毫无疑问，正是因为这个理由，马丁·贝尔纳在《黑色雅典娜》中将其相对轻轻放过。在这连篇累牍的"过失"中最奇怪的说法是埃文斯"长得比 4 英尺[2]高不了太多"，这言之凿凿的说法却同书里的插图赫然相反（除非他所有的考古学家同事也都是差不多的小个子，或者他始终不渝地采用了

---

[1] 莫蒂默·惠勒（1890—1976），英国考古学家、英国陆军军官，曾任伦敦博物馆馆长、伦敦大学学院考古研究所所长和印度考古研究所所长。
[2] 1 英尺约合 0.3 米。

某种极具欺骗性的摄影术)。

性也不可避免地在这场戏中登台亮相。埃文斯曾短暂结婚,妻子玛格丽特于1893年死于肺结核;没有孩子。1924年他73岁时因同一位男青年"在海德公园犯下有违公序良俗之行为"而遭罚款。麦吉利夫雷就此事大做文章,用了几页可疑文字分析埃文斯在男童子军中的角色,甚至暗示他最显眼的慷慨行为恰是意在遮掩这一罪行。因为他正是在法庭听证的同一天宣布将克诺索斯遗址赠予雅典英国学校的消息的。无疑这不只是便利的时间巧合;但认为这一馈赠是"爆炸新闻"或其主要动机在于分散对法庭听证的注意力,则纯属捏造。琼·埃文斯(Joan Evans,艺术史家、亚瑟的同父异母妹妹,比他小40多岁)在家族回忆录《时间与偶然》(Time and Chance)中清楚表明,遗址移交给英国学校的计划至少从1922年起就已积极准备。麦吉利夫雷无暇顾及亚瑟去世后不久于1943年出版的这本埃文斯家族优美记述中低调的反讽;他指责它"缺乏深度"、读起来"和威廉·里士满爵士(Sir William Richmond)[1]绘制的肖像一样平淡"(这幅肖像描绘了埃文斯被自己发掘的物品环绕的样子,华丽夺目,毫不"平淡",它如今挂在阿什莫林博物馆)。而琼·埃文斯的故事看来往往能更好地引领我们了解她异母哥哥的生平和动机,远胜麦吉利夫雷廉价且往往未经证实的含沙射影。

部分由于其缺陷和一眼能看穿的攻击埃文斯名誉的欲望,这本书引发了有关考古学历史的一个重要而普遍的问题。考古学(尤其是史前考古学)为何对自身的过往如此怨毒,几乎超过其他

---

1 威廉·布莱克·里士满(1842—1921),英国肖像画家、设计师。

任何学科领域？为什么参加实践活动的杰出考古学家不仅要费心辩论考古记录，还要辩论施利曼和埃文斯等人的道德弱点，却几乎不留意这些前辈工作的不同历史语境及社会语境？在19世纪晚期考古学堂皇的大封建主风格之中，埃文斯将遗址当作私人封地买来（麦吉利夫雷因此指责他）这一事实同他的考古学"成就"没什么关系，就和牛顿对仆人的态度同万有引力理论之间没什么关系一样。那为什么要看得好像有关系呢？或者说，为什么施利曼不算什么特别好的人这一点看起来很重要？

部分原因无疑在于这些早期发掘者兼探险家通常的英雄形象；他们是显而易见的目标，须得煞煞他们的威风，而这本书中的任何把戏都行（即使是恶意且非常政治不正确的对身高的暗示）。但这也涉及考古学材料本身的特质、发掘者及其资料间紧密得让人难以置信的关系。众所周知，传统考古学"发掘"就是考古"破坏"的委婉说法。这意味着我们必须依赖考古学家的正直：我们无法在事后核查他们或者复制其流程（多数科学实验就可以），因为发掘过程中材料已然毁坏。这又几乎不可避免地让我们回到一整套想要检测考古学家可信性的绝望战略上：假如施利曼在私生活上撒谎，难道不是暗示着他对自己的发现和发掘也有可能同样不老实？

这也意味着过去的发掘者们对本学科的未来有强大的影响力。人们隐约想到：要是埃文斯的工作仍在为现代对克诺索斯的讨论提供诸多议程，那与其说是因为他自己敏于发现核心议题，不如说是因为（不同于施利曼？）他呈现材料的方式使得哪怕是今天的人们也只能提出这些有成果的问题。这在多大程度上为真，显然是整个学科发展中宏大得多的问题。但它显然表明，19世纪末

20 世纪初的发掘巨人可能在未来的一段时间里仍会处于当代学术辩论的核心位置。埃文斯、施利曼及其有争议的资料仍然重要，还无法扔到本学科"历史"的安静角落。

本章评论书籍为：

J. A. 麦吉利夫雷（J. A. MacGillivray），《米诺陶洛斯：亚瑟·埃文斯爵士与米诺斯神话考古学》（*Minotaur: Sir Arthur Evans and the Archaeology of the Minoan Myth*），乔纳森·凯普出版社（Jonathan Cape），2000 年

2

萨福开言

"一个放纵于不自然、无节制的做法的女人……却能完美遵照音韵和谐、富于想象的描绘和深思熟虑地安排细节的法则写作，这有违事物本质。"大卫·罗宾逊（David Robinson）在20世纪20年代写下这些，并于60年代再版，对他而言萨福诗句之"完美"足以清楚证明她品格无瑕。他这份认为（至少就女性作家而言）好诗歌只会与好品行相关的不可动摇的信心可能很不同寻常：但在其他方面他只是那个伟大学术传统的一部分，这一传统试图将希腊诗人萨福从她自己文字的暗示中拯救出来——尤其是关于她乐于同其他女性发生肉体之爱的暗示。因此，比如说，甚至一些晚近评论家也寻求将她刻画为本质虔诚的人物，是献身于女神阿佛洛狄忒的少女宗教小团体的领袖。其他人以更为极端的幻想能力将她看作某种女教授或女校长，指导羽翼下的年轻人诗歌、音乐，甚或未来身为妻子所需要的感官乐趣的技巧方面的知识。

很容易嘲笑这些企图否认萨福诗歌中（女同性恋）性爱的中心位置的说法。简·斯奈德（Jane Snyder）在《女性与竖琴：古希腊罗马的女作家》（*The Woman and the Lyre: Women Writers in*

Classical Greece and Rome）中梳理了传统萨福批评的主要脉络，指出大部分对她的社会背景和文学语境的重构都建基于这种时代错乱的荒谬。公元前6世纪的战乱世界中的莱斯沃斯并非年轻女士的博雅学院雏形，斯奈德正确地指出，如果认为它就是那种雏形，那纯粹是一种想要删去有伤风化的内容的怪念头。斯奈德同这种"为萨福注入体面"的徒劳尝试保持距离，坚持读诗要读"它们真正所说的内容"这一简单愿望，却忽略了对萨福及其作品的传统反应中的一些重要问题。要紧的不仅是保守的古典学者面对萨福对年轻女性有明显性偏好时的焦虑——尽管在最尖锐的反应中这无疑是火上浇油的因素。而更重要的是这样一个简单的事实，正如杰克·温克勒（Jack Winkler）在《欲望的压抑》（*The Constraints of Desire*）一书中有关萨福的文章认为的那样，这位作者，这些诗歌的言说主体是个女人——一个女人宣布她有谈论自己的性的权利。要紧的与其说是女同性恋，不如说是"女性的声音"，以及这声音如何能被听见并理解。

　　任何对希腊和罗马女作家——萨福和她不那么出名的追随者们——的讨论，都必须关注这"女性的声音"的本质。大多数古代世界的主流意识形态没有在公共话语中为女性提供位置。女性被排除在政治和权力之外，这仅是那种重大得多的失能——她们缺乏任何被听见的权利——的一个侧面。荷马的忒勒玛科斯在《奥德赛》中就向母亲珀涅罗珀（当她竟敢公开打断吟游诗人的吟诵）提出了这一点："谈论必然是男人的事务。"那么，在坚持女性沉默的意识形态中，女作家又能怎样为自己的创造力找到任何空间？她们如何同压倒性的男性文学和文化遗产互动？她们是否成功挪用并颠覆了男性语言、用于独特的女性的写作形式？

斯奈德几乎不曾触及这些核心问题。她以公元前7世纪和前6世纪之交的萨福开篇,以在一千年以后写作的希帕提娅(Hypatia)[1]和埃格利亚(Egeria)[2]为终结,拼出了对古代主要女作家的叙述并提供了其残存篇章的翻译。其中有些奇怪的遗漏。她意外地没有提及圣佩蓓图阿(St Perpetua)[3],她在基督徒受迫害期间所作的关于监禁和审判的自传体记录是古代保存至今最非凡的资料之一。可怜的梅林诺(一首幸存的《罗马颂》的作者:"我欢迎你,罗马,阿瑞斯的女儿/热爱战争的女王……等等")也未觅得一席之地。但就算如此,对习惯了熟悉的(男性)古典作者名单的人来说,斯奈德收集的女性作家名单本身也已令人印象深刻——米尔提斯(Myrtis)、科琳娜、普拉克希拉(Praxilla)、阿尼特(Anyte)、诺西斯、埃琳娜(Erinna)、利昂提昂(Leontion)、苏尔比基娅(Sulpicia)、普罗巴(Proba),还有更多。

不幸的是,她们微不足道的残篇和斯奈德努力做出的大体上平淡无奇的文学和历史分析却不那么令人印象深刻。科琳娜的诗作是保存最好的之一:3段节选,摘自很可能长得多的诗歌,几句单独的对句,总共约100行。斯奈德主要关注的是给科琳娜"希腊文学史上适当的位置":她回顾了现代对于她的年代争议

---

[1] 希帕提娅(约360—415),数学家、天文学家、哲学家,生活在亚历山大城,后为基督教暴民所杀害。
[2] 埃格利亚一般被认为是名为《埃格利亚的朝圣之旅》的信件体作品的作者,讲述公元4世纪的一次朝圣,是最早的此类作品。
[3] 圣佩蓓图阿(182—203),基督教圣徒,生活在迦太基,因信奉基督教而被捕并判死刑。她在死前所做的记录受到后代基督徒的高度尊崇。

（公元前5世纪还是前3世纪？），还在有关科琳娜在诗歌比赛中胜过男性对手品达的彼此矛盾的故事中徒劳地搜寻字面上的真实，而非重要得多的象征意义上的真实。最终她承认，在科琳娜生平的这些方面不可能得到任何确凿结论。但她对诗人生平的念念不忘往往从根本上分散了对诗歌本身进行严肃分析的注意力——例如保存在莎草纸上的，可能是一本"旧时故事"集的开篇：

忒耳普西科瑞[1]召唤我去歌唱

美丽的旧时故事

唱给身着白袍的塔纳格拉[2]女孩。

城市大为欢欣

在我清澈、哀恸的声音里……

斯奈德只是最为泛泛地讨论了科琳娜的作品，赞扬它"节奏迅速的叙事"、"简单直接的语言"、对"神话世界和日常人类行为的相似"的处理别具一格，但同时也提出它"基本保守"、"感兴趣的只是传播既有传统而非挑战它"、很大程度上缺乏"哲学深度"。这些评判就其本身而言也许都非常不错；自然无需将科琳娜看作创作天才。但它们没有直接参与男性传统中的女性写作这一中心问题。科琳娜是否就这么湮没于那个传统？或者她"保守的"神话叙事（有意思的是，较长的残篇中有一段包括了河神阿索波斯的9个女儿被强奸的故事）是否暗示了"神话世界和人类行为"

---

1 希腊神话中的舞蹈女神，九缪斯之一。

2 塔纳格拉（Tanagra），古希腊城镇。

之间更明确的相似？

很多情况下，保留下来的文字残损非常，几无可能对与古代女性写作相关的文学议题加以讨论。就算有非凡的学术才智，对于阿尔戈斯的忒勒希拉（Telesilla of Argos）不足20字的残篇（"但是阿尔忒弥斯，噢少女们/从阿尔菲斯河逃离……"这是目前为止最有实质内容的片段）也说不出什么有用的内容。但是萨福则进入了非常不同的范畴，她有几篇内容充实的节选，以及至少一首完整的诗歌保存了下来。正是在这里，对女性作品的细致分析第一次成为可能，而斯奈德对重要议题的逃避最为刺眼。

斯奈德讨论萨福作品时的确寻求确定她诗歌中的"女性语言"。例如，她诉诸诗人的描写感、她对自然界明显的喜爱和她的内省倾向。但她专注于这些刻板的"女性"特征，从而遗漏了萨福对男性文学（史诗）传统的根本性颠覆。这在名为《阿佛洛狄忒颂歌》的诗中看得最为明显，萨福在诗中召唤这位女神再次前来协助她追求所爱的女孩。开头如下：

> 永生的阿佛洛狄忒，宝座上的女神，
> 宙斯的善用心计的女儿，求求你，
> 女神啊，别再用痛苦和忧愁
> 折磨我的心！
>
> 求你像从前一样，只要远远
> 听到我的声音在求告在呼唤，
> 你就翩然降临，离开你父亲的
> 金色的宫殿，

> 为你驾车的是一群金翅之雀，
> 它们迅捷地飞向黑暗的下界，
> 扑着无数翅膀下降而穿越
> 天空的皎洁，
>
> 转眼就飞到此地，女神啊，于是你
> 永远年轻的脸上浮着笑意，
> 会叫我说出一切烦恼的缘由，
> 我为何唤你。[1]

　　这首诗当然是"模仿希腊祷文的标准形式"写的，萨福对它稍做改编以"符合她自己的目的"。但斯奈德似乎没有认出萨福是在更具体地呼应荷马《伊利亚特》第五卷中英雄狄俄墨德斯在战斗中的话语，他祈求女神雅典娜的帮助（"提大盾的宙斯的孩子、不倦的女神，请听我祈祷"[2]）。如温克勒所说，这一呼应提供了理解本诗中萨福的"声音"（或"多种声音"）的钥匙。它让我们关注史诗英雄主义的男性世界和女性事务的私人领域间的距离；它表现了诗人解读并重新阐释荷马史诗，借此来以独特的女性方式赋予其新的含义；它实际上通过"将语言从士兵的体验转为恋爱中女人的体验"，从而颠覆了整个"英雄秩序"。萨福的写作在此相当于对占支配地位的男性语言的战术逆转。

1　译文引自《世界诗库》第一卷《希腊·罗马·意大利》，第67页，花城出版社，1994年。
2　译文引自《罗念生全集》第五卷《伊利亚特》，第111页，上海人民出版社，2004年。

当然，"女性沉默"的古代意识形态也在其他方面遭到挑战。女性不仅在写作中，而且最为明显地在宗教仪式、预言与神谕中找到了"声音"。裘利亚·西萨（Giulia Sissa）的《希腊童贞》(*Greek Virginity*) 便以德尔斐神庙阿波罗的处女祭司皮提亚（Pythia）作为出发点。她问道，她的神谕功能和她的童贞有何关联？皮提亚"言说的权利"（或至少作为神的人间代言人）在多大程度上与希腊人对女性身体构造的观念有关？我们要如何理解她"既神圣又女性的语言形式"？

西萨认为，希腊处女的"开放性"对皮提亚的角色至关重要。此处和现代（及一些罗马人）认为处女身体"封闭"的观念形成了惊人的对比。对我们来说，处女膜的密封充当了女孩完整性的物理标记——直到暴力而致伤的第一次插入使之撕裂的一刻。对希腊人而言，童贞不牵涉物理障碍：他们对人类身体的观念里没有处女膜的位置。处女的身体是开放的、准备好了接受插入的。只有在孕期被成长中的胚胎封闭时，其闭合的时刻才到来——这才是童贞失去的确切标志。在皮提亚的情况中，她的童贞确保她向阿波罗开放，且（像完美的新娘一样）只向他开放。基督教作家大肆嘲讽她骑跨在三足鼎上的样子（他们如此宣称），两腿分开，将他预言的灵性的气体吸到她的阴道中。但这恰是重点：皮提亚的身体向神的话语开放。

除了对女性生理的奇怪看法，这里还有许多有待争论的问题。皮提亚的作用突出了"女性声音"和性之间，"说话和进食的嘴"和阴道"口"之间纠缠不清的关联。西萨的书微妙而敏锐地探索了不仅作为神谕载体，也是人类言语载体的女性身体。

本章评论书籍为：

简·麦金托什·斯奈德（Jane McIntosh Snyder），《女性与竖琴：古希腊罗马的女作家》(*The Woman and the Lyre: Women Writers in Classical Greece and Rome*)，布里斯托古典出版社（Bristol Classical Press），1989年

J. J. 温克勒（J. J. Winkler），《欲望的压抑：古希腊性与性别人类学》(*The Constraints of Desire: The Anthropology of Sex and Gender in Ancient Greece*)，劳特里奇出版社（Routledge），1990年

裘利亚·西萨（Giulia Sissa），《希腊童贞》(*Greek Virginity*)，亚瑟·哥德哈默尔（Arthur Goldhammer）译，哈佛大学出版社（Harvard University Press），1990年

3
相信哪个修昔底德？

修昔底德以深奥至极的希腊语写就《伯罗奔尼撒战争史》。也许这艰涩的语言与其事业的新颖有关。他在公元前5世纪末期的写作尝试了某种前所未有之事：看似毫不偏私地分析自己时代的历史，理性得咄咄逼人，全然脱离宗教模式的解释。在修昔底德看来，斯巴达和雅典这两个领先的希腊城邦之间断断续续打了30年的伯罗奔尼撒战争必须从人类政治和权力斗争的角度来理解，而不是像以前荷马看待特洛伊战争，或希罗多德解释希波战争那样从奥林波斯山上诸神争吵的角度。这是革命性的。

但不管我们选择如何为修昔底德开脱，事实依然是：他的《伯罗奔尼撒战争史》有时被新词、棘手的抽象和各种语言上的个人特质弄得近乎无法理解。不只是对现代读者这样。一些古代读者也因此怒火中烧。公元前1世纪，本身也是文学评论家和历史学家的哈利卡纳苏斯的狄奥尼修斯在一篇关于修昔底德著作的长文中抱怨——有充分的引文支持——"别扭的表达法""不当结论"（non sequiturs）、"矫揉造作"以及"莫名其妙的晦涩"。"如果人们真的这样说话，"他写道，"就算他们的父母也无法容忍这种不快；实际上他们会需要翻译，就像在听外国话似的。"

唐纳德·卡根（Donald Kagan）在《修昔底德：历史的再发明》（*Thucydides: The Reinvention of History*）中要仁慈一些，但连他也承认"其风格往往非常简练、难以理解，任何翻译都不可避免地是种阐释"。这对于我们如今对修昔底德作为历史学家的敬仰而言有重大寓意。首先，对其《伯罗奔尼撒战争史》的"好的"翻译（也就是那些流畅易读的）对希腊语原文的语言特质表现得非常糟糕。译文"越好"，越不可能反映修昔底德所写文字的风味——颇类似用简·奥斯汀的清晰风格重写《芬尼根守灵夜》。其二，我们最喜爱的修昔底德"经典语录"——那些被用来揭示他独特历史研究方法的口号——有很多和原文的关系颇为缥缈。一般而言，口号越是朗朗上口，就越可能主要为译者，而非修昔底德本人所制。许多归功于他的警句他根本就没写过。

例如修昔底德名言中或许最受欢迎的一句，也是全世界国际关系课一再重复的"现实主义"政治分析的基础文本："强者行其所能为，弱者忍其所必受。"来自修昔底德呈现的雅典人和米洛斯人之间的著名辩论。雅典人要求米洛岛改变中立状态，在雅典和斯巴达战争中支持雅典人；米洛斯人坚持不变，双方就此辩论。雅典帝国的代表提出"强权即公理"的令人恐惧的版本：他们坚持认为正义只存在于平等对手之间——否则强者便统治弱者，因此雅典的强权总能碾压一个小岛的意愿。

米洛斯人可敬而又天真地坚持自己的独立地位。结果雅典军队立刻包围并攻陷了米洛岛，杀死所有能抓住的男子，奴役妇孺。意味深长的是，在修昔底德《伯罗奔尼撒战争史》的布局中，下一重大事件便是灾难性的雅典远征西西里——"强权即公理"的概念反弹到其雅典拥护者身上，实际注定了雅典败于斯巴达的命运。

这句关于强弱的名言显然来自论辩中雅典一方，现在的流行则很大程度是因为强者行"其所能为"和弱者忍"其所必受"之间的良好平衡——以及由"忍其所必受"这句话引入的必然性（或现实主义，取决于你的观点）的铁律。但这不是修昔底德写下的。西蒙·霍恩布洛尔（Simon Hornblower）在他对修昔底德《伯罗奔尼撒战争史》全本逐行注解的不朽著作的第三卷，也是最后一卷中正确地承认，更精确的翻译是："强者求（exact）其所能，弱者不得不从（comply）。"即便如此也还是夸张了强制弱者这个想法：准确说，修昔底德宣称的仅仅是"弱者遵从"——完全没有引入必然性。霍恩布洛尔的评注也提出了强者行为到底为何的问题；这个词的希腊语原文既可以翻译为"做"，也可以翻译为"强求"（exact）甚至（如一位文艺复兴学者认为的）"强夺"（extort）。"行其所能为"（do what they can）和"夺其所能夺"（extort what they can）产生的是迥异的权力运作画面。

不论语言上的细微差异如何，事实是我们归于修昔底德的"顺口溜"至少部分是理查德·克罗利（Richard Crawley）的作品，这是位不怎么成功的19世纪牛津古典学家，主要成名原因是亚历山大·蒲柏风格的几句讽刺诗，此外就是其修昔底德译本，20世纪初被收进"人人丛书"（因为该译本看似清楚流畅，而这套书的要求便是如此）；这个版本如今早已过了版权期，变成了再版的宠儿。"修昔底德"便是以这种名义被定期掠夺，用于政治理论和国际关系课程，用于支持新保守主义或现实主义，甚至左翼政治议程的口号。

修昔底德的希腊文的晦涩充分为霍恩布洛尔耗费 20 余年的事业正了名，他为《伯罗奔尼撒战争史》全本做了又一部详细的历史和文学评注，跻身一系列可追溯至文艺复兴时期的同类著作之列。我们往往不确切了解修昔底德想说什么，但数百年过去，我们确实能更好地理解他了。如果没有此种学术研究，归于修昔底德名下的谎言与错误引用就将被不加约束地放过。

实际上霍恩布洛尔自己在三卷本中对任务也越来越擅长——相比 1991 年出版的学识丰富但平淡的第一卷，三部曲的最后部分对文本的解读洞察世情得多。尽管他的著作是发展性的，一个元素却持续贯穿其两千多页的评注（是希腊文原文页数十倍多）：霍恩布洛尔反复说明修昔底德并没有说那些我们往往以为他说过的话。

最好的例子之一是霍恩布洛尔在第一卷中讨论的修昔底德《伯罗奔尼撒战争史》中出现较早的一句引文。这句话是自由主义左派而非现实主义右派的最爱，经常被当作乔治·奥威尔《1984》某些观点的令人不安的先声。修昔底德在思考科基拉城（在现在的科孚岛上）残酷内战中语言的效果时（和思考诸多其他事物一样）写道——依然根据广为引用的克罗利版："常用词句的含义不得不加以改变，而采用现在所赋予它们的意义。"许多古典学家骄傲地评论说这看起来非常像修昔底德版本的奥威尔式"新话"，很好地证明了古代作家在两千多年前便预见到了我们以为的现代观念。

但并非如此。事实是，也许克罗利在将希腊语原文译为那些特定语句时确实预见到了奥威尔，早了差不多一个世纪；但修昔底德（如霍恩布洛尔在许多新近研究之后强调的）肯定没有。《伯罗奔尼撒战争史》中此处的希腊语尤为崎岖，很难解读，但并没有表达原奥威尔（proto-Orwellian）观点。他表达的观点要简单得多：在科基拉支持雅典民主的派别和支持斯巴达寡头的派别之间的内战语境中，之前看似恶劣的行为被重新阐释为好的。霍恩布洛尔正确翻译了这一段，与原文风格协调："根据他们所认为正当的，把对行为的惯常的语言评价调换成了新的。"修昔底德接着解释这句话的意思是"不理性的大胆"行为被视作"对自己派别的忠诚和勇敢"行为。不论我们的阐释有多确切，这句话都和语言无关，而是关于道德观的变化。

唐纳德·卡根在漫长而杰出的学术生涯中（他生于1932年），甚至比霍恩布洛尔投入了更多年头研究修昔底德和公元前5世纪历史。他的伯罗奔尼撒战争史分4部分，第一卷1969年出版，最后一卷出版于几乎20年后的1987年。之后是2003年通俗的500页的全本缩写：《伯罗奔尼撒战争：野蛮冲突中的雅典和斯巴达，公元前431—前404年》（*The Peloponnesian War: Athens and Sparta in Savage Conflict, 431–404 BC*）。过去10年左右，其学术著作中穿插着越来越多对现代政治明显保守主义的介入：最著名的是《当美国沉睡》（*While America Sleeps*，2000年）。这本与其子弗雷德里克合作撰写的著作发出了大幅增加军事支出的鹰派呼吁，并要求美国承担起"领导世界的真正重担"。另外，本书亦致敬了温斯顿·丘吉尔对20世纪二三十年代英国外交政策被动性的分析《当英格兰沉睡》（*While England Slept*，后来约翰·F. 肯尼迪在其哈佛毕业论文《英格兰为何沉睡》[*Why England Slept*]中又将其拾起）。

在《修昔底德：历史的再发明》中，卡根回到了伯罗奔尼撒战争的故事，但具体关注的是修昔底德叙述的质量和可靠性。他关于战争的许多著名论点在此重现，偶尔带有新的当代回响。对卡根而言，雅典通常被认为是灾难性的侵略遥远西西里的尝试并不像人们假设的，或修昔底德自己认为的那么被误导。这场战争并非无法获胜，雅典人此时几乎没有关于这个国家的可靠情报。问题在于军事人员：如果他们将年老的指挥官尼西阿斯（Nicias）换掉，也许有机会获胜。

一般来说，卡根的立场与标准看法（直接或间接来自修昔底德）相对立，后者认为雅典是被日益增长的帝国野心和唯我独尊的侵略性击垮的。他的观点则和他为当代政治辩论写的文字一致，认为雅典侵略性还不够——而正是出于这个原因，雅典才在斯巴达联盟的手中遭到惨败。读过卡根其他历史著作的人会感到这些都很耳熟。本书的新意在于直接尝试评价修昔底德的《伯罗奔尼撒战争史》本身。

卡根对修昔底德冷静而实际的分析方法及其准确性赞叹不已。甚至整本书中修昔底德让战争中主角们发表的冗长演讲（即便按照修昔底德的标准来看那也往往是以特别复杂难懂的希腊语发表的）都获颁了相对正面的健康证书。数十年来，在对修昔底德著作可靠性的评价中，这是最有争议的话题之一。他怎么可能精确记录在《伯罗奔尼撒战争史》写作将近 20 年前的人们所说过的话？即使有时他本人在场，先知先觉做了笔记，他也肯定收入了一些他不可能听过的演讲——因为战争不到十年他便被逐出雅典（惩罚他在一场重大军事失败中作为雅典指挥官的失职）。他是否有其他的、可靠的来源；或者其不在场意味着至少部分演讲实际上是修昔底德自己的虚构创作？

有些修昔底德的现代读者强调演讲在《伯罗奔尼撒战争史》的文学建构中的作用，没什么不适就欣然接受了虚构创作的想法。霍恩布洛尔自己并未排除修昔底德著作中某些演讲的确大致反映了实际所说内容这个可能性，他自然看到了它们在其他方面有多重要。例如他强调，不论所述说的演讲看上去如何论辩精当，却往往未能说服听众——像是为了暴露"理性辩论力量的限度"（大致同一时期的欧里庇得斯也在其悲剧中表明了类似观点）。

其他人认为真实性问题是症结所在。三十多年前卡根写道（迄今未见其改变想法）："以任何重大的方式编造一篇演讲而不毁掉修昔底德的可信度，我们不能接受此种可能。"确实，他不接受，因此为修昔底德的可信度背了书。写到战争早期阶段的那位雅典杰出政治家时，他坚持"此处伯里克利所有的演讲都被认为可靠地反映了演讲者，而非历史学家的想法"。对于修昔底德让冲突中的许多其他主要参与者发表的演讲，他多少也是同样态度。

修昔底德在《伯罗奔尼撒战争史》开篇评述自己的方法时便谈到了这一话题，但这不仅没有澄清这整个论辩，反而使它更云山雾罩了。他坦率承认，他并未听到收入著作中的所有演讲，也没有其他人的完美回忆。那他何以为继？这里要理解修昔底德写的内容又非常困难。卡根在表达对这些演讲的历史准确性的乐观态度时，引用了克罗利翻译的关键段落：

> 我的习惯是这样的：一方面使演说者说出我认为各种场合所要求说的话，另一方面当然要尽可能保持实际所讲的话的大意。

卡根特别依赖这句话的最后部分，其"……意图之清晰""不能忽视"。但这段希腊语比卡根承认的要棘手得多、含糊得多。那个"当然"纯粹是克罗利的虚构。其他人曾提出"真正所说内容的整体意图"比"大意"更好地反映了修昔底德的语言，而且传达了关于修昔底德本人对演讲"精确性"声称的显著不同的信息。

不过卡根并不盲目追随修昔底德。实际上，尽管他为修昔底德的历史方法辩护，但也想表明在许多方面他对事件的阐释是不正确的，至少是很偏颇的。在卡根看来，修昔底德是修正主义历史学家，著书是为了推翻对伯罗奔尼撒战争及其战略的广为流行的正统解释。他认为尽管修昔底德才华横溢，但大多数情况下流行的解释是对的，修昔底德的修正主义立场才是错的。对卡根而言，某种意义上，造就修昔底德名声的主要原因在于他作为历史学家如此严谨，以至于我们如今能用他自己的叙事来反对他，揭示其阐释的根本弱点，正如卡根所写，"一种背道而驰的解读……证据来自他本人的叙述"。

修昔底德采取修正主义观点的最清楚的例证之一是他对雅典不同的战争领导人品质的判断。他极为崇拜伯里克利，认为他在战争初期是在采取伺机而动的机智策略，让斯巴达人每年入侵雅典领土一个月左右，在农村地区造成严重破坏，但并不与之交战——仅仅撤回城墙后边，按兵不动直至敌军离开。这是希腊战争史上未有先例的计划（因为如卡根正确评论的，在希腊传统中，"战场上的战斗意愿、勇敢和坚定是自由民和公民的基本特质"）。但修昔底德在伯里克利和继任者们鲁莽的军事决策中倾向前者，后者采用了各种不谨慎的政策——例如远征西西里——并招致灾难。在修昔底德看来，伯里克利是对的。

但卡根不这么看。他计算了伯里克利"观望"政策的财政花费并对比了雅典货币储备总额，我们从修昔底德那里可获知这些信息。他的结论是雅典人采用这种策略最多只能撑3年——这当然不足以挫伤斯巴达人的士气（这是伯里克利的目标）、打击他们一年一度反复无果的入侵。尽管在纸上看来有理，但"计划未能成功"；这完全不是修昔底德以为的谨慎天才的灵光，反倒导致雅典几乎必然的失败。

雅典人在伯里克利死于大瘟疫之前便已掉头反对他，也并不奇怪了。其实在《伯罗奔尼撒战争史》收尾时，修昔底德比前几卷书更露骨地记录了人们对伯里克利战略的看法："有人认为雅典可以守住一年，有人认为两年，但没人认为会超过三年。"根据卡根的经济计算，普遍的观点是对的，修昔底德和许多现代学者如此仰慕的伯里克利看似谨慎的策略其实极端危险。

在伯里克利之后继承雅典军事领导权的人中最臭名昭著的一位名叫克里昂，修昔底德猛烈抨击他粗野的暴发户形象和情报不足、冒冒失失的攻击性方案。卡根在这里也扭转了修昔底德的判断，反复表明克里昂的策略行之有效，尽管修昔底德反对——而且他缺乏幽默感的《伯罗奔尼撒战争史》中记录的唯一一次大笑就是对克里昂在伯里克利死后不久口出狂言的回应（显然是因为不信），此人说，20天内就会把困在伯罗奔尼撒半岛西边斯法克忒里亚（Sphacteria）岛上的一大帮斯巴达士兵生擒活捉。

实际上，克里昂不折不扣地做到了，还启动了一系列修昔底德要么嘲弄要么不提的其他政策（例如大规模再评估——提高了——雅典盟友对帝国战斗资金的财政捐款）。在卡根看来，正是克里昂的这些方案而非伯里克利的谨慎政策让雅典差点赢得了战争。

卡根无暇深思对修昔底德和伯罗奔尼撒战争的现代讨论中的这些问题的漫长历史——尤其是伯里克利和克里昂的优缺点，这也许是个遗憾。这些议题在19世纪50年代的英国表现得特别强烈，当时一位公开的民主主义者、历史学家兼银行家乔治·格罗特（George Grote）试图将公元前5世纪的雅典历史用于他当时扩大民主选举权的运动中。在此过程中，他和卡根一样被吸引着要为克里昂恢复名誉，他被跟从修昔底德叙述的大多数古典学者视为权欲熏心的蛊惑民心之徒，民主与全民普选何以可能对政治秩序构成重大危险的明证。在19世纪最恶毒的学术纷争之一中，卓越但极端保守的剑桥古典学者理查德·施莱托（Richard Shilleto）在1851年写了名为《修昔底德还是格罗特？》（*Thucydides or Grote?*）的小册子回应格罗特《希腊史》的第六卷，施莱托问道：格罗特怎能支持克里昂这种人，从而指摘修昔底德的公正？难道这就是扩大选举权的意义所在？

不过对卡根的《修昔底德：历史的再发明》最具威胁的还不是盘旋在头上的19世纪阴影，而恰恰是晚近的学术研究。这本书很大程度上扎根于20世纪60年代和70年代的研究，其脚注充分体现了这一点（卡根提到的修昔底德文本的"热心读者"多是一两代前的热心读者；他所谓"杰出的现代史学家"大多是在半个世纪以前写作的）。他偶尔阴郁地提到研究《伯罗奔尼撒战争史》的最新"文学"方法将修昔底德当作"纯粹的文学天才，摆脱了历史客观性的束缚"。如果提到的这些指的是过去30年左右修昔底德研究的主导潮流——首先强调《伯罗奔尼撒战争史》的文学建构及其同其他体裁的关系，例如戏剧和诗歌——那么卡根几乎完全不曾欣赏其观点。

不少修昔底德的现代研究者已在设法更好地理解他如何为故事布局。他们绝非不关注历史问题，也未将修昔底德本人看作全然脱离历史背景的文学天才，而是试图用现代文学分析理论来展现（举例来说）他如何在公元前5世纪晚期背景中构建出具有历史客观性的形象。他们已经表明，为何《伯罗奔尼撒战争史》中演说的功能问题相比关于它们作为记录有多真实的老问题更为重要、更可回答。他们也开始问到《伯罗奔尼撒战争史》的语言为何那么难以理解，又达成了何等效果。

比如说，艾米莉·格林伍德（Emily Greenwood）强调，修昔底德措辞谨慎的演讲（和他对自己方法的谨慎描述）的部分重点在于提出历史构建中"真实"的本质这一问题：是存在于当时所说的话语中，还是历史学家写就的文字中（无论和真正所说的话语相去多远）。她说的是我们需要将修昔底德的《伯罗奔尼撒战争史》部分地看作理论著作，不仅是关于这场战争的历史，而是对于历史如何最真实地讲述这一问题的思考。这和霍恩布洛尔书中后半部分的目标相距不远。他的《评注》后两卷比第一卷更令人信服，其实有一个原因就是现代文学评论和叙事理论的清晰影响。

卡根受到这些新文学潮流的影响程度很可能超过他乐意承认的。但大体上他的《修昔底德：历史的再发明》文字优美，时而犀利，总结了其穷尽漫长一生对伯罗奔尼撒战争及其历史学家们的思考。它追溯至上世纪许多关键的修昔底德问题，其中有些时至今日仍有意义。但它并不是面向明天的修昔底德。

本章评论书籍为：

唐纳德·卡根（Donald Kagan），《修昔底德：历史的再发明》（*Thucydides: The Reinvention of History*），维京出版社（Viking），2009年

西蒙·霍恩布洛尔（Simon Hornblower），《修昔底德评注第三卷，5.25—8.109》（*A Commentary on Thucydides, Volume III, Books 5.25-8.109*），牛津大学出版社（Oxford University Press），2008年

4

亚历山大：如何伟大？

公元前51年，马库斯·图利乌斯·西塞罗已经不情不愿地离开罗马的书桌，前往土耳其南部的奇里乞亚行省担任军事总督，并在镇压本地骚乱中获得小小胜利。从他留下的信札中我们得知，他意识到他正踏着一位著名前人的足迹，"有几天"，他写给朋友阿提库斯，"我们驻扎在亚历山大在伊苏斯与大流士作战时占据的恰好同一处"，——又赶紧承认亚历山大实在是"比你我都好得多的将领"。

不管西塞罗评论中的反讽如何，几乎任何罗马人，只要能指挥一个旅的军队并瞥见东方的土地，都会很快梦想成为亚历山大大帝。至少在幻想中，他们会变身为那位年轻的马其顿国王，他在公元前334年到前323年之间进入亚洲，征服大流士三世国王治下的波斯帝国，又将军队带到旁遮普，离家大概3000英里[1]，之后在归途死于巴比伦城，终年32岁，不管是（如官方版本所言）死于致命高热还是（其他人暗示的）死于中毒或某种酒精相关的

1　1英里约合1.61千米。

病症。

相比通常埋头书桌的西塞罗,其他罗马人更有资格成为"新亚历山大";而且他们还制造了更多的关联,反讽意味更少。与西塞罗同时代的格奈乌斯·庞培虽然在现代人心中光芒被对手尤利乌斯·恺撒遮掩,但年轻时他获取过更具决定性的胜利,战胜过更光彩的敌人,超过恺撒所为。公元前1世纪80年代,他在征讨阿非利加后返回罗马,被人们称作"马格努斯"(Magnus,或"伟人庞培",他依然被叫作这个名字),直接模仿亚历山大。好像为了把问题讲清楚,庞培现存最著名的胸像(藏于哥本哈根新嘉

图2 伟人庞培,罗马的亚历山大——梳着额发

士伯美术馆)仿效亚历山大的独特发型,前额中间往后梳出一绺扬起的额发(希腊人称之为 anastole)。

尤利乌斯·恺撒也不甘落后。他访问亚历山大城时确保要去墓地朝圣,亚历山大的遗体最终停放在此(从巴比伦返回马其顿路上遗体随灵柩被劫,亚历山大的一位"继业者"宣称埃及拥有所有权)。罗马诗人卢坎讥讽了这次表演为:一个癫狂的专制君主向另一位致敬。

但是,在罗马人们对亚历山大的看法有分歧(卢坎对墓地之行的尖酸叙述暗示了这一点)。在已知最早的反事实历史的尝试中,李维提出假如亚历山大决定侵略意大利谁能获胜的问题。可以预见,李维的结论是罗马帝国将能证明自己面对亚历山大也和面对其他敌手一样不可战胜。没错,亚历山大是伟大的将领,但那个时期罗马有许多伟大的将军,比起那位"拖着女人和宦官",怎么看都是个"容易到手的猎物"的波斯国王,他们是用更坚硬的材料做成的。

另外,从很早起亚历山大就显示出致命弱点的迹象:看看他的虚荣、他要求追随者行叩拜礼、他的残酷(有记录他曾杀害昔日围绕在晚餐桌旁的朋友)以及声名狼藉的酗酒。相比印度,入侵意大利将是更艰难的考验,印度是他"和醉醺醺的军队纵酒狂欢时信步完成"的。

甚至西塞罗在更冷静的时刻也能看出亚历山大生涯中的问题。在他的专著《论共和国》的一段残篇中,似乎引用了一件差不多五百年后会在圣奥古斯丁著作中再度出现的逸事。故事讲一个小海盗被抓到亚历山大面前。亚历山大问,是什么驱使他驾着海盗船在海洋上散播恐惧。"和驱使你在全世界散播恐惧的动机一样",

那人尖刻地回答。这个海盗能引述的令人恐惧的行为足够多：提尔和加沙围城后屠尽男性人口；在旁遮普大规模屠杀本地人；在（据说是）亚历山大最酩酊大醉的晚宴之一后，毁坏了波斯波利斯的皇宫。

广为人知的"亚历山大马赛克"很好地捕捉到了亚历山大在罗马的形象的矛盾性，这是由不折不扣的数百万颗细小镶嵌料拼成的杰作，一度装饰着庞贝古城最宏伟的房屋"农牧神之家"里的一块地板（现存于那不勒斯考古博物馆）。它展现了一眼即可认出的亚历山大（头发梳出典型的额发）和战车上的大流士国王之间的战斗，几乎一直被认作是一幅较早的希腊绘画的罗马马赛克复制品，这并无足够证据，只是基于一种古老的假设，认为罗马艺术家往往只会模仿他人，并非原创人才。

作品的构图比表面看来的更令人迷惑。亚历山大从左侧骑马冲锋，刚用长矛（著名的马其顿"萨里沙"[sarissa]长矛）穿透一个倒霉的波斯人；同时大流士从右侧转过身来，正要逃离现场，他的战车御者确已掉转马头，正待飞奔而去。胜者是谁毫无疑问。但我们的注意力不在亚历山大，而在大流士身上，后者耸立于战场之上，手臂朝亚历山大的方向伸出。不论谁为此构图负责，肯定是想要我们注意衰退的波斯势力和崛起的马其顿势力之间的这场著名战斗中的牺牲者——甚至想要引出对失败一方的同情。

这种辩论持续了数百年。确实，新的主题有来有去。近来关于亚历山大的"希腊性"有一些高度紧张的政治争议。他是否如前南斯拉夫马其顿共和国（FYROM）政府希望的那样，是斯拉夫人（因此是斯拉夫民族 FYROM 的合适象征，也是斯科普里机场的好名字）？或者，他是真正的希腊人（因此和 FYROM 毫无

图3 失败者的脸。亚历山大马赛克的这一细节中，大流士在转身逃走之前举目看着对手

瓜葛）？

这一争议显而易见无果：古代的民族身份概念很难把握；马其顿人的种族身份则几乎全然笼罩在神话中。但这也并未阻止数百位学者——多为古典学者——在2009年写了一封信给奥巴马总统，在信中宣布亚历山大是"彻头彻尾、无可争议的希腊人"，并让他干涉、"清除"FYROM的历史错误。奥巴马的回复没有记录。最近，一座31吨重、近50英尺高的巨大而俗气的雕像连同其30英尺的底座被立在斯科普里中心广场上，此时争议再起。这座很识时务地只是称作"骑马武士"的雕像和亚历山大的标准形象极为相似——又有那绺额发。

有时，新的证据会出现，扰动公众的想象。19世纪80年代，发现于黎巴嫩，现存于伊斯坦布尔考古博物馆的"亚历山大石棺"

就又提出了证据。石棺年代为公元前4世纪，几乎肯定是亚历山大本人所扶持的一个小君主的大理石棺材，刻画了亚历山大生活中的战斗及狩猎场景——相比我们现有关于他的其他详细图像，石棺的制造日期更接近他生活的时代（所有幸存下来的他的大型"画像"都是他死后所作，往往是很久以后，哪怕是以现已散佚的当时作品为基础）。

更令人印象深刻的是20世纪70年代以来在维尔吉纳（Vergina）[1]的发现，那里与马其顿王宫离得很近：特别是一系列公元前4世纪的墓，基本未遭扰动，里面满是珍贵珠宝、金银器皿、精美家具和壁画。这些发现削弱了任何认为马其顿人"野蛮"——在这个词的通俗意义上——的印象。这很可能是马其顿王室成员的墓葬：当然并非亚历山大本人，但也许是他父亲腓力二世（公元前336年遭暗杀）和他死后在权力斗争中同样不得善终的诸位亲属。尽管他自己并不在此，墓中的物品也已让我们极尽可能地接近亚历山大。

但多数情况下，关于亚历山大的争论及其引为基础的证据两千年来变化不大：对于作家、电影人、艺术家和政治家而言，基本的困境仍在于对亚历山大应该崇拜还是谴责。对很多人来说，他仍是"伟大将领"的正面例子，英勇地带领军队在越来越遥远的地域获胜。拿破仑是位著名的仰慕者，其仰慕之情留下一件令人瞩目的遗物，一张他定制的贵重桌子，后来流落到白金汉宫。桌子以陶瓷和镀金的青铜制成，台面中心是亚历山大的头像，环绕以古代世界其他军事巨人组成的助演阵容。这是拿破仑向亚历

---

[1] 维尔吉纳位于希腊北部，马其顿王国的第一个首都。

山大致敬之意。

从菲利普·弗里曼的传记作品《亚历山大大帝》判断,他是另一位仰慕者,尽管更为谨慎。他在总结中承认我们也许不赞成"亚历山大往往残酷的战术",但他接着又说,"每个理智的历史学者必然同意,他是史上最伟大的军事天才之一"。书里最后一句话坚持认为"我们不得不钦佩敢于做出如此伟业的人"。

其他人却觉得要克制仰慕之情并不困难。但丁为亚历山大(我们假定他提到的就是"大帝")在第七层地狱找了个位置,他痛苦尖叫,沸腾的血河水没到眉毛,和匈人阿提拉、西西里僭主狄俄尼修斯等其他魔头一道永恒在此。许多现代作者也追随但丁。例如研究亚历山大的史学家中的另一位老前辈 A. B. 博斯沃思(A. B. Bosworth)曾阴郁地总结亚历山大的事业:"他花许多时间杀人并指挥杀人,可以说杀人是他最擅长之事。"而我本人更为轻慢,曾形容他是"酗酒的少年恶棍",难以想象任何现代国家会选择他作为民族象征。

这些评论被弗里曼当作时代错误的价值判断无视了,还有皮埃尔·布莱恩特(Pierre Briant),他在《亚历山大大帝及其帝国:简介》中提出博斯沃思的说法是"和我们现今价值观一致的笼统判断,但不符合亚历山大时代";弗里曼则认为我自己的俏皮话"太过简单化"。"他是他自己那个暴力时代的人,行为并不比恺撒或汉尼拔更好或更坏。"当然,历史学家们只有在彼此不认同所谈及的价值观时才指责对方犯了时代错误的价值观判断,这是条通则。但如我们所见,这个案例却完全说不上时代错乱。恺撒时代就有些罗马人能将亚历山大描绘为不比一个大型海盗更好。

我们能在多大程度上钦佩亚历山大的事业,与这一基本争议紧密相连的问题在于他意欲何为。如果我们对其手段感到不安，那么他的目标呢？这一点上我们再次发现极为对立的观点。旧的看法是亚历山大负有"文明使命"，这一高尚计划要将希腊文化的崇高理想带给蒙昧的东方，这和19世纪英国帝国主义的某些口号巧妙相符。实际上这和奥利弗·斯通2004年灾难性的电影《亚历山大》的潜在主题相去不远（牛津历史学家罗宾·雷恩·福克斯[Robin Lane Fox]担任历史顾问，还尽人皆知地在骑兵冲锋中充当了"群演"）；斯通的亚历山大是个爱做梦的、性事上受到困扰的空想家，但不管怎样是个空想家。

其他人也看到了种种心理学基础。有一部分学术研究强调他的冲动和无法满足的"向往"或"欲望"（或者渴望[pothos]，这是希腊血统的罗马元老阿里安在公元2世纪中期撰写《亚历山大远征记》时所用的希腊词语）。另一流派则提出更为文学意义上的看法，将其等同于荷马《伊利亚特》中的英雄。根据这一重构，据说亚历山大自视为新阿喀琉斯，与其充当新帕特罗克洛斯（Patroclus）的友人赫费斯提翁（Hephaestion）一起，重演了特洛伊战争（有一次残忍地再现了《伊利亚特》中阿喀琉斯绕着特洛伊城墙用战车拖行死去的赫克托耳的尸体的场景——尽管亚历山大的那位受害者至少仍有那么一小会儿是活着的）。

更实际的观点认为最初他只是追随其父，后者在被刺时已在小亚细亚发动了一系列有限的军事行动；成功冲昏了亚历山大的头脑，他不知道该在哪里停止。或者按照伊恩·沃辛顿（Ian Worthington）《马其顿的腓力二世》的理论，在保守的起步后，亚历山大被驱使着继续其征服计划，直至旁遮普，明确要在各方面胜过其父（更多心理学在此：沃辛顿写道，亚历山大患有一种

"偏执狂,来自腓力统治最后几年被边缘化的感受")。

研究亚历山大的现代历史学家找到了足够多有分歧的内容;然而论辩看似激烈,实则不然,因为在所有表面上的分歧和有冲突的价值判断之下,他们基本上都以同样的方法处理同样的证据,在此基础上试图回答传统范围内的同一套问题。十多年前,詹姆斯·戴维森(James Davidson)在《伦敦书评》上评论博斯沃思和 E. J. 贝纳姆编辑的关于亚历山大的论文集时提出了这个有力的观点。这篇评论文章因为引起了对专业领域中"亚历山大产业"令人遗憾的状况的关注而在古代史学家中出了名。戴维森指出,尽管古典学研究的多数领域都参与了 20 世纪后半叶从叙事学到性别研究的新理论发展,但"在亚历山大世界(Alexanderland)中,总的来说学术研究仍未被 1945 年以来改变了历史和古典学形态的各种影响所触及"。

古代史中这个小片段(那些战役只持续了十年出头)的专家们仍决心投身重构"真正发生的事",其根据是生动但极不可靠的现存文献资料(阿里安的七卷本著作通常被看作是"最佳"证据,但在普鲁塔克的《亚历山大传》和西西里的狄奥多罗斯[Diodorus Siculus]的《历史丛书》中也有不少资料,仅举两例)。戴维森认为,由于现存证据的独特特质,这一专题研究比其他重建古代世界"究竟如何"的尝试缺陷更多。我们手头所有亚历山大征服的叙事记录都是他死后几百年写的,历史学家的任务历来通常是从其中辨认哪些段落也许出自某些可靠但已散佚了的同时代记录——不论是据说记录了他最终"疾病"的亚历山大秘书的《日志》(Journals),或是托勒密所著的那段时期的历史,此人劫持了亚历山大的尸体并将其安顿在自己的王国首都亚历山大里亚。

戴维森坚持说，问题在于——就算我们可以指望确定哪些幸存部分来自哪些失落的来源——我们无法假设（古典学家爱这么假设）失落的资料必定可靠。有些文字几乎必属伪造（《日志》就至少颇可跻身拼凑作品的行列）；还有一些，就我们所知，从古代世界本身的评论家来看就是非常糟糕的历史。（"散佚的历史……并没有被弄丢，"戴维森正确地指出，"它们是被付之湮没的。"）结果便是我们所知的"亚历山大生涯"的历史大厦极其脆弱，现代学者一直试图从中榨出它永远无法给出的答案——不只是他的动机为何，还有他是否真的爱他妻子罗珊娜，或真的相信他是神祇阿蒙之子？这不是历史的游戏，而是烟幕弹。

布莱恩特在一份关于亚历山大学术研究状况的附录中大方承认戴维森有些观点"切中要害"。但即便如此，这个问题在这些书中也只呈现了一星半点。弗里曼的《亚历山大大帝》是精雕细刻的传统类型传记作品，时而有趣，时而有些太随意（"战况正朝着对马其顿人有利的方向发展"）。书中充斥着对感情、情绪和性格的评论，这些充其量不过是猜测（"亚历山大无法相信他的运气"；"人们可能想知道他为何突然决定在生命的这个时刻和一个巴克特里亚[1]女人成婚。答案很可能混杂了政治与激情"）。这提醒我们，这个亚历山大故事有多混乱而难懂，作战策略令人费解、人物复杂（有太多人名字相同），甚至简化的半虚构版本亦是

---

[1] 巴克特里亚是波斯帝国的一个省，希腊化时期重要的文明之一，位于现在的阿富汗、乌兹别克斯坦和塔吉克斯坦，在大流士三世战败后继续抵抗亚历山大，后者耗费极大功夫方才征服这片区域，并与一位当地女子结婚。亚历山大之后巴克特里亚成为塞琉古帝国的一部分，后独立建国。

如此。

有时现代史学家认为可以通过从侧面查看亚历山大的生涯，从而有所推进。沃辛顿关注腓力二世，尝试观察父亲的成就在多大程度上已然预兆了声名更盛的儿子的功业。其叙述学识渊博，然而（也许不可避免地）充斥了太多空谈的将道，因此不易阅读。沃辛顿和许多学者一样，对腓力发明的"萨里沙"长矛肃然起敬，据说这是他极具破坏力的新型军事装备。但这不过是加长的长矛，因此很难理解腓力的敌人为何不干脆仿制。他详细描述了公元前338年腓力在喀罗尼亚与一支希腊联军作战的战斗策略（"第二阶段：腓力撤退，其中央和左翼部队前进；雅典人，中军和彼奥提亚人推进到左侧前线"，等等），且辅以地图，从中你根本猜不到这全都建立在少量晚得多的史料中的寥寥几句令人困惑且并不全然相容的句子之上。

詹姆斯·罗姆（James Romm）在《王座上的幽灵：亚历山大之死和马其顿帝国的分裂》一书中走向时间的另一个方向，研究亚历山大之死的余波，他手下众多将领间令整个希腊世界四分五裂的冲突、不同希腊化王朝的创建（托勒密、安提柯、塞琉古等），而它们最终依次落入了罗马人之手。罗姆认为在地缘政治效应上，这个时期比亚历山大的征服更关键，这当然是对的。但是尽管有若干不错的措辞，他却竭力要让故事特别吸引人：彼此敌对的将领间复杂的权力操纵、亚历山大家族的系列王室谋杀、雅典即将到头的民主制和乏善可陈的领袖们之间反复无常地耍花招，寻求机会收回一些影响力。

潜在地看，最值得注意的是布莱恩特的《亚历山大大帝和他的帝国：简介》，因为布莱恩特是（阿契美尼德）波斯帝国研究的世界顶尖权威之一。这本书承诺，如果将波斯的证据纳入，我们或可对亚历山大有不同看法。这本书有洞察力，但不如你可能期待的那么显著。有两个主要问题。第一，布莱恩特从教授讲台的角度写作，对于历史学家应该或不该做什么口气有点唬人，风格又如拍电报（大字印刷只有短短144页，因此确如副标题所示，是篇"简介"）；另外，他很少迁就任何——举个例子——也许还未了解"总督"（satrap）职责的人。好几次他提到一些应该尤为"重要"或"有用"的文件，但极少向外行人解释是哪些文件，其内容对于该时期历史到底有何影响。

例如，来自巴克特里亚的"极其重要的"亚拉姆语[1]文件让我感到困惑，还有"全都来自大流士3年的18根记录债务的木棍"究竟如何说明了从阿契美尼德到马其顿统治的转变。而第二点，也是更令人失望之处在于，当布莱恩特的确更清楚地说明那些波斯文件对我们的理解的贡献时，结果却发现其贡献意外微小。他承认，没有来自波斯作者的"连续记录"；但就算楔形文字版提供的信息也没有他承诺的那么多。例如，他提到"著名的巴比伦泥版"，"让我们看到"公元前331年阿尔贝拉战役（也称高加米拉战役）和亚历山大进入巴比伦之间那段时期的"详细画面"。详细画面？就我而言，看到的是一份天文日记，顺带提及"大流士营中爆发恐慌""波斯军队遭重创"，还有"国王的军队开小差"，随后便是"世界之王"进入巴比伦。或许是对波斯人视角的可贵一

---

[1] 亚拉姆语是一种非常古老的闪族语言，和希伯来语、阿拉伯语相近。也译为阿拉姆语或亚兰语。《旧约》中的《以斯帖记》和《但以理书》以亚拉姆文写成。现在依然有少数人群使用亚拉姆语，或将其用于宗教和文学领域。

譬，但很难说足以重写历史。

那么，我们应该怎么对待亚历山大的故事？戴维森提出现代亚历山大史学家当中的"盲点"是"爱情"，他督促我们将注意力转到马其顿宫廷的同性爱欲和对身体的崇拜上。我要提出一个更平淡的盲点：那就是罗马。罗马作家们不只争辩亚历山大的品格，不仅视他为典范，还多少发明了我们如今了解的那个"亚历山大"——戴安娜·斯宾塞（Diana Spencer）在精彩的《罗马的亚历山大》（2002）一书中差不多提出了这个说法。实际上，"亚历山大大帝"称号第一次被证实使用是在公元前2世纪初普劳图斯的一出喜剧中，那是亚历山大死后150年左右。我很怀疑是不是普劳图斯本人捏造的这个词，但很可能是罗马人新造的词；肯定没有任何证据表明亚历山大同时代人或他在希腊的直接继任者曾经叫他"亚历山大大帝"（Alexander ho magas）。某种意义上，"亚历山大大帝"和"伟人庞培"一样都是罗马人的创造。

意义更重大的是现存关于亚历山大生平的古代记录的特征和文化背景。我们一再说过，这些记录全都写于它们所描述的事件之后很久。没错；但更关键的是它们全都写于罗马帝国统治下，以罗马帝国主义为背景。西西里的狄奥多罗斯的记录是现存最早的，其写作时间在公元前1世纪晚期；阿里安是如今最受欢迎的文献来源，他生于公元1世纪80年代的尼科米底亚（在现在的土耳其），在罗马从政并于公元2世纪20年代成为执政官，随后任卡帕多西亚总督。这些罗马人当然并未创造亚历山大的故事；他们当然要依靠亚历山大同时代人的作品，不论好坏。但他们必定透过罗马的滤镜看这个故事，并在阐释和调整读到的内容时，以自身政治年代特有的征服和帝国扩张的版本为依据。

重读阿里安的《亚历山大远征记》时，我一再为其罗马的回声而震动。阿里安自己很少会直截了当地对比罗马和马其顿体系。不过含蓄的对比往往无须直陈。对亚历山大自称神祇（或至少是神之子）的焦虑之情和罗马人对自己皇帝的神圣或半神圣地位的焦虑之间有明显的相似性。对亚历山大使用外国军队和他宫廷中种族混杂的强调，让人想起罗马帝国的做法的许多方面（比如在罗马军队中用行省的辅助部队，或将被征服的精英成员——如阿里安本人——纳入帝国政府之中）。

最引人注目的重叠之处是亚历山大对其友赫费斯提翁之死的反应。"有人说，"阿里安写道，"大半天里……亚历山大哀悼、哭泣、拒绝离开，直至同伴将他强行拉走。"不久，他建起对赫费斯提翁的"英雄"崇拜。这几乎和罗马皇帝哈德良（阿里安在其手下供职）在他最喜爱的安提诺乌斯死后据说的做法一模一样。也许哈德良是在可笑地模仿亚历山大。阿里安以自己侍奉的这位皇帝的行为为范本描绘自己的亚历山大图像，则更可能得多。

我以为，唯有我们准备妥当，意识到这既是个希腊国家，也是个罗马国家时，戴维森期许的"亚历山大世界"的改变才会来临。也许同时，我们还会最终将庞贝的亚历山大马赛克看作一件自豪的罗马人创作，而非（像罗姆编辑的阿里安《亚历山大远征记》新版的图片说明那样）"复制自本场战役后几十年内也许基于目击证人叙述的一幅希腊绘画"。

本章评论书籍为：

菲利普·弗里曼（Philip Freeman），《亚历山大大帝》（*Alexander the Great*），西蒙与舒斯特出版社（Simon and Schuster），2011 年

詹姆斯·罗姆（James Romm）编辑，帕梅拉·门施（Pamela Mensch）英译，地标丛书《阿里安：亚历山大远征记》（*The Landmark Arrian: The Campaigns of Alexander*），万神殿图书（Pantheon），2010 年

皮埃尔·布莱恩特（Pierre Briant），艾米莉·库特（Amélie Kuhrt）英译，《亚历山大大帝及其帝国：简介》（*Alexander the Great and his Empire: A Short Introduction*），普林斯顿大学出版社（Princeton University Press），2010 年

伊恩·沃辛顿（Ian Worthington），《马其顿的腓力二世》（*Philip II of Macedonia*），耶鲁大学出版社（Yale University Press），2008 年

詹姆斯·罗姆（James Romm），《王座上的幽灵：亚历山大之死与马其顿帝国的分裂》（*Ghost on the Throne: The Death of Alexander the Great and the War for Crown and Empire*），克诺夫出版社（Knopf），2011 年

5

希腊人笑什么?

公元前3世纪,一个罗马使团正在同希腊城市塔兰图姆谈判,一声有欠考虑的大笑断送了任何和平的希望。古代作者们就这次笑的具体原因产生了分歧,但都认为希腊人这一声笑是导致罗马人开战的最后一根稻草。

有个记述将矛头指向罗马首席使节波斯图米努斯(Postuminus)糟糕的希腊语。其语法之不规范、口音之怪异令塔兰图姆人忍俊不禁。相反,历史学家卡西乌斯·狄奥[1]则归罪于罗马人的民族服饰。"塔兰图姆人对它们的反应绝谈不上庄重,"他写道,"而是嘲笑罗马托加袍和其他东西。这是我们城市的装束,在广场上穿着。使节穿上它,不管是为了留下恰当的庄重印象或出于恐惧——认为这会让塔兰图姆人尊重他们。但实际上,一帮喧闹的人却讥笑他们。"其中有个人,他接着说道,竟然在这令人讨厌的袍子上"蹲下身子到处拉屎"。如果这是真的,可能这也增加了罗马人的

---

[1] 卡西乌斯·狄奥(约150—约235),古罗马历史学家、政治家,其所著罗马史为后世提供了极为重要的参考。

愤慨。不过波斯图米努斯在他恐吓性的，而且有预言味道的回复中强调的是笑声："笑啊，能笑就笑吧。因为当你们用你们的鲜血洗净这袍子时，要哭泣很久。"

尽管有那段威吓，这个故事还是会立刻引起人的兴趣。它少见地让人窥见自负的、身着托加袍的罗马人在古代地中海地区其他居民眼中的形象；并罕见地确认了意大利南部的希腊人和我们一样，对裹在身上鼓鼓囊囊的累赘托加袍感到可笑。但与此同时，这个故事还包含了古代笑声的一些关键因素：权力、族群、嘲笑敌人的人很快发现自己被人嘲笑的恼人感受。这其实是古代"大笑"（gelastics）的铁律——这个词是从斯蒂芬·哈利维尔（Stephen Halliwell）对希腊笑声的严肃研究中借用的术语（来自希腊语 gelan，也就是笑）——开玩笑的人总是与成为他自己笑话的笑柄相去不远。如拉丁语形容词 ridiculus，既指可笑之事（即我们所说的"可笑的"[ridiculous]），也指主动惹人笑的人或事。

笑一直是古代君王或暴君最爱的手段，亦是用以反对他们的武器。当然，好国王知道怎么开得起玩笑。奥古斯都皇帝面对各种挖苦和打趣的宽容表现，在他死后 400 年仍得到颂扬。古代世界中最著名的俏皮话之一的身后事一直延续到 20 世纪（在弗洛伊德和艾丽丝·默多克[Iris Murdoch]的《大海，大海》[*The Sea, The Sea*]被重述，角色阵容不同，但包袱是同一个），那是关于奥古斯都父系身份的影射玩笑，据说这位皇帝注意到一个行省来的男子和自己长得很像，便问该男子他母亲是否在宫中干过活。"没有，"那男子答复说，"但我父亲干过。"奥古斯都只是明智地一笑忍之。

相反，暴君就不会仁慈地接受拿自己开涮的笑话，尽管他们很乐于嘲笑臣民。公元前1世纪凶残的独裁者苏拉是出了名的爱笑者（philogelos），而小学生恶作剧则是暴君埃拉伽巴路斯用来施加羞辱的手段之一。据说他曾经让晚宴宾客坐在充气垫子上，眼看他们随着空气逐渐漏完而消失在桌子底下，以此取乐。但是古代独裁者的定义性标志（权力可笑地发了疯的迹象）在于他们试图控制笑声。有的试图禁止发笑（卡利古拉在妹妹死后就下过这道禁令，作为公共哀悼的一部分）。其他的则在最不合适的时刻把笑强加给不幸的下属。还是卡利古拉，他有本事将其变为一种精巧的折磨：据说他曾强迫一个老人在早上观看自己儿子被处决，晚上又请他赴宴并坚持要他说笑。哲学家塞涅卡问道，为什么那个受害者顺从这一切？答案是：他还有另一个儿子。

族群身份也颇可一笑，塔兰图姆人和托加袍的故事就说明了这点。更多例子可以在唯一从古代留存至今的笑话书里找到。这本书名为《爱笑者》（*Philogelos*），收集了约260个希腊语笑话，很可能成书于公元4世纪，但也包括一些早得多的笑话，这种集子往往如此。一个悬而未决的问题是，《爱笑者》是古代世界流行笑话的窗口（人们认为，一条古物研究的拜占庭评论暗示，这是你会带去理发店的那种书），还是晚期帝国时期某位学者编纂的百科全书式作品——这种可能性更大。不管怎样，我们在这里找到了关于古代世界中的医生、口臭男、阉人、理发师、疝气男、秃头男、可疑的算命者，以及更多异彩纷呈（多半是男性）的人物的笑话。

《爱笑者》中的首要位置属于"书呆子"，几乎一半笑话都是关于他们迂腐的学究气（"书呆子医生正在给病人看病。'大夫，'病人说，'我早上起床时头昏了20分钟。'"那就晚20分钟再起来。'"）。各种种族笑话紧随"书呆子"之后占据第二。一系列让人想起现代爱尔兰或波兰笑话的段子中，3个希腊城镇的居民——阿布德拉、库迈和西顿——因"换一个灯泡需要几个阿布德拉人？"风格的愚蠢气质而被嘲笑。为什么特别是这3个地方，我们不了解。但其居民被描绘得和书呆子一样迂腐，甚至更迟钝。"一个阿布德拉人见到一个阉人正和一女子说话，就问她是否是他妻子。当他回答说阉人无法有妻子时，阿布德拉人问道：'那她是你女儿啰？'"还有许多可想而知的类似笑话。

《爱笑者》的笑话中最令人困惑之处在于里面有很多笑话依然有点好笑。跨越两个千年，它们令笑容浮现的概率比大多数现代笑话集要高得多。这些笑话和19世纪《笨拙》(Punch)杂志那些难以理解的晦涩漫画不同，似乎说着我们自己的喜剧语言。事实上，几年前单口喜剧演员吉姆·鲍恩（Jim Bowen）有一场演出完全以《爱笑者》里的笑话（他有点慷慨地声称其中一个笑话是蒙蒂派森幽默小品《死鹦鹉》的直系祖先）为基础，让21世纪的观众好好笑了一场。

它们为何显得如此现代？就吉姆·鲍恩的演出来说，这与细致的翻译和选择有关（我觉得那个被钉十字架的运动员看起来好像在飞而不是在跑的笑话就不会让当代观众捧腹大笑）。另外，几乎无须背景知识便可理解这些故事的笑点，相形之下许多《笨拙》漫画恰好是以热门话题为基础。更别提有些鲍恩的观众之所以发笑，无疑全是因为听一位现代喜剧演员讲2000年前的笑话这件事本身滑稽可笑，不管笑话是好是坏。

但不止这些。我觉得，这同据说是"普适"的幽默主题关系不大（尽管死亡和认错人在当时和现在都占大头）。这更关乎把古代世界的遗产直接纳入我们自己的、现代的笑的传统中的做法。任何当过父母的人或看过父母和孩子们在一起的人，都知道人类是要学习如何发笑、笑什么（小丑可以，残障人士不行）的。在更宏大的范围内，至少很大程度上，现代西方文化本身是从文艺复兴的玩笑传统中学会如何因"笑话"而发笑；这一传统可直接回溯到古典时期。文艺复兴笑话集最受欢迎的笑话之一就是关于父亲身份的"我父亲干过"式妙语，而负有盛名的剑桥古典学家理查德·波森（Richard Porson）据说曾声言，18世纪著名笑话集《乔·米勒俏皮话》（*Joe Miller's Jests*）中的大多数笑话都能追溯到《爱笑者》。换句话说，我们仍会因这些古代笑话发笑，是因为我们正是从它们这里学会了什么是"因笑话发笑"。

当然了，这不是说古代笑声地图的所有坐标都能直接用于我们自己身上。就算是《爱笑者》中也有一些笑话仍然完全令人不解（虽然也有可能它们只是很糟的笑话）。但更一般而言，希腊和罗马人会因不同事物发笑（例如盲人——但和我们不同，他们很少因聋人发笑）；他们也能在不同场合发笑或引发笑声，以实现不同目的。古代法庭中，嘲笑是件标准武器，在我们如今的法庭中则难得一见。古代最伟大的演说家西塞罗据说也是古代最厉害的笑话高手；有些稳重的公民认为他太过滑稽，对他自己不好。

也有些特定的困惑，首先就是古代喜剧。无疑，雅典观众会因阿里斯托芬的喜剧尽情大笑，我们也仍能如此。但对公元前4世纪戏剧家米南德大获成功的喜剧，现代观众就因其太程式化和说教而很少感到好笑。我们没抓住笑点吗？还是它们就是不够有趣，无法让人放声大笑？斯蒂芬·哈利维尔在《希腊笑声：从荷马到基督教早期的文化心理学研究》（*Greek Laughter: A Study of*

Cultural Psychology from Homer to Early Christianity）一书中讨论这些戏剧时，提供了一种可能的解答。他承认，"米南德的幽默，在这个词最宽泛的意义上，是排斥可信诊断的"（也就是说，我们不知道它是否好笑或怎么好笑），借此巧妙地扭转了这个问题的方向。它们并非意在引人发笑；倒是"多少是关于发笑的"。复杂的"喜剧"情节，角色的对照，有些角色或许会被我们笑话，有些角色则让我们想和他们一起大笑，这些肯定推动了观众或读者思考哪些条件让人可能或不可能发笑，社会接受或不接受。换句话说，在哈利维尔看来，米南德"喜剧"的作用是一篇关于希腊人发笑的基本原则的戏剧论文。

其他情况下，古代人实际上怎么判断事物是有点好笑还是非常滑稽，为什么这样判断，就不总是清楚明白了。哈利维尔顺带提到一些古代把自己笑死了的著名人物的逸闻。公元前4世纪著名希腊画家宙克西斯就是一位。据说他在观看自己的一幅老妇画像后突然不支。另外还有哲学家克吕西波斯以及和米南德同时代的戏剧家菲勒蒙。根据关于他俩的彼此相似的故事，他们是在看到一头驴在吃为他们自己准备的无花果之后一命呜呼的。他们让仆人给这头牲口来点葡萄酒——接着便对这景象大笑而死。

笑死的奇思很令人好奇，而且并非仅限于古代世界。例如安东尼·特洛勒普（Anthony Trollope）[1]就号称在读F. 安斯蒂（F. Anstey）的喜剧小说《反之亦然》（*Vice Versa*）时"笑得僵住"（corpsed）。但那些特定景象（或者这件事中的《反之亦然》）中

1　安东尼·特洛勒普（1815—1882），英国维多利亚时期小说家，代表作为《巴塞特郡纪事》。

有什么被证明是如此好笑得要命的呢？在宙克西斯的情况里，不难察觉著名的古代厌女症的气味。其他情况中，想必是动物与人不同范畴的混淆导致了大笑——我们在其他类似古代故事中也能看到。

因为类似的混淆也构成了坚定的罗马"不笑者"（agelast）老马库斯·克拉苏的故事基础，据说他一生中只有一次忍不住放声大笑。那是他看到一头驴吃蓟之后。"蓟对驴的口味来说就和生菜一样。"他沉思着（引用了一条著名的古代谚语）——然后笑了起来。这里有些内容让人想起一度由传统动物园举办的老式黑猩猩茶会引发的笑声（受到好几代人喜爱，直到成为对动物表演及展示的现代拘谨态度的牺牲品）。古代的笑声似乎也运转在人类及其他物种的分界线上。它以尝试跨边界为亮点，既挑战，又重新确定了人和动物间的分界。

哈利维尔坚持认为，古代笑文化的一个突出特征在于笑在许多古代哲学、文化和文学理论中的中心角色。古代学术研究和现代不同，人们期待哲学家和理论家对大笑及其功能和意义有观点。这是哈利维尔的主要兴趣。

他的著作广泛考察了自荷马至早期基督教徒（这是越来越阴郁的一群人，能够将笑看作魔鬼的作品）之间的希腊笑声，前言堪称我读过的对任何历史时期的笑的作用的最佳简述。不过《希腊笑声》的目标读者并非是那些想知道希腊人觉得什么有趣或嘲笑什么的人。很显眼的是它并未讨论《爱笑者》，索引中没有"笑话"词条。它主要关注的是在希腊文学及哲学文本中出现，并由这些文本加以探讨的笑。

在此意义上，他有些讨论非常出色。他清晰而谨慎地叙述了亚里士多德的观点——众所周知亚里士多德关于喜剧的论文散佚了，有些更疯狂的人试图弥补因此导致的空白，他的叙述对此是一剂有效的解药。但最精彩之处是对公元前5世纪哲学家、原子论者德谟克利特的探讨，他具有古典时期最无可救药的爱笑者的名声，还成了17世纪晚期安托万·夸佩尔（Antoine Coypel）一幅非凡画作的主题，这幅画就装饰着这本书的封面。"大笑的哲学家"露齿而笑，同时将瘦骨嶙峋的手指指向观看者。欢乐与威胁的结合有点让人心里发慌。

古代对德谟克利特笑的习惯的讨论中最发人深省的是一本罗马时期的书信体小说，收在所谓的《希波克拉底信札》（*Letters of Hippocrates*）里，这本书信集被归于这位传奇的希腊医学之父名下，实则是他去世后几个世纪写的。这本小说虚构的对话讲述了

图4 安托万·夸佩尔的德谟克利特形象"大笑的哲学家"，身着17世纪服装

希波拉克底和德谟克利特相遇的故事。这位哲学家的本城同胞感到忧虑,因为他遇到什么事都要大笑(从葬礼到政治上的成功),他们推断他定是疯了。因此找来世上最著名的医生来医治他。但是希波拉克底抵达后很快发现,德谟克利特比同胞们更头脑清醒。因为只有他认识到了人类存在之荒谬,因此笑它完全合理。

在哈利维尔详尽彻底的审视下,这本书信体小说远远不只是一本关于误解消除或发现疯子其实很清醒的刻板印象的故事。他问道,我们应在多大程度上将德谟克利特的故事看作如今更熟悉的塞缪尔·贝克特(Samuel Beckett)或阿尔贝·加缪(Albert Camus)的"存在之荒谬"的希腊版本?另外,和对米南德的分析一样,他认为这一文本也提出了关于笑声的根本问题。书中呈现的希波拉克底和德谟克利特之间的辩论相当于一系列思考,探讨彻底荒谬主义的立场有可能维持到何等程度。德谟克利特的同胞们认为他几乎对一切事物发笑;而希波拉克底则更为哲学地在某个时刻琢磨他的病人是否瞥见了(如哈利维尔所说)"无限的中心的普遍荒谬性"。然而最终,这并非德谟克利特采取的立场。因为他认为能洞察世界的普遍荒谬的智者的位置是"豁免于嘲笑"的。也就是说,德谟克利特不嘲笑自己或自己的理论化。

但哈利维尔没有强调的是,德谟克利特的家乡并非别处,正是阿布德拉——这座色雷斯城镇的居民正是《爱笑者》里诸多笑话的笑柄。他在脚注里确实一笔带过了"德谟克利特的笑声本身造成了阿布德拉人众所周知的愚蠢"这个说法。不过,对古代笑声的理论和实践都感兴趣的人肯定不会这么快就放弃这一联系。因为这不仅是一个"大笑的哲学家"或不知阉人是啥的愚蠢市民的问题。西塞罗也会用这个城镇的名字作为对颠倒混乱状况的简略表达:"这简直就是阿布德拉。"他这样描写罗马。不管最初的原因为何,到了公元前1世纪,"阿布德拉"(或许就像现代的坦布里奇威尔斯[1],尽管联想颇为不同)已经成为保证可以让古代人大笑的名字之一。

本章评论书籍为:

史蒂芬·哈利维尔(Stephen Halliwell),《希腊笑声:从荷马到基督教早期的文化心理学研究》(*Greek Laughter: A Study of Cultural Psychology from Homer to Early Christianity*),剑桥大学出版社(Cambridge University Press),2008年

---

1 位于英格兰肯特郡。

第二部分

早期罗马的英雄与恶棍

据传说，罗马建于（我们所称的）公元前753年。直到公元前2世纪，我们才有了同时代人所写的罗马文献——尽管有不少较晚的罗马论述回顾了城市起源，详述罗慕路斯和雷穆斯的故事，强掳萨宾女人以及（坦率说无法置信的）各种自我牺牲的高贵罗马人的英雄行为。

早期罗马史的一个重大问题在于那些故事多大程度上基于事实。如果其中许多故事神话的成分大于历史（现在多数人都这样认为），那么如今我们该如何讲述罗马在成为巨大的大理石都市和帝国的世界性首都之前，最初那几百年的历史故事呢？也就是说，当罗马还在"往上爬"的时候，究竟是何等样貌？

这一部分的起始（第6章）直接追溯到罗慕路斯和雷穆斯，以及罗马建造者为何不是一个而是两个这令人迷惑的问题；另外还有更重要的，为何其中一个（罗慕路斯）被认为谋杀了另一个（雷穆斯）。这故事最早是什么时候讲述的？谁编造了兄弟相争的传说，为什么？这让我们与关于早期罗马文化的一整套推理与猜测（有些颇具灵感，有些显然可疑）面对面，特别是关于其失落的公共戏剧传统，不幸的雷穆斯的故事也许曾在其中成形。因为罗马几乎肯定是和古代雅典一样的"戏剧"社会——用舞台展现共同的神话，辩论共同的问题和事务。但是在罗马，关键的剧本实际上极少留存，不得不从只言片语的少量文本，后期作者偶然的引用，或许一两幅早期插图中几乎从头重构。这是个探险活动，能让我们大开眼界，看到古罗马不太常见的一面。但也风险很大（相当于古典学界的技艺精湛的空中飞人），也许它和我们在亚瑟·埃文斯的"史前"克诺索斯宫殿（第1章）中所见的充满想象力的那种重构没有太大的区别。

这部分最后一章思考了我们能如何填补现存证据中早期罗马的另一缺口：那就是普通罗马人的视角。我们几乎所有的罗马著作都出自富有的特权阶层笔下，这就让我们想知道其他罗马人怎么理解这座城市的历史和政治。穷人如何看待罗马的胜利与屠杀？当一小群富人阴谋集团以（他们自己的）"自由"为名义刺杀了尤利乌斯·恺撒，穷人做何反应？第10章呈现了机智的侦探工作如何帮助发掘罗马下层社会的一些观点、英雄和政治口号。

我不是说罗马共和国历史上更传统的人物失去了魅力。远非如此。第7章探讨了罗马和汉尼拔大战中的领袖人物（并发现英国"费边社"的起源要上溯至古罗马）。它还探究了罗马史学家李维如何从这一冲突中构造故事，并提出李维到底是多好的历史学家的问题，以及对著名的童子军式传说——汉尼拔往冰冻的岩石上浇醋，打通穿越阿尔卑斯山的道路提出质疑。

第8章和第9章转向公元前1世纪一位传奇人物，马库斯·图利乌斯·西塞罗：罗马最著名的演说家、自我推销的政客、特别高产的作家（多卷私人信函、哲学论述、演讲稿以及一小撮糟糕的打油诗保存至今）。我们对西塞罗的了解很可能超过历来的任何其他古罗马人（但即便如此，如第8章坚持认为的，现在要为他撰写一本清楚明白的"传记"也非常困难）；我们依然会在各处发现他的言辞及他提出的问题——在一些出乎意料之处。他的名言被现代政治活动家引用，从约翰·F. 肯尼迪到2012年激进的匈牙利示威者；在我们各种话题的讨论背后都（应该）潜伏着他的鬼魂，从艺术品盗窃到防止恐怖主义。西塞罗一度遭放逐，正是因为——他声称为了国土安全利益——他未经审判或正当程序处决了一帮据推测是罗马恐怖分子的人。古代史上最佳警示教训之一。

6

谁要雷穆斯死？

紧挨着罗马皇宫立着一座小木屋，据罗马人说这是罗慕路斯的房子，罗马最早的居民点留下的唯一痕迹，建于（如果你遵照传统日期）公元前8世纪某个时候。究竟是谁建造了这个小屋（某个虔诚的古迹爱好者，瞅中了古代旅游业的罗马企业家，还是罗慕路斯本人），我们不知道。但至少到公元4世纪它都作为本城建造者的纪念碑被亲切地（或者愤世嫉俗地）照看着。对于所有过路人而言，这也许会促使他们想到罗马的源头，后来成为世界首都的那座原始村庄，还有婴儿罗慕路斯，他是一位被剥夺了继承权的公主诞下的战神之子，被邪恶的外叔祖父抛弃，由一头狼发现并喂奶，继而由牧人们养大，直到他年岁足以推翻外叔祖父并建立他自己的城，罗马。

与此同时，罗慕路斯肯定也激发了人们对其双胞胎兄弟雷穆斯的思绪。根据熟悉的故事（由李维和其他人讲述，略有出入），雷穆斯是罗慕路斯的伙伴，直到新城即将建起的那一刻；那个时刻，两兄弟各自占据不同位置，观察上天的征兆，这将授予其选定的基础以权威；罗慕路斯宣称他的征兆更强（他看到12只鹫，雷穆斯只看到6只）并开始筑城；妒火中烧的雷穆斯跳过罗慕路斯的壕沟，当场被罗慕路斯本人或身边人杀死。"越墙者死"，李维让罗慕路斯如是说，这口号无疑将会用来为许多骇人听闻的兄弟相残之事正名，这种事将成为其后千年罗马史的标志。不过其他版本似乎对这一伙伴关系给出了不同的故事：有段时间双胞胎共同统治新城，后来罗慕路斯变得暴虐并谋杀了兄弟；甚至还有说雷穆斯比罗慕路斯活得长的。

T. P. 怀斯曼（T. P. Wiseman）所著《雷穆斯：一则罗马神话》(*Remus: A Roman myth*）的目的之一便是重新关注这个被谋杀的双胞胎兄弟，将其作为罗马建城故事的核心元素（因为罗马人其实频繁谈起"雷穆斯和罗慕路斯"，按这个顺序，他是在先的那个）。怀斯曼有3个主要问题。这个特定的建城传奇到底为何包含双胞胎？雷穆斯为何要叫雷穆斯？在经典传说中他为何遭谋杀？换句话说，罗马人为何虚构了双胞胎建城者，却只为了在完成建城之前杀掉他？让其创建者掌权的第一个举动就是无情毁掉兄弟兼帮手的是什么样的社群？

许多现代历史学家拒绝对雷穆斯的故事及其怪异之处，或这些怪异之处在罗马看待自身过往时的含义表示兴趣。这不只是标准索引条目"雷穆斯，见罗慕路斯"的问题。更是近乎有意地漠视这一神话的含义。甚至阿纳尔多·莫米里亚诺[1]（Arnaldo Momigliano）都能写道（罕见地暂时抛弃了好奇心）："罗马人从容接受这个想法：他们……建城仪式中有兄弟相残。"但是怀斯

1　阿纳尔多·但丁·莫米里亚诺（1908—1987），意大利古典学家，20世纪最重要的古典学家之一。

曼将最尖锐的抨击留给了那些确曾尝试理解雷穆斯及其死亡的前辈。本书前半部的许多内容主要在于清除，首先是清除比较印欧学家的理论（他们认为雷穆斯是宇宙中原初的双胞胎，在大多数早期印欧文化的创世神话中很典型），接着优雅地揭露了几乎所有大胆提出的解释的不足之处。例如赫尔曼·斯特拉斯伯格（Hermann Strasburger）巧妙的概念，认为雷穆斯和罗慕路斯的故事对于罗马人来说太有损形象（劫持萨宾女人是故事中下一个有问题的桥段），只可能是罗马敌人的虚构，但他没能解释为什么罗马人自己这么热情地接受了它。提奥多·蒙森（Theodor Mommsen）[1]的看法是双胞胎创建者在某种意义上代表了罗马执政

图5　所谓"珀耳塞那镜"。反面所刻内容看似狼和双胞胎的早期形象

---

[1] 提奥多·蒙森（1817—1903），德国古典学家、法学家、史学家、政治家，1902年诺贝尔文学奖获得者，对当时的德国文化有较大影响。

官制度（一直是双执政官），但这几乎无法顾及双胞胎其中一位被谋杀这件事；毕竟，执政官体制的关键在于两个执政官共同统治，而不是一个迅速除掉另一个，独自治理罗马。

怀斯曼坚持认为，如果不理解这个神话最初是如何、何时、为何创造，就不可能理解它。他自己的详尽重构由此开始。他首先评论了现存所有涉及该神话的资料，包括图片和文字，得到结论认为雷穆斯（不像罗慕路斯）直到公元前3世纪才出现，当时已是城市建立后数百年了：我们熟悉的"罗慕路斯和雷穆斯"的双人表演原本只是"罗慕路斯"。这一论点本身并非没有薄弱之处。例如它无视了著名的公元前4世纪珀耳塞那（Bolsena）镜[1]的证据：任何漫不经心的观察者都能立刻辨识出，这块镜子描绘的场景是由狼哺乳的婴儿罗慕路斯和雷穆斯，怀斯曼（为了维持雷穆斯较晚出现的看法）却不得不将其解释为鲜为人知的神祇"守护者拉尔"（Lares Praestites）[2]。

但更多困难接踵而来。怀斯曼回到蒙森的政治上的二元观点，关注的不是执政官体制本身，而是贵族与平民共享执政权（公元前4世纪晚期所谓的"等级之争"终结，之前仅限贵族的行政长官职务向其他公民——平民［plebian］——全面开放）。于是雷穆斯被发明出来代表罗马政治里的平民原则。他的名字来自拉丁语中"延迟"一词，暗示着平民在取得自己权力的过程中被长期延迟。他的故事被发展为一系列戏剧（现已失落，不过怀斯曼热情地重构了其存在），在公元前4世纪末和前3世纪初上演。

---

1 于伊特鲁里亚地区珀耳塞那发掘出的雕花镜。
2 古罗马宗教中家庭和国家的守护神，来源不甚明了。

他被谋杀的想法以某种方式（我恐怕我未能理解究竟是什么方式）同公元前3世纪初伴随新的罗马胜利神庙建成的一次活人献祭联系了起来。

这都是非常妙趣横生，往往诱人的论点。怀斯曼因其重申罗马神话和文化（相对于更有名的希腊神话和文化）重要性的有影响力的作品而出名；在《雷穆斯：一则罗马神话》（*Remus, A Roman Myth*）中，他成功传达了自己对该计划的兴奋之情。这是50年来写得最好、最吸引人且引人深思的古代史著作之一；许多方面显然极富才气。同时，其中许多内容更近乎幻想而非历史。整整一系列散佚的罗马戏剧几乎是从虚无中捏造，接着又成为神话传播的主要动因（例如，我就根本看不出"马克西穆斯大竞技场远端墨丘利神庙前的两幕表演中，神明从自己的神庙出来，护送仙女拉纳经过附近良善女神的小树林去冥界"这种说法有什么根据，完全就是怀斯曼的虚构，再无其他）。公元前3世纪初的活人献祭是从某些提及一次宗教危机的文献中推断出的，再加上胜利神庙地基下一座未加解释的（可能颇为无辜的）墓地。这清单还可以继续往下列。

那么哪里不对？怀斯曼了解什么是好论点；他反复承认自己的重构有多么危机四伏（"现在很明显了，我这部分的论点甚至比平常更脆弱，更属猜测"）。那他为什么这么做？答案大半在于他对神话本质的理解。他没有将神话看作一个过程，一套复杂的有特定文化特质的思考世界及其历史的方式（你必须如此，尤其是在罗马）；他将其看作一个故事（或多个故事），有可确认的创造时刻，该时刻锁定在第一次讲述的那个场合。

这就让他不屈不挠地回去搜寻起源；这也让他能够对读者，

无疑也同样对自己隐瞒这样一个事实：我们能清楚看到雷穆斯和罗慕路斯神话在罗马举足轻重的一个时代根本不是暧昧不明的公元前3世纪，而是截然不同，有据可查得多的3个世纪之后的帝国早期时代。罗慕路斯的故事在首位皇帝奥古斯都治下是个特别活跃的话题：在选择皇帝称号时，他显然考虑过罗慕路斯这个名称，但由于其兄弟相残的内涵而拒绝了；诗人贺拉斯则将罗马内战写成罗马建城双胞胎不可避免的遗产。一个多世纪之后，塔西佗在记录公众对尼禄谋杀年少的兄弟不列颠尼库斯的反应时也显示出类似态度：据说兄弟成仇乃是惯例；一座宫殿容不下两个国王。也就是说，雷穆斯和罗慕路斯是被当作帝国的君主政体及其王朝的紧张关系的范式而展示出来的。

另外一些著作也特意选择细致考察奥古斯都时代对罗慕路斯和罗马其他早期国王的争论。哪一本都没有怀斯曼《雷穆斯：一则罗马神话》那样的热忱或学识；但它们都以不同程度的成功撬开了这些帝国早期神话故事的复杂之处。马修·福克斯（Matthew Fox）的《罗马历史神话：奥古斯都文学中的王政时期》（*Roman Historical Myths: the Regal Period in Augustan Literature*）逐个讨论了奥古斯都时代的主要作家，尝试在各自的情况中表明，早期罗马的王政时期不仅（有些现代研究几乎就要这么提了）是一种有用的政治隐喻，作者们能通过它评论帝国政体——批评罗慕路斯总是比批评奥古斯都本人更安全的选择。福克斯中肯地指出（尽管偶尔阐述过细）我们应更仔细地思考，罗马人在重述自己城市的神话/历史时认为自己在做什么，他们将神话真实和历史真实，或神话和当代史之间的界线放在哪里。

加里·迈尔斯（Gary Miles）则相反，在《李维：重建早期罗马》(*Livy: Reconstructing Early Rome*) 一书中全神贯注于罗马起源的单单一种历史叙述，这个目标足够有希望，而且这一文本哪怕在今天也并不总能获得应得的关注。实际上，关于罗马人如何质疑自己的文化身份，迈尔斯照例提出了一套常规的时髦观察结果，混以一些（并非总是必要的）表格，看起来像是对结构人类学的戏仿（比如说，李维把罗慕路斯和雷穆斯合作时期的特点描写为"乡下气质""边缘性"和"平等主义"，与罗慕路斯独自统治时的"都市特质""中心化"和"威权主义"形成对照）。

卡罗尔·纽兰兹（Carole Newlands）的《与时间游戏：奥维德与〈岁时记〉》(*Playing with Time, Ovid and the Fasti*) 对单个文本所做的研究要有趣得多，本书关注奥维德《岁时记》(*Fasti*)，这是一首关于罗马历法的不同寻常的诗，重述了罗马王政时代的许多神话来解释这座城市众多宗教节日的起源。《岁时记》中，罗慕路斯仅有一次似乎以明显正面的形象出现，这一次，雷穆斯被杀被归咎于这位新国王的一名凶悍心腹，而非他本人。不过纽兰兹尖锐地指出，在这部分开头时那位叙事者曾吁请奎利努斯神赐予灵感，而这正是罗慕路斯本人神化的形象。换言之，奥维德将其设定为明显偏袒的叙事，甚至是关于罗慕路斯自己试图将罪责推给别人的一个笑话。

这些都不是怀斯曼的领域。因为他关注的是他视作神话起源的事物和他所谓"另一个罗马"：在成为世界帝国的多元文化首都之前，也在那些存世文献写就的时代之前的那个小城邦，而罗马在现代学术研究中的特征迄今都是由这些文献定义的。这也是 T. J. 康奈尔（T. J. Cornell）《罗马之初：从青铜时代到布匿战争的意大利与罗马，公元前约 1000—前 264 年》(*The Beginnings of Rome: Italy and Rome from the Bronze Age to the Punic Wars, c1000-264BC*）之中关注的事。在许多方面，这本书和怀斯曼的作品同样意义重大，因为这是第一部纳入了意大利中部近来密集的考古活动成果的研究早期罗马的重头历史著作（必须说，它时常对发掘者自己的阐释做出改进）。它几乎注定成为标准教科书，而且实至名归。但是，为一种几乎没有任何当时文字作品留存的文化撰写"历史"这种做法本身就很危险；越往古代走，危险越严重。

康奈尔坚定认为（他不得不如此）我们确实能对最初的罗马有所了解；认为罗马人几个世纪后为那座早期城市写下的历史是基于"真实信息"，即基于当时仍然存世的文献证据或至少基于那些接触过后来遗失的资料的较早期史学家。这种坚持不可避免地迫使他变得轻信，有时候尺度之大令人担忧。一个典型例子是所谓执政官的《岁时记》（与奥维德诗歌同名，但此处指的是国王们离去之后，可追溯至共和国建立之初的执政官名单）是否可信。如果这份公元前1世纪罗马人所知的标准形式的名单准确地指导了可追溯至公元前6世纪的主要政务官的信息，那么它就为罗马史的叙事记述，甚至是早期的记述提供了某种可靠的框架。

当然，它几乎肯定没有。怀斯曼（为了自己的论点而显然对此持怀疑态度）有力地提出，在我们手上这份看似有序的名单背后，藏着罗马古物研究者们自己所做的大量修改、捏造及合理化。他也许还能补充说，任何被现代学者如此密集研究并校订过的文献很可能也被罗马学者同样热情地研究过（这是很好的经验法则）：典型的古物研究者的创造。相反，康奈尔则声称，他没有理由不相信其大致的精确性及其提供的时间框架。

在追溯罗慕路斯和神话中继承其王位的那 6 位国王时，康奈尔的问题就更为严重了。他似乎一开始就足够明白，罗慕路斯的建城故事是"传说，无权被视为历史叙事"。但不多久我们就发现"尽管罗慕路斯是传说，但可以证明归于其名下的制度在历史上存在过，且可追溯至早期罗马王政时代"，这已经在很大程度上重建了王政"人格"，即使不一定以李维的模式。等他讲到第四和第五个国王，这一人格几乎被视作理所当然了："安库斯·马西乌斯（公元前 641—前 617 年）和 L. 塔克文·普里斯库斯（公元前 616—前 578 年）比起之前的国王们更为形象丰满，也许更具历史真实性。"几页之后，问题已经变成了如何让寥寥 7 个国王填满传统上分配给他们的 244 年统治时期（不管是假设国王实际上不止 7 个还是缩短年表）；历史的海市蜃楼被齐整的塔克文王朝的家谱补全了（就为了让大家看看，传统罗马文献中暗示的关系不存在固有的难以置信之处）。我们当中仍然需要被说服这些国王每一个都不是后期罗马人杜撰（因此也益发有趣）的人，到这时肯定渴望拥有怀斯曼那灵感焕发的幻想。

不过，对罗马史前史的这些推测有什么重要的吗？马修·福克斯在《罗马历史神话》导论中敢于提出"为什么（罗马）王政时期的话语本身在 20 世纪 90 年代还应该能引起人的兴趣"这个问题，也许他意识到了那时许多历史学家（其中摩西·芬利特别强硬）认为它显然很无趣。康奈尔和（尤其是）怀斯曼非常可贵地设法说服了读者它确实可能有趣且重要；而怀斯曼看起来几乎也已说服了自己。他有个章节以这句话开始，十分典型："20 世纪 70 年代的开端对雷穆斯而言不乐观。"这也许是句笑话，也许不是，也许是机智地自我嘲讽，也许是天真的严肃态度。但不论你怎么看，这是怀斯曼对其主题的典型的揶揄态度；是这本狂热而精彩的著作的典型特征。

本章评论书籍为：

T. P. 怀斯曼（T. P. Wiseman），《雷穆斯：一则罗马神话》（*Remus, A Roman Myth*），剑桥大学出版社（Cambridge University Press），1995 年

马修·福克斯（Matthew Fox），《罗马历史神话：奥古斯都文学中的王政时期》（*Roman Historical Myths: the Regal Period in Augustan Literature*），克拉伦登出版社（Clarendon Press），1996 年

加里·B. 迈尔斯（Gary B. Miles），《李维：重构早期罗马》（*Livy, Reconstructing Early Rome*），康奈尔大学出版社（Cornell University Press），1995 年

卡罗尔·E. 纽兰兹（Carole E. Newlands），《与时间游戏：奥维德与〈岁时记〉》（*Playing with Time, Ovid and the Fasti*），康奈尔大学出版社，1995 年

T. J. 康奈尔（T. J. Cornell），《罗马之初：从青铜时代到布匿战争的意大利与罗马，公元前约 1000—前 264 年》（*Italy and Rome from the Bronze Age to the Punic Wars, c1000-264 BC*），劳特里奇出版社（Routledge），1995 年

7

绝境中的汉尼拔

英国费边社的名称来自罗马军人兼政治家昆图斯·费边·马克西穆斯·维鲁克苏斯（Quintus Fabius Maximus Verrucosus）。他或许看上去并不像一位社会主义知识分子社团的保护人。费边生于古罗马最显贵的家族之一，并不以同情穷人而闻名。19世纪80年代给该社团创建者提供灵感的是他对汉尼拔的战争策略。

那场战争中，一连串鲁莽而缺乏经验的将领坚持迎头直击迦太基人，导致了可怕的后果，将罗马带至灾难边缘。公元前216年的坎尼战役最糟糕：我们最准确的估算认为约有5万罗马士兵被杀（使它成为葛底斯堡战役或索姆河战役第一天那种规模的大屠杀）。费边执掌军权后走上另一条路。他并不直接对阵汉尼拔，而是采取了机智的伺机而动策略，以游击战骚扰攻击敌人，将意大利坚壁清野（烧掉庄稼、房屋和藏身之处）；战略意在拖垮汉尼拔，让其大军得不到食物。因此费边后来得到了"拖延者"（cunctator）的外号。

这种伺机而动的策略正是那些维多利亚时代晚期"费边"社会主义者想要对资本主义采取的策略：不像革命那么鲁莽（或

令人不安），而是渐进的消耗过程，直到改变的时机成熟。弗兰克·波德莫尔（Frank Podmore，费边社的名称就是他的主意）写道："你必须等待合适的时机，就像费边同汉尼拔作战时那样尽可能耐心。"

相比现在，19世纪80年代知道费边·马克西穆斯之名的人要多得多。但就算那时他也无法比肩汉尼拔在大众心中的声望，后者几乎成功击败了所向披靡的罗马势力——他完成了著名的，尽管无意义的惊人之举，带领战象穿越白雪皑皑的阿尔卑斯山。罗伯特·加兰（Robert Garland）研究汉尼拔的著作中有一章关于"身后事"写得不错，他评论道，令现代的将领们着迷的一直都是这位迦太基人的军事策略，尤其是坎尼战役的战术（不过乔治·华盛顿在美国独立战争之初的确选择了费边式的计划）。历来成为小说、歌剧和电影主角的并不是费边，而是汉尼拔。事实上，关于费边的19世纪神话往往把他塑造为一个讨厌的犹豫不决之人，而非精明的战略家。"拖延者"可以是"老谋深算的拖延者"，也可能是"动作迟缓之人"或者"拖延症"。

费边社创立伊始，《培尔美尔报》（*Pall Mall Gazette*，《伦敦旗帜晚报》[*London Evening Standard*]前身）有篇讽刺小品正是抓住了费边的这一面。一帮社会主义者到底为何以"拖拉的"费边自称？"有没有可能该社团真正的名称是喀提林俱乐部（指罗马革命者喀提林），费边这个名头只是幽默婉转的说法、对立者起的昵称，采用它是为了不要惊动英国公众？"几天后，一位匿名的"费边社成员"写信来解释这并非笑话：最要紧的是"深思熟虑的行动"，而非拖延。

在古罗马对于费边的成就也一直有类似的矛盾心理。一方面，公元前 2 世纪的罗马诗人埃尼乌斯在关于罗马历史的伟大史诗（现在仅存片段引文）中，将一手从汉尼拔威胁下挽救整个罗马城的功劳记在他头上："仅凭一人之力依靠拖延（cunctando）为我们光复了国家。"但显然对其他人来说"拖延者"就是行动迟缓之人，畏缩不前，与罗马的勇敢、德行和军事卓越的观念截然对立。

李维写于公元前 1 世纪末期的 142 卷本《建城以来史》（Ab Urbe Condita）中有对第二次布匿战争的叙述，我们在其中找到了一场精心撰写的关于策略的辩论，这场辩论发生在公元前 204 年，一方是年老的费边，一方是冉冉升起的军事明星西庇阿·阿非利加努斯。西庇阿计划追赶汉尼拔（当时他正在撤退）并在其北非老家将其一举击败；费边则可想而知地提议谨慎行事。双方都利用一系列历史先例为自己的行动方案辩护。较为明显的一例是伯罗奔尼撒战争中雅典灾难性地远征西西里，修昔底德对此的记述最为有名（见第 3 章）。如果这里大西庇阿的角色是更早那场冲突中的亚西比德[1]，那么李维则清楚表明，费边可看作是罗马的尼西阿斯，年长、迷信、过分谨慎，老实说并不能胜任工作。实际上亚西比德未得手之处西庇阿却成功了。他在公元前 202 年北非的扎马战役中决定性地击败汉尼拔，那是费边死后一年。这是速度和军事天才的胜利，而不是延迟的胜利——用加兰的话说就

---

[1] 亚西比德（公元前 450—前 404），雅典将军、政治家，生于豪富家庭，父亲曾立战功，父亲早逝后伯里克利是他的监护人。文中提到的冲突即是雅典和斯巴达之间的争战。亚西比德聪明过人，极为英俊，苏格拉底为他的外貌与聪慧吸引，二人一度成为密友，一起参加过波提狄亚战役。亚西比德在雅典、斯巴达、波斯之间穿梭经营，肆无忌惮，激起极大敌意，最终死在波斯人手里。

是"彻底击溃"。

如果费边·马克西穆斯的"拖延者"形象——无论是英雄还是迟缓之人——已从公众想象中褪色，那么某种程度上这和李维的《建城以来史》自身的命运相关。因为 20 世纪大部分时间里这部书都几乎被贬低到学术潮流的边缘；尽管书中包含的一些关于古罗马人勇武的精彩故事（"归隐田园的辛辛纳图斯受到召唤""贺拉提乌斯把守大桥"，等等）让它在 19 世纪成为了最受喜爱的作品，如今公众却很少阅读，不像希罗多德、修昔底德或塔西佗。

我猜就算最职业的古典学家也不会读完李维涵盖汉尼拔战争的那整整 10 卷书（第 21—30 卷）里对费边事业和政策极其详尽的记录。这或许不足为奇。确实有些令人难忘的高光时刻，例如第 21 卷中跨越阿尔卑斯山一节，大象、白雪，还有显然不足为凭的汉尼拔的著名故事：他把拦路的岩石加热，再倒上醋，岩石便裂开了（这一程序引发了古典学家们化身业余化学家，从事各种童子军风格的实验）。但李维关于这场战争的多数故事难以卒读。正如 D. S. 莱文（D. S. Levene）在《李维论汉尼拔战争》（*Livy on the Hannibalic War*）中承认的，"追踪这个故事让人感觉困难，充满迷惑"。战场太多（不仅在意大利和西西里，还有西班牙，后期还有非洲和东方），而且难以跟上从一时一地到另一时一地的过程。另外，他接着说道，"我们遇到大量面貌模糊的迦太基人，好像大多都叫汉诺、马戈或哈斯德鲁巴，对战不断变化的大批罗马人，名字的选择倒是多了一些，但就特征而言也不怎么让人记得住"。如果手边没有一座小型图书馆那么多的参考书，包括一本极佳的地图册，就几乎不可能对这场战争做出什么令人满意的理解。

还有一件事，根据正统观点，不管按古代标准还是现代标准，李维的确是非常糟糕的历史学家。他不做基础研究，完全依靠更早的史书。这在古代不一定罕见，但李维比多数人更差劲：他往往并不完全理解其资料或设法将其协调为统一连贯的叙事。在一些声名狼藉的情况里，同一事件他讲了两次，也许因为他发现两份不同的资料对同一件事的叙述略有差异，却没看出所描述的是同一件事（因此就像莱文提到的，克罗顿［Croton］和洛克里［Locri］在他的记载中于两个不同的年头两度落入迦太基人之手）。有清楚的迹象表明李维的希腊语水平不足以恰当理解希腊历史学家波利比乌斯[1]，其著作是他的主要资料来源之一，波利比乌斯在自己对罗马在地中海地区崛起的记录中也讲述了这场战争。波利比乌斯的资料留存得足够多，我们有时能够比较李维版本和他引以为据的文本。可能会有糟心的意外。

李维有个明显的愚蠢错误，出自他记录的那场战争结束后，公元前189年罗马在希腊对安布拉西亚的围攻。复杂的战斗发生在一系列地下隧道中，既有罗马人挖的也有安布拉西亚人挖的。某个时候，李维提到战斗在持续着，"用大门挡着"（foribus positis）。哪来的门？怎么会在隧道里？如果我们回到波利比乌斯的文本，就能看到显著不同的故事。他用"盾牌"阻挡。最合理的解释是李维将"罗马盾牌"（拉丁语是 scuta）在希腊原文中的标准词"thureous"误当作了相似的单词"thuras"，后者的含义为"门"。对李维公平点讲，这两个词在词源上是有关系的：罗马

---

[1] 波利比乌斯（约公元前200—约前118），历史学家，著有《通史》40卷，讲述罗马之崛起。公元前169年前后，担任亚该亚联盟骑兵司令。公元前167年，作为1000名亚该亚名流之一被驱逐并扣留到意大利。

盾牌是"门形"的。但这仍然是个基本的翻译错误，令他描述的战斗场景成了无稽之谈。

尽管如此，莱文也要为李维昭雪。他加入了正在壮大的学术运动，要在李维的错误之外看到其作品中文学和史学的复杂性，打算表明汉尼拔战争的叙事"是现存古典全部文献中最杰出和高超的长篇叙事散文"。他成功了吗？某种程度上是的。其著作的长度和他自己的冗长啰唆无助于这一事业（莱文属于"如果还有5个例子说明同一观点就绝不只用一例"的文学批评流派，而且与李维本人的情况一样，他也有一大堆需要劳心费力才能读懂的东西）。即便如此，他在反对旧有的对李维不屑一顾的正统看法时提出了一些有力观点，在莱文之后，这10卷书应该不可能再被人忽略了。

他在挑战我们在阅读和理解李维这种文本时所持的现代期待时非常出色。其主旨是"丢开地图册"。李维的古代读者读这本书时手边并无地图，每座小城到底在哪儿也许终究没那么重要（古代读者们也不知道）。他令人信服地展现出许多往往未被留意的文学上的微妙之处。我尤其喜爱他的这段论证：李维描述的罗马将军玛尔凯路斯在西西里的行为部分构建自西塞罗控诉威尔瑞斯的演说，威尔瑞斯是一百多年后罗马派往西西里的贪婪的总督。莱文漂亮地论辩道，我们应看到，公元前3世纪末期的玛尔凯路斯如何已然预示出了共和国后期罗马统治最恶劣的特征。

他以同样令人印象深刻的方式说明，李维似乎下定决心提供另一种历史观点及历史因果关系，与其主要来源之一的波利比乌斯那令人不寒而栗的理性主义大相径庭。他并非只是单纯地淡化或误解了希腊前辈；某些方面来说，他是站出来反对他。莱文指出，在李维的著作中，汉尼拔在跨越阿尔卑斯山之前对手下心怀恐惧的士兵发表演说，鼓励他们，而李维让他说出了波利比乌斯批评自己前辈无知时用到的一些言辞。波利比乌斯坚持认为那些历史学家高估了这些山脉的危险，讲的那些关于这些危险的荒谬故事里充满了无稽之谈。因此，李维笔下的汉尼拔用波利比乌斯的回音说道，有人愚蠢地想象阿尔卑斯山顶直插天际。但结局却令人意外。因为几章之后，当士兵们总算亲身抵达山边时发现了什么？用李维的话说，他们发现"雪几乎和天空融为一体"。山峰真的顶到天空，而波利比乌斯"对阿尔卑斯山可怕之处的理性化的辟谣才是错的，吓坏士兵的传言倒终究是对的"。费边·马克西穆斯除了是"拖延者"，也深为敬神，李维和他一样着重强调神力、非理性和意外的怪事对历史的发展的影响。

莱文强力为李维辩护，但也承认他的一些错误。他不像某些时髦的读者那样将李维的每一处前后不一或重复都归因于巧妙的强调，或等同于后现代"去稳定化"（destabilisation）的古代版本（……同一事件李维重复两遍，不是他搞错了，是他要我们质疑线性叙述的本质……）。幸运的是，莱文的李维并不总是超级复杂深刻，也允许犯错，同时也会提出有力的历史论断。不过我还是保留一点疑虑。对于前辈历史学家的过度理性化，李维也许观点敏锐，对于历史的因果，他或许论辩微妙。但是，一位罗马历史学家，连"盾牌"的希腊词都拿不准，我们怎么才能合理期待他对波利比乌斯的解读有多聪明？

本章评论书籍为：

罗伯特·加兰（Robert Garland），《汉尼拔》（*Hannibal*），布里斯托古典出版社（Bristol Classical Press），2010年

D. S. 莱文（D. S. Levene），《李维论述汉尼拔战争》（*Livy on the Hannibalic War*），牛津大学出版社（Oxford University Press），2010年

8
到什么时候？

公元前 43 年 12 月 7 日，马库斯·图利乌斯·西塞罗遭到谋杀：他是罗马最著名的演说家、共和自由间歇性的捍卫者、专制制度声如雷霆的批判者。他最终被马克·安东尼的走狗追捕并刺杀，安东尼是统治罗马的军人集团的成员，西塞罗最后的令人目眩的辱骂辞所攻击的主要牺牲品：那是超过 12 篇称为《反腓力辞》的演说，模仿 3 个世纪前德摩斯梯尼对马其顿的腓力发出的几乎同样猛烈的攻击。这场追踪蜕变为一场复杂的，偶尔喜剧性的捉迷藏游戏，西塞罗难以决断是躲在庄园等待在劫难逃的敲门声还是尽快从海路逃离。最终刺客在他前往海边的舆轿里追上他，割开他的喉咙，将其头颅和双手打包发给安东尼及其妻富尔维亚，以示行动完成。这可怖的包裹抵达时，安东尼命人将这些遗骸展示在罗马的广场上，钉在西塞罗曾发表过许多激烈的长篇大论的位置；但在此之前，据说富尔维亚把头颅放在腿上，打开他的嘴巴，拽出舌头，摘下头发上的发簪，将它戳了又戳。

在尤利乌斯·恺撒遇刺之前的百年内战中，斩首及随之产生的装饰品对罗马一线政治人物来说是某种职业风险。安东尼本人的祖父的头颅据说就曾在公元前1世纪初一场大屠杀中为盖乌斯·马略的餐桌增色。西塞罗一位表亲被割下的头颅（用西塞罗的话说，"还活着且在喘气"）被呈给独裁者苏拉。在更为巴洛克风格的情节中，不幸的将军马库斯·克拉苏的头颅在帕提亚宫廷某次上演欧里庇得斯《酒神的女信徒》时充当过演出道具，克拉苏在公元前53年败于帕提亚人手下，这是罗马最惨烈的军事灾难之一。有的罗马人在装饰祖先宅第的胸像那典型的头肩风格和诸多模特最终的命运之间看到了令人毛骨悚然的联系。公元前61年，"伟人"庞培的凯旋式队列也曾抬着他的巨大头像在罗马穿行，后来这被看作其死法的征兆：公元前49年9月在埃及海滩上，他的头被割下并被"腌渍"（安东尼·埃弗利特［Anthony Everitt］在他的西塞罗传记中如此坦率表述），以便献给尤利乌斯·恺撒，他于数月后抵达了亚历山大城。

富尔维亚暴力对待西塞罗被割下的头颅的故事，含义超过了罗马政治生活中常规的施虐癖。她嫁给了西塞罗的两个头号死敌（先是令人不快而魅力超凡的普布利乌斯·克洛狄乌斯，他曾迫使西塞罗短暂流放，自己却被西塞罗一名心腹谋杀；之后是安东尼），现在她得到了自己的、女性的复仇机会。她用发簪刺破他舌头时，攻击的正是定义了政治程序中男性角色的那种能力——而且是西塞罗的专长。同时，她将一件无害的女性饰物转化为了破坏性武器。

西塞罗被谋杀并分尸的纯粹恐怖促成了这一事件后来在罗马文学和文化中神话般的地位。他的死亡成了罗马学童练习演讲术和名流雄辩家在晚餐后表演时的流行主题。学习演讲的人被要求对神话和历史中的著名人物提出谏言，或在众所周知的过去的罪行中选边站:"在谋杀雷穆斯的指控中为罗慕路斯辩护";"劝告阿伽门农要或不要以伊菲格涅亚献祭";"亚历山大大帝应否进入巴比伦,尽管有不祥之兆?"最流行的两种练习在无数罗马教室和晚宴上一再重复,包括建议西塞罗应该或不应该为保全性命而去请求安东尼宽恕;如果安东尼饶他一命的条件是要他烧毁所有作品,是否应该接受。在罗马帝国的文化政治中,这些问题有良好判断——安全地让旧共和秩序最虽败犹荣的支持者之一对阵所有人都逐渐视为代表专制制度不可接受的面貌的那个人;并在生杀大权的野蛮力量面前权衡文学的价值。罗马的评论家几乎一致相信西塞罗之死堪为楷模,这一点也很光荣。不论人们如何指控他一生中其他方面自私、摇摆不定或怯懦,每人都认为在这件事上他的表现堪称壮举:他从舆轿里伸出裸露的颈项,平静地要求暗杀者把活儿干利落(此后英雄们皆如此行事)。

对于西塞罗政治和写作上的其他成就,人们的评判就显得大起大落了。有些历史学家将其看作罗马在内战中越陷越深并最终落入独裁统治的背景下传统政治价值观的能干的代言人。其他人则谴责他用空洞的口号("有尊严的和平""社会秩序和谐")应对罗马帝国面临的各种划时代问题。19世纪,提奥多·蒙森在对西塞罗不断变换效忠对象(最终成为他号称憎恶的独裁者的傀儡)一事进行反思时,称之为"毫无远见的利己主义者"。埃弗利特的传记《西塞罗:动荡的一生》则将其刻画为理智的实用主义者,赞扬他"明智灵活的保守主义"。对启蒙运动学者来说,其哲学论述乃理性之灯塔。伏尔泰讲过一则不同寻常的故事,罗马使团前往中华帝国朝廷,给皇帝念了一段西塞罗的对话《论占卜》(详尽剖析了占卜、神谕、算命等活动)的译文后,方才赢得这位怀疑主义的皇帝的赞赏；而"图利的责任"，也就是他有关职责的专著《论责任》(*De Officiis*)，是许多17世纪英国绅士的伦理手册。但这仰慕未能挺过智识领域中亲希腊主义的崛起；19世纪和20世纪多数时候，西塞罗的哲学——现代版本共6卷——被认为不过是更早期希腊思想衍生的汇编，如果还有点儿价值，也只是因为提供了古代之后散佚的希腊资料的线索。埃弗斯特一有机会就给他做无罪推定，但就算是他也只能在这儿夸他"推广了天才"，并无创新，不过是"成熟的"综合者。

然而西塞罗职业生涯中有一件事，历来比任何事情都招致更多争议，那就是公元前63年他任执政官期间对所谓喀提林阴谋的镇压。对西塞罗而言这是他最光荣的时刻。在之后的人生中，他差不多一有机会就提醒罗马人民，公元前63年他曾单枪匹马拯救国家于危亡。他还试图以一首三卷本史诗令其成就不朽，诗名为《论执政官》。诗歌只有片段保留至今，如今最出名的是其中一句，往往被看作是挨过黑暗年代的拉丁语打油诗中最恶劣的诗句之一（O fortunatam natam me consule Romam，"啊幸运的罗马，在我任执政官时诞生"，一句押韵顺口溜，听着像是说"罗马城生来运气真好，我当执政官写个小调"）。毫不奇怪，从古代开始，其他人对于罗马人到底该多感谢西塞罗就有不同看法了。

卢基乌斯·塞尔吉乌斯·喀提林（Lucius Sergius Catilina）是位青年贵族，他和许多同辈一样债台高筑，并且因未能赢得选举，获得他认为理应归他的政治职位而感到挫败。公元前63年夏末，西塞罗通过各种地下消息源获知喀提林正在策划一场革命暴动，要烧掉罗马城，并取消一切债务——这对罗马保守人士来说是真正的恐怖。作为执政官，他将这一消息呈给元老院，后者宣布了紧急状态。11月初，自称刚刚逃过一次未遂暗杀的西塞罗带着更多可怕的细节在元老院公开谴责喀提林，并实际将其驱逐出城，赶到伊特鲁里亚的支持者那里。一个军团被派去对付他们——喀提林在第二年年初死于一场战役；还留在罗马的同谋遭到围捕并在元老院一场激烈讨论后未经审判便被处死，依据是紧急权力法令。西塞罗耀武扬威朝着罗马广场上等待的人群喊出仅仅一个词，一个著名的词——"vixere"（"他们活过"——即"他们死了"）。

这些囚犯的命运立即成了一桩著名公案。公元前1世纪最尖锐的政治争论之一（自此在其他政治体制中也往往如此）便是关于紧急权力法令的性质。应在何种状况下宣布紧急状态？戒严法、防止恐怖主义法案，或者用罗马人的话说——元老院最终法令，究竟允许国家当局做什么？立宪政府中止其人民的宪法权利，在何等程度上方为合法？在本案中，处决无视了罗马公民得到合法审判的基本权利（尤利乌斯·恺撒本人就是这样认为的，当时他典型地灵光一闪，在元老院主张全无先例的终身监禁的判罚）。尽管西塞罗慷慨激昂，尽管他依赖紧急权力，他对那些同谋者的处理注定自食其果；4年后果然应验，普布利乌斯·克洛狄乌斯控诉他未经审判便将罗马公民置于死地，并以此为据将其短暂流放。西塞罗在希腊北部备受煎熬时，克洛狄乌斯把刀子插得更深：他推倒西塞罗在罗马的宅子，代之以一座自由女神的圣祠。

西塞罗对喀提林阴谋的处置上还悬着其他问号。许多现代历史学家——无疑还有当时一些怀疑主义者——已在思考喀提林到底对国家构成了怎样的威胁。西塞罗是白手起家的政治家。他没有贵族背景，在罗马顶级精英中只有个摇摇欲坠的位置，置身于号称家世可直接追溯到罗慕路斯时代的人（或者像尤利乌斯·恺撒，可追溯至埃涅阿斯和维纳斯女神本人[1]）之中。为了保证地位，他需要在一年的执政官任上弄出点水花。能对一些有威胁的蛮族敌人有一场辉煌的军事胜绩是最好的：他做不到（西塞罗不是个军人），需要换个方式"拯救国家"。这就很难不怀疑喀提林阴谋处于"茶杯里的风波"和"西塞罗的臆造"之间的范围内。喀提林本人可能是目光远大的激进分子（取消债务原本可能正好是罗马在公元前63年需要的）；他也同样可能是无原则的恐怖分子。我们现在无法分辨。但很可能他是被一名渴望一战——也渴望自己的荣光——的执政官迫使着走向暴力。换言之，那场"阴谋"是经典两难的典型例子：是心腹大患，还是说整件事是保守派的编造？

不只历史学家认为西塞罗和喀提林的故事引人入胜。至少在过去四百年中，戏剧家、小说家、诗人、画家和电影人都探索过喀提林阴谋的模糊之处，有的讲述高贵政治家拯救祖国免于毁灭的英雄传奇，相应也有遭到误解的梦想家被反动势力扳倒的浪漫悲剧。本·琼森（Ben Jonson）[2]的《喀提林》写于火药阴谋[3]仅几年之后，耸人听闻地描画了其反英雄，指控他强奸、乱伦、谋杀：在琼森笔下的冥界里，卡戎需要整个船队来运送喀提林的牺牲品

---

[1] 根据《埃涅阿斯纪》，女神维纳斯之子、特洛伊王子埃涅阿斯在特洛伊陷落后逃到意大利海岸，之后在此立足，成为罗马人的祖先。恺撒号称是埃涅阿斯后裔。

[2] 本·琼森（1572—1637），英国剧作家、抒情诗人、评论家。

[3] 1605年11月5日，有人试图炸死英国国王詹姆斯一世、炸毁议会大厦，终止英国政府对天主教徒的迫害。阴谋未遂。

过冥河。但他的西塞罗是个喋喋不休的讨厌鬼：以至于第一次演出时，不少观众在他对元老院没完没了地斥责喀提林时受不了离场了（喀提林作为答复的奚落之词——"粗鄙的口舌之徒"——肯定会让人想起富尔维亚对西塞罗说话部位的可怕攻击）。易卜生的第一部剧作《喀提林》则完全相反，在1850年以笔名发表的这出戏中，西塞罗彻底缺席：他压根没有出现于舞台，也几乎没有被提到名字。相反，易卜生对1848年革命的兴奋之情尚未消退，将喀提林刻画成魅力超凡的领袖，绝望地挑战周遭世界的腐败——结果在最后一幕中和他高贵的妻子一道在血淋淋的集体自杀中死去。20世纪出现了这个故事的更多版本，从W. G. 哈代（W. G. Hardy）异想天开的喀提林与普布利乌斯·克洛狄乌斯的姐姐的情事（《让河水倒流》[Turn Back the River]，1938），到史蒂芬·塞勒（Steven Saylor）令人难以捉摸的同性恋主人公（《喀提林之谜》[Catilina's Riddle]，1993）。还有弗兰西斯·福特·科波拉（Francis Ford Coppola）颇有希望的电影《大都会》（ Megalopolis ）；本片从未制作，但根据前期宣传，它将未来主义纽约的乌托邦式幻景与喀提林阴谋的主题相结合。究竟怎么做的仍不清楚。

相比罗马政治史上诸多其他逸闻，西塞罗和喀提林的故事一直更为鲜活，其原因很简单：西塞罗的谴责之辞文本尚存。西塞罗将文本付诸流传之前，不可避免编辑过，将尚待处理的细枝末节整理妥当，插入当日或许忘掉的出色俏皮话。尽管如此，在如今所称的 In Catilinam I（第一次《反喀提林》演讲）中保留了西塞罗于公元前63年11月将喀提林赶出罗马时在元老院说的原话，我们无法指望比这更接近了。其身后名几乎和阴谋本身的一样异乎寻常，尤其开篇那句："Quousque tandem abutere, Catilina, patientia nostra?"（"喀提林，你到底还要把我们的耐心滥用到什么时候？"引自 1611 年琼森让观众极为厌烦的那个版本）。现在这很可能是维吉尔的"Arma virumque cano ..."（"我要说的是战争和一个人的故事"）[1] 之外最有名的拉丁语引文，依然广为应用、戏仿和改编，其方式显示了对其原意的清晰认识。

其声名可追至古代。学生们的作业包括为西塞罗建言是否要祈求安东尼的原谅，他们几乎肯定被要求极为细致地研习这篇罗马修辞经典；很可能已将其牢记于心。从文艺复兴到大约 20 世纪中期的西方精英阶层的学生也是如此。因此出现于同一篇演讲第一段稍后部分的"o tempora, o mores"这句口号自然广为流传（常见的翻译是"我们生活在怎样的时代！"；字面意义是"噢时代啊！噢道德啊！"）。更惊人的是开头那句话时至今日仍然流行，既有拉丁语也有现代语言翻译，而如今哪怕略为上心学过西塞罗修辞的学生也不过寥寥。这或许与以下事实有关：从 18 世纪以来，《反喀提林》第一篇头几段经常用作排版样本的测试文本（现在则用于网页）。也许这让这些词句保留在文化潜意识中某处，但无法完全解释其流行程度。

从非洲到美洲，政治上的困扰仍能方便地用西塞罗的话语表达——只要把"喀提林"换成你自己的敌人的名字就行。2012 年匈牙利示威人群挥舞的旗帜上写着醒目的"Quousque tandem"（"到什么时候"）反对执政的青年民主主义者联盟党，这只是一

---

[1]《埃涅阿斯纪》第一句，译文引自杨周翰译《埃涅阿斯纪》，第 1 页，译林出版社，1999 年 6 月。

长串实例中最近的一个。2001年，反对党成员之一质问新任刚果总统："卡比拉，你要滥用我们的耐心到什么时候？"1999年8月，《国家报》一篇社论问道："何塞·玛丽亚·阿斯纳尔（José María Aznar），你要滥用我们的耐心到什么时候？"借以指责西班牙首相不愿让皮诺切特受审。不久，巴西国立大学的罢工者冲着校理事会（CRUESP）高呼："CRUESP还要滥用我们的耐心到什么时候？"

这句话也被证明能精彩适用于各种政治之外的敌人和情境。卡米拉·帕格利亚（Camille Paglia）[1]众所周知攻击过米歇尔·福柯，将喀提林的名字换成了他。第二次世界大战接近尾声时，一位愁闷的情人（沃尔特·普鲁德［Walter Prude］）因为必须服兵役而和新婚妻子（艾格尼丝·德·米尔［Agnes de Mille][2]，《牛仔竞技》《俄克拉何马!》和《绅士喜爱金发女郎》的编舞）分离，他写道："啊，希特勒，你还要糟蹋我们的性生活到什么时候！"

这一切的讽刺之处在于，这条标语原本语境的政治动力一直在被颠覆。西塞罗或许成功地将自己写入了现代世界的政治语言之中。但那些词语本是既有秩序的发言人用来威胁异见分子的，如今却几乎普遍反过来使用，成为异见分子对既有秩序的挑战。喀提林可以含笑九泉了。

西塞罗存世作品如此之多——不仅有演讲和哲学，还有修辞论述和数百封私人信件，这使他成为传记作者显而易见的题材。两千年来确有无数人尝试撰写其生平的部分或全部故事。西塞罗

1　卡米拉·帕格利亚（1947—）美国女性主义学者，社会评论家。
2　艾格尼丝·德·米尔（1905—1993），美国舞蹈家、编舞家，沃尔特·普鲁德是她的丈夫。

本人曾（未果地）试图委托一位知名历史学家就其执政官任期、流放和胜利归来写一部记录。西塞罗刚死，撒路斯特（Sallust）[1]就写了一篇专题著作探讨喀提林阴谋，将此事件作为共和晚期罗马道德衰败之范例，至今仍具影响。无疑更合西塞罗口味的应是差不多同时由其前奴隶、秘书泰罗（Tiro）所作的传记，还搭配一卷西塞罗笑话集。这些都未能保存下来；但它们几乎肯定隐现于2世纪普鲁塔克所作的流传至今的传记背后（内有不少笑话）。现代作者们已经接下这一挑战，单说英文作品，近年的频率是每5年一部新传记；每种新尝试都宣称有某种新角度或某种貌似可信的理由，来说明为何还要为看似已足够汗牛充栋的传记传统再添一本。

埃弗利特的目标开诚布公，就是"恢复名誉"，这是对他认为的对西塞罗政治敏锐性的一贯低估做出的反应：不如尤利乌斯·恺撒聪明，也许如此，但"他目标清晰且差不多实现了；他运气不好"。尽管有若干糟糕的明显拉丁语错误（如果你或者编辑搞不定，干吗非要用拉丁语？），这仍是一部有条有理的传记作品，有时对主题有一种引人入胜的热情，对共和国晚期更热辣的细节颇具眼光。同时也和现代多数西塞罗传记一样始终令人失望。埃弗利特墨守成规的"返回古代原始资料"的方法一再让他任由那部唯一存世的古代传记提出的传记上和文化上的假设摆布：由此他天真地遵循着普鲁塔克的说法，断言西塞罗出生时他母亲"生产之苦甚少"——这在古代传统中就是神童降生的意思。这

---

[1] 全名盖乌斯·撒路斯提乌斯·克里斯普斯（约公元前86—前35/34），罗马历史学家，最重要的拉丁文文体家之一，以关于政治人物和党争的文章著称。

也导致他一再试图填补古代资料中不便的空白，或绝望地过度阐释西塞罗自己的话。例如以他流放时的信件为据提出他"精神崩溃"；又凭借他的大量房产要求我们得出"西塞罗很乐于买房子"（就像他不断浏览本地报纸的置业栏目似的）的结论。结果就是几乎不可避免地变成古代文本的拼凑，以常识、猜测和纯粹幻想的线缝在一起。

机会错过了。我们期待的并非又一本西塞罗的"直率"传记；这种已够多了。更为得当的传记应该尝试探讨两千多年来构建和重构他生平故事的方式；我们如何通过琼森、伏尔泰、易卜生等人来学习阅读西塞罗；我们又把什么投入到了这位公元前1世纪声如洪钟的保守派及其朗朗上口的演讲口号身上，为什么。一言以蔽之，为什么在21世纪，西塞罗还这么到处可见？他代表谁？Quousque tandem？（要到什么时候？）

本章评论书籍为：

安东尼·埃弗利特（Anthony Everitt），《西塞罗：动荡的一生》（*Cicero: A Turbulent Life*），约翰·默里出版社（John Murray），2001年

9

罗马的艺术窃贼

西西里小镇恩纳中心一栋现已废弃的房屋墙上有一块引人注意的纪念牌匾。这是一块细心铭刻的大理石板,由本地市政在1960年挂起,写着:"此处曾坐落着马库斯·图利乌斯·西塞罗寄宿过的房子,他对抗庙宇劫掠者、本岛罗马总督盖乌斯·李锡尼乌斯·威尔瑞斯(Caius Licinius Verres),是恩纳和全西西里的保卫者。两千年后,恩纳城依然铭记他的贡献,特立此碑。"除开幻想的元素(我们对于西塞罗探访恩纳时到底寄宿何处一无所知),这生动证明了公元前70年一桩罗马法庭案件持久的力量,以及关于西塞罗作为西西里行省保卫者反抗流氓总督劫掠行为的记忆。

当时西塞罗是崭露头角的政治家,汲汲于获取名声。因此他接了指控总督"勒索"的西西里人的案子。这是一着险棋。威尔瑞斯的关系网远超西塞罗,而且无论如何都很难坐实在行省勒索的罪名。罗马总督们都指望着靠海外职位发家致富,而罗马的陪审员(公元前70年完全由元老院议员组成)几乎不可避免会站在总督一边。想要成功起诉,必须有确实无法容忍的罪行的证据,并且/或者有罪裁决能带来某种压倒性的政治利益。但西塞罗扮演了起诉律师兼业余侦探的双重角色,动身前往西西里,召集威尔瑞斯罪行的证人,收集详细的文件证据。他的诉讼案列在他留下的系列演讲《控威尔瑞斯》中。

这些演讲记载了威尔瑞斯一生的罪行。有篇演说专门讲他扰乱谷物供应;另一篇揭露他在监管罗马广场的卡斯托尔神庙建筑工程时从中牟利(他试图借口柱子不够垂直而从承包商那里榨取大笔款项)。西塞罗的谴责之词里最耸人听闻且令人难忘的内容是关于威尔瑞斯在西西里的恐怖统治的。西西里孔萨镇的盖维乌斯(Gavius)的命运历来是有力的政治象征,他因身为间谍而遭毒打、折磨并被钉上十字架,尽管他实为罗马公民,法律保护他不受此种对待。盖维乌斯临死的遗言是"Civis Romanus sum"("我是罗马公民")——这句口号后来被帕默斯顿爵士引用,他曾派遣一艘炮艇去支持 1847 年在雅典遭到反犹人群攻击的英国公民唐·帕西菲科(Don Pacifico)。1963 年,约翰·F. 肯尼迪又广为人知地在柏林引用了这句话:"两千年前,最骄傲的夸耀之词是'我是罗马公民'。今日自由世界中,最骄傲的夸耀是'我是柏林人'(ich bin ein Berliner)。"可以推测,肯尼迪并不了解盖维乌斯身上发生了什么。

另一篇完整的演讲,同时也是玛格丽特·迈尔斯(Margaret Miles)《作为战利品的艺术:文化资产辩论的古代起源》(*Art as Plunder: The Ancient Origins of Debate about Cultural Property*)的焦点,则专注细数威尔瑞斯如何将该行省著名艺术品据为己有。恩纳的纪念牌匾暗示其中有些来自神庙。据西塞罗所说,事实上他最恶劣的盗窃行为是窃取各种受人崇敬的雕像,包括一尊受人崇敬的谷神刻瑞斯（Ceres）塑像："正是这位刻瑞斯，最古老、最神圣的刻瑞斯，一切国家和民众的女神祭仪的源头，被盖乌斯·威尔瑞斯从她自己的庙宇和家中偷走。"私人物品也逃不过他那盗窃的手。墨西拿的"成功商人"盖乌斯·海乌斯（Gaius Heius）在家中神龛内收藏了若干珍贵杰作（包括普拉克西特列斯、波吕克利图斯和米隆[1]的雕塑）。很快威尔瑞斯就强迫他以低得可笑的价格将它们卖给了他。大体上，对于西西里任何家里有贵重物品的人来说，这位总督都是危险的晚餐客人。他离开时可能在马车里装走了你的金银器皿、成套餐具，或者罕见的科林斯青铜器。

这批控威尔瑞斯演讲是古罗马法庭至今仅存的起诉演讲（为被告说话通常被看作更光荣的行当）。现有共计六篇独立的演讲（另加一篇预听证），也几乎是西塞罗流传至今所有演讲的1/4。看起来必然是一场漫长的官司——实则不然。听过第一次演讲呈现的证据后，威尔瑞斯就溜了（这种行为一般被看作承认有罪）。他余生逃亡马赛，显然仍拥有他那些艺术收藏品；差不多30年后才被马克·安东尼下令处死，因为他拒绝将最喜爱的科林斯青铜器交给安东尼——反正老普林尼讲述的这则巧得令人生疑的逸闻是这么说的。威尔瑞斯逃离罗马后被缺席（in absentia）宣判，而西塞罗将他实际发表的一篇演讲和没用到的五篇加以传播，想必是润色了不少。这些演讲不仅成为罗马法庭和训练年轻演说家的成功范例，还将西塞罗和威尔瑞斯之间的斗争塑造为正义对抗强权，

---

[1] 皆为公元前5世纪到公元前4世纪的希腊雕塑家。

公正的事业胜过暴力及腐败的典范故事。这一切在恩纳至今仍被奉为真相。

本案的事实当然并非如此简单。和往常一样，我们只有西塞罗一方的说法。没有人会严肃地认为威尔瑞斯是西塞罗和西西里人那方的某种宿怨的完全无辜的牺牲品。但很难知道他的行为是否比当时其他的罗马总督恶劣得多；也很难知道此案在多大程度上是由西塞罗自己对扬名立万的渴望所激发的。最近的研究显示，西塞罗对威尔瑞斯在谷物供应中舞弊的叙述中有许多手段高明的春秋笔法。另外，虽然威尔瑞斯在西塞罗首次法庭讲演后逃走可能表示他有罪，但无罪（或相对无罪）的人也可能抽身走人。有时他们只不过是受够了。

迈尔斯并不是要对威尔瑞斯多少犯了指控中所说的罪行这件事提出严肃的质疑。但她研究他对艺术品的掠夺时，确实梳理了

图 6 往昔荣光的影子？西塞罗在恩纳调查起诉威尔瑞斯的案件时据说在此住宿

西塞罗的猛烈抨击之下的一些复杂之处。在广义的层面上，我们能察觉到，古代世界从认为艺术基本上是公共或宗教的媒介，逐渐转变发展成了认为艺术是私人收藏和鉴赏对象。在意大利，公元前2世纪晚期和公元前1世纪早期是这一转变中格外意义重大的时期，那时罗马人越来越多地接触到希腊世界的艺术传统，艺术品也作为征服的战利品从东地中海流入罗马。当时的人们也激烈辩论着关于希腊艺术在罗马文化"本土"传统中的角色、奢侈艺术品私有的合法性、罗马精英人士将自己塑造为"艺术爱好者"在多大程度上合适之类的问题。

这些辩论中，几乎所有人都是潜在目标。公元前146年摧毁科林斯城的盖乌斯·穆米乌斯（Gaius Mummius）被人嘲笑对艺术一无所知。一则有敌意的逸事说到穆米乌斯在把科林斯的财宝载上船运回罗马时，警告水手说，弄坏任何物品都得换个新的。然而对希腊艺术充满热爱可能会被表现得同样有罪——西塞罗攻击威尔瑞斯时表明了这一点。不仅是他获得那些雕像和古董的罪行可以指控，他的贪婪本身和他对艺术的欲望也一样。与此同时，西塞罗在讨论墨西拿的海乌斯拥有的著名雕像时，佯装自己连那些声名卓著的艺术家究竟是谁都不记得了（"……但是雕塑家是谁？他们说是谁来着？噢是的，谢谢你，他是波吕克利图斯……"）。不论这是试图让自己和威尔瑞斯的艺术激情保持距离，还是（如迈尔斯不那么合理地提出的）试图打趣威尔瑞斯本人"对行家地位的自负"，都表明了罗马人投身——或拒绝投身——艺术以及获取艺术品的严重危险。

不过还有其他的，更严重的两难，迈尔斯并非都会提到。首先，在高雅的赞助人和强迫性的贪婪收藏者之间的界线几乎普遍是有争议的。卡罗尔·保罗（Carole Paul）关于18世纪博尔盖塞家族绘画和古董收藏的陈列的论述很好地说明了这一点。在讨论收藏的形成时，她用了小段篇幅专门讨论了17世纪的西皮奥内·博尔盖塞（Scipione Borghese）——一位"卓越的……艺术赞助人"，"伟大的梅塞纳斯"[1]。到了下一段我们才了解，"西皮奥内也是一位非同一般的——无情的——收藏家，他会不耻于没收和盗窃来获取画作，甚至在艺术家惹怒他时将其监禁"。同一个人，同样的习惯：全都取决于你站在西皮奥内赞助人身份的哪一边。

我们能在古罗马发现非常类似的含糊之处。斯塔提乌斯在公元1世纪90年代中期出版的诗集《希尔瓦》（Silvae）第四卷中赞扬了一位艺术鉴赏家诺维乌斯·文德克斯（Novius Vindex），他刚刚得到一座利西帕斯所创作的赫拉克勒斯小雕像，一度为亚历山大大帝所有。迈尔斯强调了这首诗的语气相比西塞罗对威尔瑞斯的艺术品收集的态度如何不同。"和威尔瑞斯不同，"她观察道，"文德克斯诚实地收集艺术品……不是为了进一步追求野心和公共事业。"在她看来，"这两个人之间存在一种品格上对立的差异"，还有时间的差异。威尔瑞斯案170年后，罗马的私人收藏者现在有了正面角色。也许确实如此，但更切中要害的显然是，我们是从威尔瑞斯的敌人那里了解他，而了解诺维乌斯·文德克斯则是从他朋友那里。如果威尔瑞斯有一位驯顺的诗人，大概他也

---

[1] 盖乌斯·梅塞纳斯（约公元前68—前8），罗马帝国皇帝奥古斯都的谋臣，同时还是诗人和艺术家的庇护人。他的名字被看作文学艺术赞助者的代名词。

会把他高雅的赞助者捧上天。

更关键的是艺术品的转让、转移或偷窃几乎总是比任何掠夺者和受害者的简单模式暗示的更复杂。海乌斯收藏的那些落入威尔瑞斯之手的大师杰作的情况肯定如此。我们必须要问，一个西西里的"商人"是怎么获得普拉克西特列斯、波吕克利图斯和米隆的雕塑的？西塞罗强调说是"从其祖先处"继承；但这句断言本身就转移而非回答了问题。我们对海乌斯的一点了解表明他曾在提洛岛经商，这是地中海的主要商业中心、古代奴隶贸易之都。他有可能（尽管在我看来可能性不大）是某种"艺术品贩子"。更为可能的是这些优美雕塑来自古代人口买卖的利润。甚至可能海乌斯获取艺术战利品时的情况和威尔瑞斯从他手里搞到东西时的情况区别不大。

也可能威尔瑞斯是购买了这些著名雕像，而非一偷了之。确实，西塞罗强调说价格低得可笑——而且就算确有银钱易手，胁迫交易就是胁迫交易，是另一种形式的盗窃。但不可避免的是，所有权转移的准确情况现在都不可能重构了（就像现在也不可能知道保罗的叙述中，卡米洛·博尔盖塞将部分藏品卖给拿破仑时到底有多情愿；拿破仑失败后，这些物品连同其他被没收的意大利艺术品并未归还给他）。仅仅因为卖主后来抱怨说他是被迫交易，并不一定意味着交易当时他不情愿。

现在我们倾向于认为，这些流落罗马的"原本"属于希腊的艺术品多是劫掠和剥削的结果。其中有些肯定是的。罗马凯旋式的队列中有时满载着劫掠来的珍品，罗马胜利的果实。但是，除非你持极端立场，认为帝国强权和被征服领土之间的任何贸易都是胁迫的，那就必然有些时候希腊人乐意出手，甚或是交易中的主导方。罗马的阿波罗·索西亚努斯神庙于公元前1世纪末改装，三角楣饰上新安装了曾装饰过一座公元前5世纪早期的希腊庙宇的古代雕塑。（现存于罗马蒙特马蒂尼中心博物馆的幸存残片在日期和一般来源上毫无疑问——虽然对于此物究竟来自何处的说法仅是猜测。）这可能是罗马人残暴强夺的结果。但也可能是比这更为两相情愿的交易。甚至可能是原先的希腊所有人促成的交易，要从某件他们本来就想要更换的老塑像上赚点钱，而罗马人也好糊弄，乐意去购买。

在更为本国的层面内，庞贝城里，最初装饰着城中某座庙宇的陶制带状装饰（frieze）是怎么最终被砌到富有的"黄金手镯宅邸"[1]的花园墙里的？我们可以猜测西塞罗会如何痛斥屋主用神圣雕塑装饰自己的私人产业——威尔瑞斯行径。西塞罗也许是对的。但也许屋主是被庙宇方面怂恿着高价买下的。也可能是他从相当于古代的废料翻斗车里抢救下来的。

认为文化掠夺是"侵犯"的老观念在这里比我们想象的更有用。只有为数不多的性侵犯是由陌生袭击者在暗巷发起的暴力攻击，同样，实际上关于文化资产的论辩很少是从侵略大军用枪指着拿走艺术宝藏开始的。任何情况下，这些都是容易解决的情况。多数强奸都是某种形式的约会强奸，其中的议题转向了意图、（误解）理解、互相冲突的记忆，以及胁迫、默许和同意之间的模糊边界。很难确定有罪或无罪；因此，在某种程度上定罪率非常低。

---

1 这座宅子是位于庞贝城西山坡上一座更大建筑的一部分，面向大海，发掘出的黄金手镯重610克。

从威尔瑞斯到额尔金勋爵[1]等更多人，关于文化劫掠的争议通常遵循约会强奸模式（谁给的允许？所有者真的同意了？诸如此类）。这就是为何它们最终证明如此难以解决。

迈尔斯敏锐地将西塞罗对威尔瑞斯的攻击主题追踪到现代的文化所有权争议上。西塞罗对公元前146年迦太基陷落后西庇阿·埃米利亚努斯[2]言行的强调尤其吸引她。在西庇阿的保护下，迦太基人从西西里劫走的艺术品被送回原先的家里，这是前所未有的艺术品遣返行动——同穆米乌斯形成鲜明对照，后者在同一年将科林斯的所有珍品发往罗马。人们曾就西庇阿的动机争论。这是有教养之人的高尚举动，还是为了获取西西里支持的自利的尝试？西塞罗反复强调这一行为，在多大程度上和陪审团中有一位西庇阿的后人在场有关？但迈尔斯最关注的是将这一遣返举动与几个世纪后将拿破仑夺取的艺术品中的许多送回原地的决定联系起来（卡米洛·博尔盖塞在这场遣返之战中输掉了，因为从技术上来说他的东西是购买而非抢来的）。

这本书最后部分的主角是威灵顿公爵，看似不太可能。他在

1　此处指的是第七代额尔金勋爵托马斯·布鲁斯（1766—1841），19世纪初担任英国驻奥斯曼土耳其大使时，拆下希腊帕特农神庙的部分浮雕运回英国，卖给了大英博物馆，这组石雕称为额尔金石雕，仍收藏在大英博物馆。希腊政府一直敦促英国归还这组大理石雕塑并收藏于雅典卫城博物馆，但英国认为这组浮雕是当时统治希腊的奥斯曼土耳其帝国允许转移到英国的，拒绝归还。托马斯·布鲁斯的小儿子第八代额尔金勋爵詹姆斯·布鲁斯（1811—1863）便是1860年下令烧了圆明园的额尔金。

2　也称小西庇阿（公元前185/184—前129），罗马将军，因其在第三次布匿战争中毁灭迦太基、之后征服西班牙而闻名。其生父卢基乌斯·埃米利乌斯·保卢斯·马其顿尼库斯曾两次担任执政官并曾击败马其顿国王，他离婚并再婚之后，两个儿子分别被"拖延者"费边家族和西庇阿家族收养。

向意大利等地归还拿破仑劫掠的艺术品中发挥了重要作用（尽管当时英国很多人更希望看到拉奥孔和其他珍贵物品装饰一座英国的博物馆）。这对于认为艺术品是战争的合法战利品的传统看法形成重大挑战——预示了认为文化资产是"理应保护的特别范畴"的现代观念。

但这仍然比迈尔斯看来承认的更为复杂。最重要的一点在于遣返从来不能恢复原状：这永远是艺术品流动史中的另一个阶段。人所共知，额尔金大理石雕塑如果返还，将不会重置于它们曾经被劫走的原地，而是送到一座新博物馆的迥然不同的背景中。不太为人所知的则是遣返拿破仑战利品的一些极端后果。确实，许多杰作被送还来源国，但并非总是返回原来的处所。这个过程中受损害的不仅是博尔盖塞家族，还有意大利的小教堂，它们并未真的收回心爱的祭坛装饰。因为这些东西一般都"返还"给了日益重要的意大利博物馆收藏，例如威尼斯学院美术馆，或者罗马的梵蒂冈。换句话说，这种遣返行动是将其从圣物变为博物馆馆藏的重要一步。

我们也许会试图规范文化资产的转移，但是——不论正当与否——我们无法阻止它。我们也不希望它完全断绝（一个艺术品注定留在诞生地的世界将是可怕的噩梦）。有件事是肯定的：这个领域的刑事起诉往往象征意义超过实际重要性，古代西西里人就发现了这一点。西塞罗或许赢了官司。现代的恩纳公民也许决定纪念那个如此忠诚地为自己祖先辩护，对抗总督掠夺行径的人。但事实是他们并未收回雕像。威尔瑞斯到死都在玩赏它们。

本章评论书籍为:

玛格丽特·M. 迈尔斯(Margaret M. Miles),《作为战利品的艺术: 文化资产辩论的古代起源》(*Art as Plunder: The Ancient Origins of Debate about Cultural Property*),剑桥大学出版社,2008 年

卡罗尔·保罗,《博尔盖塞收藏品与壮游时代的艺术展示》(*The Borghese Collections and the Display of Art in the Age of the Grand Tour*),阿什盖特出版社(Ashgate),2008 年

10

倾向性报道恺撒之死

对尤利乌斯·恺撒的谋杀是一场混乱。和一切暗杀一样，同谋者策划第一击比预测接下来的事更容易——更谈不上预备好一旦事情出了差错的退出策略。公元前 44 年 3 月 15 日元老院会议上，没有职务的元老提留斯·辛布尔（Tillius Cimber）跪在恺撒脚边抓住他的袍子，发出攻击信号。卡斯卡（Casca）刺出匕首；或试图如此。他笨拙地错失目标，给了恺撒站起来并用笔（他手里唯一的工具）自卫的机会，刺入卡斯卡的胳膊。这一切只持续了数秒，因为他们至少还有 20 名援军在侧，武器就绪，迅速杀死受害者。但他们无暇瞄准，好几位刺杀者发现自己被友军误伤。根据叙利亚历史学家大马士革的尼古拉斯（Nicolaus）的记录，这也是现存最早的记载——卡西乌斯刺向恺撒，结果划伤布鲁图斯的手；米努西乌斯（Minucius）也没刺到，倒是砍中盟友鲁布利乌斯（Rubrius）的大腿。"肯定有许多血"，T. P. 怀斯曼在《追忆罗马人民：论共和时代晚期的政治与文学》（*Remembering the Roman People: Essays on Late-Republican Politics and Literature*）中干脆地评论道。

不只是血，紧接着就是混乱、骚动，有时几乎是闹剧。至少怀斯曼在仔细对比了现存对此事件不同版本的古代记录后，重构出的就是这样一幅画面。他认为其故事主线要追溯到某位坐在前排亲眼看见了这一切的元老院议员作为目击证人的叙述，可能通过散佚的阿西尼乌斯·波利奥（Asinius Pollio）[1]的历史传播开——再加上稍后李维可靠性更低的阐述，而他对公元前44年的记录也已散佚。怀斯曼对这一基础性叙事的准确性也许过于自信：目击证人未必是一桩暗杀的最佳历史导游，况且在任何情况下要从较早的核心内容中分辨出李维富于想象力的添加部分，都比他承认的要难。不过，总体来说他对发生之事的重构是引人入胜的。

目睹其事的数百位元老先是被袭击惊呆。但当布鲁图斯从尸体旁转身向他们讲话，他们就恢复了神智，溜之大吉。他们从元老院逃走时，肯定差点撞到当时看完角斗士表演正从附近剧场出来的潮水般的数千人。这群人听说谋杀的传言后也恐慌起来，直奔回家，喊着："闩上门，闩上门！"与此同时恺撒的首要效忠者雷必达[2]离开广场，召集驻扎在城里的军队，刚好错过了沾着鲜血的暗杀者再次现身，宣布自己的成功——身后紧跟着3个忠心奴隶，正用担架抬着恺撒的尸体回家，非常费劲（抬担架真的需要4个人），以致他受伤的手臂从旁边垂下。2天后元老院才有胆会面，也许又过了2天，恺撒的尸体在广场火堆上焚化。

---

1 阿西尼乌斯·波利奥（公元前76—公元4），罗马历史学家、雄辩家、诗人。
2 马库斯·埃米利乌斯·雷必达（约公元前89—前12/13），罗马"后三头"之一。

莎士比亚《裘力斯·恺撒》对这场混乱的描述距真相不远——尽管莎士比亚根据希腊传记作家普鲁塔克的记录描写的诗人秦纳被杀一事没有通过怀斯曼的仔细审查。在他看来，这一可怖的错认（"我是诗人秦纳……不是阴谋者秦纳"，莎士比亚如是写道）来自李维对这个故事添加的内容。他提出李维自己可能是从某个关于阴谋者秦纳以及这场谋杀更广泛余波的现已散佚的罗马戏剧中得来的这个故事。怀斯曼在"重构"散佚的剧本，以填补罗马历史叙事中的空缺或解释谜团这方面非常有名。这里他还是机智如常，但难以让人信服。想象古罗马人自己坐下来观看一出恺撒之死的悲剧，或者将莎士比亚剧中令人难忘的场景追溯到一部古罗马戏剧，这也许吸引人，但这种事根本毫无证据——除了如下事实：这一时期的历史记载中有些事件如此生动，很容易想象它们在舞台上表演或具有戏剧的形式。但"戏剧性的"写作在台上台下都存在。这里完全没有可靠的理由去假设它们直接取自剧场。

确定的是数月之内暗杀者们便设法用这一团乱麻纺出了积极的东西，将几乎搞砸了的谋杀重塑为反对暴政的英勇一击。公元前43年或前42年，布鲁图斯经由谈判，确保了特赦和安全离开罗马的途径后，发行了一套日后成了历来所铸的最负盛名的罗马硬币。上面有两把匕首，当中一顶"自由帽"，即无檐帽（pileus），是罗马奴隶获释时戴的特别头饰。其传达的信息显而易见：通过这些匕首的暴力，罗马人民赢得了自由。下面写着日期"三月十五日"。尽管在中期看来，暗杀在政治上失败了（恺撒的甥孙屋大维很快建立了暗杀者们想要摧毁的那种一人统治），3月15日在古罗马就像现代法国的7月14日那样引发共鸣。实际上,年迈的西班牙总督伽尔巴在公元68年发动政变,反对腐败嗜杀且可能疯了的皇帝尼禄时,其实发行了布鲁图斯硬币的一套翻版,同样的两把匕首和一顶"自由帽",还有标语"罗马人民的自由恢复了"。换言之,谋杀恺撒为更广泛的对皇帝暴政的抵抗提供了模板。

在《追忆罗马人民:论共和时代晚期的政治与文学》中,怀斯曼并不关心恺撒被刺的神话后来是怎么被罗马的统治阶级利用的。他之所以尝试回到公元前44年事件的真相,主要是想找到普通人对恺撒被刺的反应。现代的主流观点是,几乎没有可靠的证据来估量当时民间的反应,但确实存在的资料也几乎没有表明群众对谋杀有特别敌意的反应。实际上,不到一年之后,西塞罗就能在写作时宣称罗马人民认为推翻暴君是"所有辉煌的行动中最高贵的"。

我们很可能不应信任这种一厢情愿的保守派思想。政治精英中喧嚷的那部分人也许感到恺撒对国家机构越来越深的控制把自己排除在外,甚至羞辱了自己。但恺撒的改革,从谷物分配到海外穷人定居,在大多数罗马居民中是受欢迎的,他们无疑认为精英的"自由"理念是为了促进本身利益,剥削他们的弱势同胞而提出的便利的借口。怀斯曼梳理了对谋杀的余波的不同叙述,借以找到足够证据证明人民这个整体对暗杀者几乎没有同情——虽然偶尔他也忍不住使用了关于秦纳的"散佚剧本"来方便地处理掉他想要绕过的资料。"这则逸闻一看就可疑,"他提到所谓对秦纳住宅的袭击时写道,"就像我们推断的戏剧的第二幕那样。"

对恺撒遇刺的这一分析是构成了《追忆罗马人民:论共和时代晚期的政治与文学》全书的一系列令人着迷的案例分析的最后

一个。怀斯曼在每一篇中都尝试揭开从公元前 2 世纪中期开始的罗马共和国晚期政治意识形态中大众、民主一面的某些方面，不论是公众对特定政治危机的反应，被遗忘的民众事业的英雄，还是遗失许久，曾是罗马人民战斗呐喊的民主口号。他没工夫理会传统看法，认为罗马政治是"意识形态真空"，其中一小撮贵族无原则地为权力争斗。他更没时间理会认为不论是在早期历史中还是在逐渐导致恺撒被刺的暴力世纪里民主理想在罗马都毫无作用的想法。简单说，他的目标是将某些意识形态放回我们对罗马政治生活的理解中，并让重要的罗马民主传统再度浮出水面。

怀斯曼在挑战现代的正统观念时并不孤单。特别是弗格斯·米拉尔（Fergus Millar）已经论证了共和国政治制度中激进得多的民主元素（例如强调普选和演讲的重要性）。但怀斯曼所图更大。他在努力恢复代表罗马政治文化中民主一面的大众英雄、象征与神话。他问的是，罗马人民会讲述的会是怎样的罗马史？

当然这个问题很难回答，原因很简单，现存的罗马文献压倒性地偏于保守，很大程度无视民主观点的影响。怀斯曼给自己设定的任务之艰难，差不多等于在斯达尔夫人著作中搜寻无套裤汉的意识形态[1]，或试图通过简·奥斯汀的小说来记录英国工业穷人的观点。就罗马而言，幸存的共和国晚期资料中，西塞罗作品太占优势，事实证明现代历史学家很难不透过他的保守眼光来观察罗马世界。西塞罗将多数激进派政治家夸张地描绘为疯狂而权欲熏心的未来暴君，这种破坏性的滑稽漫画往往被当作事实陈述而

---

[1] 斯达尔夫人（1766—1817），19 世纪法国浪漫主义作家、文学评论家，出身名门，无套裤汉指 18 世纪晚期法国下层阶级，二者格格不入。

非其政治偏见的反映。

　　为了找到他所寻求的，怀斯曼必须一反常规地阅读原始资料，搜寻对事件不同观点的迹象，寻找保守派叙事中的罅隙，通过它们或可瞥见一点大众传统。他的眼光必须越过现存古代作者的叙述，看到它们（有意无意）遮掩住的那些不同说法。在做这件事的时候，他不仅要依靠他对罗马文献罕见的熟稔，从主流到最冷门的支流，还要依靠大胆的历史推测能力，让他直奔现存证据能可靠地告诉我们的那些事情的边界（有的时候过界了）。

　　有些时候他神气十足地做到了。古代作者随意提到，农业用地被平等分配给最早的罗马公民（"七亩土地"），而他从其中巧妙觉察到共和国晚期的一条激进的战斗口号——重回罗慕路斯及其继承者治下的那个平等的神话年代，他认为那个年代对于后来的民主意识形态很关键。在其他地方，他细心地重构了某位公元前116年的执政官盖乌斯·李锡尼乌斯·盖塔（Gaius Licinius Geta）的生涯，乍一看，除了一篇西塞罗演说中令人困惑的离题话，我们对他似乎一无所知。西塞罗声称盖塔于公元前115年（他担任执政官之后那年）被监察官驱逐出元老院，但后来又恢复职位，自己还当选为监察官。

　　从这条无望的没血没肉的信息出发，怀斯曼重构了盖塔的激进生涯，他的论点部分建立在盖塔自己的家族传统上（人们知道，好几位李锡尼家族的人都推行了倾向穷人的立法），部分建立在他发现的盖塔和盖乌斯·格拉古之间的联系上，后者即是那位著名的改革派"人民的护民官"。怀斯曼的直觉是盖塔也在任执政官期间推行了民众改革立法，或以某种其他方式得罪了精英，而这导致强硬的监察官在第二年施加报复。但他被排除出政坛的时间并

图 7　恺撒被刺：19 世纪漫画

不久。我们知道，公元前 110 年前后，几个保守贵族被送上法庭，宣判腐败。颇得人心的盖塔很可能就是在这一背景下东山再起，又在公元前 108 年当选监察官的。

当然，这里许多内容可能不过是推测，盖塔活动的图景依然很模糊。不过，由于怀斯曼的侦探工作，我们得以一窥一位领先的平民派政治家成为执政官，接着成了保守贵族制的牺牲品，最后又重新振作起来。那时他兼任执政官和监察官，必是罗马政治中非常显眼的人物，却几乎彻底消失于历史记载中。

怀斯曼有些重构内容的可信度要差得多。哪里是他出色的洞察力，哪里又是异想天开，不同读者想必有不同看法。就我而言，他对于在"遗失的历史学家"的著作中会发现什么太有信心，对自己推定的"散佚的剧本"也太有信心——其中一出戏（关于盖乌斯·格拉古的妻子李锡尼娅的悲剧）进入了盖塔的故事中，甚至被追溯为他被逐出元老院的一个可能的原因。简单说，他并非总是知道应该在哪里停下来。但怀斯曼也会非常有启发性。其著作的重要性不仅在其论点里，还在于他论述的方式——在于他如此热情而优雅地邀请我们来分享的罗马过往的幻影。

本书具有开创性，既因为它直率地认为罗马大众政治的意识形态并未完全对我们失传，还因为它以精湛技艺表明，那个时期的资料尽管残缺不全、并不充分，而且已被仔细研究过，却仍能告诉我们更多东西。和其他作品一样，怀斯曼给了我们关于晚期罗马共和国的一个视角，它并没有被精英们的自利、财富和尊严完全占据，而仍有声音在为平等、共享财富和土地、普通人的权利而大声疾呼。这和一群心怀不满的贵族以（他们自己的）自由的名义施行的对人民捍卫者几乎砸锅的暗杀迥然不同。

本章评论书籍为：

T. P. 怀斯曼（T. P. Wiseman），《追忆罗马人民：论共和时代晚期的政治与文学》（*Remembering the Roman People: Essays on Late-Republican Politics and Literature*），牛津大学出版社（Oxford University Press），2009 年

第三部分

帝国时期的罗马——皇帝、皇后和敌人

这一部分将聚光于罗马帝国一些最赫赫有名的人物——从皇帝,不论好坏(从第11章的奥古斯都开始,到第18章的哈德良),到敌人,不论光彩照人抑或令人恐怖(克里奥帕特拉和布狄卡女王将在第12章和第16章担纲)。有个关键问题一再显露。我们怎样在现代"从摇篮到坟墓"的意义上为这些人物中的任何一位撰写生平事迹?或者说得严重一点,我们对这些皇帝、皇后及其敌人究竟了解什么?我们怎么知道的?就其中任何一人而言,叙事中都存在着巨大的空缺——因此我们发现,就算现代最好的传记作者中也有一些到了幻想(确是幻想)孩提时代的克里奥帕特拉蹦蹦跳跳地穿过埃及皇宫的廊柱,或者哈德良皇帝本人去视察他的长城时他妻子在不列颠干了些什么的地步。

猛一看也许令人沮丧,因为我们无法掌握这些名人任何可信的年表(甚至每十年一记)。但是,对其生命中特定时刻意想不到的一瞥——有时还是亲眼见证——却依然留存,几乎把我们带回了古代世界本身,这为我们提供了丰厚的补偿。

我特别中意的包括现存牛津的公元19年罗马帝国"王子"日耳曼尼库斯[1]在亚历山大城登陆时所作讲演的莎草纸文本(我们在第12章会发现他抱怨这趟旅行,解释说是想爸爸妈妈了!);多

---

1 本名尼禄·克劳狄乌斯·德鲁苏斯·日耳曼尼库斯(公元前16/15年—公元19年),尤利亚-克劳狄王朝成员,提比略皇帝的侄子和养子,受人爱戴的将领、卡利古拉皇帝的父亲、尼禄皇帝的外祖父。若非过早死去,很可能会当皇帝。

亏克里奥帕特拉厨房里的"卧底",我们还了解到一则关于她宫里仆人区域烹饪安排和生活的逸闻(也在第12章);又或者有犹太目击者叙述皇帝卡利古拉对家居改造的热衷,他还特别不爱吃羊肉(第14章)。

另外,如果我们想要思考这些面貌各异的皇帝的身后名是如何形成的,也有足够证据可以反复思量。例如,尼禄(第15章)显然并非一直被看作现在我们心目中,同时古代本身的许多历史学家心目中的堕落的王室恶魔,这些历史学家在他死后数十年甚至数世纪后描述了他的统治(特别是塔西佗,他令人生畏地斥责罗马独裁制度时所用的拉丁语的风格几乎和修昔底德的希腊语一样艰深而充满冒险精神,我在第17章有论述)。事实上尼禄自杀后,有些地区非常想念他,以至于罗马帝国各处出现了一连串的人假扮成他,说自己在奇迹般逃脱后依然活着:除非能从中捞取政治资本,否则你是不会做这种事的。另外,尽管大多数基督徒认为他残酷迫害自己的信仰,但仍有不同说法宣称其实他处死了本丢·彼拉多,这就让他成了某种基督教英雄。

不过,小说和电影也无可否认地参与塑造了现代世界对罗马帝国众多人物的想象——尤其是罗伯特·格雷夫斯(Robert Graves)的小说《我,克劳狄乌斯》和《神的统治》这两本书,以及据此改编的20世纪70年代著名电视剧。它们要为我们对克劳狄乌斯皇帝的刻板印象负很大责任,我们以为他是个可亲可爱的疯疯癫癫的老学究(罗马世界本身许多人对他的看法可不像这样),以为奥古斯都的妻子利维亚皇后是狡诈且略为浮夸的下毒者。第13章探讨了电视剧中希恩·菲利普斯（Siân Phillips）[1]如何"制造了"利维亚，还简单提到约翰·莫蒂默（John Mortimer）将小说搬上伦敦舞台的灾难性尝试，这事少为人知（格雷夫斯本人出现在首演晚会上也无济于事）。

相比其罗马敌手，不列颠尼亚的反叛者布狄卡甚至更是现代娱乐业的产物。其生平、性格或目标几乎都没有任何可靠证据，几个世纪以来现代英国作家和艺术家们都在试着填补空白。第16章检视了他们是怎么做的——从泰晤士河堤上桑尼克罗夫特（Thornycroft）所创作的迷人而骄傲的"帝国"雕像，到近来一系列小说的新世纪（New Age）唯灵论者女主角。老实说，真正的布狄卡这个人物可能比这两种颇为令人愉快或奇特的形象所表现的更令人不安。

---

[1] 希恩·菲利普斯（1933—），英国演员，最为人所知的角色就是这部电视剧中的利维亚。因其演艺生涯成就获得大英帝国勋章。

11

寻找皇帝

古罗马人喜爱能开得起玩笑还会讲笑话的皇帝。第一位皇帝奥古斯都的幽默感特别有名。甚至在他死后4个世纪，学者马克罗比乌斯（Macrobius）还在自己的百科全书《农神节》（*Saturnalia*）中以数页篇幅收集奥古斯都的妙语，很像是现代的"幽默与智慧"体裁。

其中一些引言显示了古代幽默同我们自己的幽默之间令人沮丧的距离，至少也显示出了不错的口头幽默很难在写作中有效果。"你以为你在给大象递一分钱？"这可能是对一个正紧张地递交申诉书的人随机应变的回应（"他一会伸出手，一会又缩回来"）；这句话好像并不值得它享有的那份珍重。但其他的俏皮话仍然效果惊人。马克罗比乌斯有一则逸事特别发人深省。

背景是公元前31年，亚克兴海战[1]刚刚结束，奥古斯都（时称屋大维，或者就是恺撒）击败了安东尼和克里奥帕特拉的军队，

---

1 亚克兴海战，公元前31年发生于希腊西海岸，是屋大维和安东尼间的决战。屋大维的胜利巩固了他的权力。

事实上控制了整个罗马世界。他在返回都城时，有一名带着一只驯好的渡鸦的男子来迎接他，这个男子教会渡鸦说"向恺撒致敬，我们胜利的指挥官"。奥古斯都对此印象深刻，赏了他一大笔钱。但后来发现这只鸟的训练者还有个搭档，那两万塞斯特里乌斯的赏钱一个子儿也没给他，他去找皇帝，解释说那人还有一只渡鸦，应该让他拿出来。可以预见，这对搭档对冲了赌注：另一只鸟嘎嘎叫的是"向安东尼致敬，我们胜利的指挥官"。皇帝看出可笑之处，并未生气——只是坚持两人平分赏钱。

这个故事的重点明显在于奥古斯都是有人情味的统治者，不会怪罪人，对相对无害的骗子们反应大方。但还有一点更具颠覆性的政治寓意。这对一个模子里刻出来的渡鸦，近乎一模一样的口号，不禁暗示在安东尼和屋大维/奥古斯都之间，其实真没什么好选。安东尼载入史册的形象是一介浪荡子，他若获胜会令罗马变为东方王朝，奥古斯都的历史形象则是持重的国父，所创建的帝国体系将会以某种名义延续至中世纪。但如果将时钟转回公元前31年，回到尤利乌斯·恺撒被刺之后的内战末期，这两个对手看起来几乎可以互换。对罗马世界多数居民来说，一方或另一方的胜利所需要的调整并不会超过用一只会说话的渡鸦替换另一只。

实际上，奥古斯都生平的主要历史问题恰恰就在这里。我们怎么理解他从公元前44年到前31年罗马世界内战中的暴力军阀到公元14年寿终正寝（尽管有些阴谋论谣言认为他被妻子利维亚毒死）的年高望重的政治家之间的转变呢？从出了名的能徒手抠出人眼的小流氓，变成一位显见地关注改善罗马的道德、提高出生率、复兴古代宗教传统、将首都（如他自己所说）从"砖坏造的城市变成大理石的城市"的严肃立法者,同时还成功地重新包装了传统政治制度,让自己在各方面居于国王之位,除了头衔——我们怎么解释这一蜕变?

诚然,所有历史时代都有足够的自由战士和恐怖分子转化为令人尊敬的政府领袖的例子,我们自己的年代也不例外。但奥古斯都的情况异乎寻常地极端。作为屋大维,他在十多年艰苦内战之路上一路斗争、密谋,直到胜利——这个过程中,尤利乌斯·恺撒的支持者们先是对付那些以"自由"名义暗杀他的人,最后又以互相攻打告终。接着,屋大维戏剧性地彻底自我改造。以更名为标志,改变了自己的形象和实质。公元前27年,他放弃了"屋大维"之名及其险恶的含义。他脑海间玩味过采用当初罗马建立者之名,自称"罗慕路斯"的想法,但这也有一些不好的联想:罗慕路斯靠杀死自己兄弟雷穆斯而成为国王(见本书第67—68页),这可能会令人不安地想起屋大维与安东尼的斗争,不仅如此,还有故事说罗慕路斯自己就是被一伙元老谋杀的,像恺撒一样。因此他选了"奥古斯都",这是个新造的字,意思类似于"庄严的"。

安东尼·埃弗利特的奥古斯都传记的目标颇可预测,尽管(考虑到证据的情况)太过乐观:要在那个时代特有的那一切"船难、活人祭祀、死里逃生、纵欲无度、陆上和海上战役、伏击[和]家族丑闻"之中,"让奥古斯都变成活生生的人"。任何寻找"纵欲无度"的人可能都会失望,但他肯定呈现出了皇帝生平某些多姿多彩的故事,讲得信心十足。有时候,这些故事其实比资料允许的要更多彩一点,比如导论那一章,开篇就一眼望尽了奥古斯都漫长一生的尽头以及围绕其死亡的各种事件。

埃弗利特承认他的重建的一部分是"想象的"，并愉快地接受了公元3世纪历史学家卡西乌斯·狄奥提出的下毒谣言。这一说法开启了一段耸人听闻且高度可疑的奥古斯都被妻子利维亚谋杀的传言——谋划此事是为了确保继承人提比略已经安排妥当的继位之事不会被年老病弱的统治者任何意外康复或过分拖延所干扰，而且是在受害者本人默许下进行的（"他猜到发生了什么，默默地感谢了妻子"）。

我们现在不可能知道这和公元14年8月19日发生的事是否有任何接近之处（这个月本来叫Sextilis，在大约20年前为纪念他改成了August）了。但这段叙述读起来像是BBC的《我，克劳狄乌斯》（下一章我们将看到，这出戏令人难忘地渲染了这位年迈皇帝的最后时刻）混以近至20世纪的英国王位继承所采取的简单粗暴的媒体管理技术。1936年，乔治五世的医生在适当的时候承认，一剂致命的注射加速了国王的死亡，部分原因是确保消息能在次日的《泰晤士报》上宣布，而非不那么庄严（august）的晚报上。

但埃弗利特的《奥古斯都：罗马第一个皇帝的一生》的主要弱点不在于它有时错误地信任了古代资料或对关键历史时刻的重构太富想象力。而在于他完全没有抓住这位皇帝从恶棍到政客的转变问题，更未解释转变之后的奥古斯都如何设法让迥然不同的新罗马政府体系就位，让一人统治取代了某种喧嚣的民主制。这些问题作为"让奥古斯都变成活生生的人"计划的一部分，同谋杀、流放、私通和家族危机故事同样重要。

本书的布局清楚地指向了对这些重大问题的回避。超过一半内容给了从公元前63年皇帝出生（尤利乌斯·恺撒的外甥女阿提亚和她相对不那么显赫的丈夫所生）到公元前31年于亚克兴击败安东尼之间这段时间。鉴于我们对他的早年几乎一无所知，除了几件揭示其未来伟大的早熟逸事——当然是后来编造的，这就意味着这本传记大部分都是关于公元前44年到前31年间的内战年月。

对于奥古斯都作为罗马世界唯一统治者当政的45年，他的处理就相对单薄了。原因足够清楚。战争期间"发生的事"多得多，可填满一部传记的篇幅，或者在埃弗利特依靠的古代文献中有记载。所以他较为详细地讲述了恺撒被刺及其余波的冗长繁复的故事，当时年方十八的屋大维发现自己不仅是恺撒的主要继承人，还在遗嘱里被他收养了（正是这件事让他得以在恺撒被奉为神之后称自己是"神之子"）。比他年长20岁的马克·安东尼是恺撒的事业的另一主要守卫者，不能赶走，于是他与之合作，并在与刺杀者短暂休战后，于公元前42年在希腊联手击败了布鲁图斯和卡西乌斯的军队。

随之而来的9年内战主要，但不完全发生于屋大维的支持者和安东尼的支持者之间，这些在本传记中全都涵盖了。这个故事更为错综复杂，其中包含竞争、不同派别的联姻、短暂的和解（古代作家们对此大加宣扬），穿插以一轮轮恶斗——直到安东尼臭名昭著地同埃及的克里奥帕特拉（之前是尤利乌斯·恺撒本人的情人）合伙，在希腊北部海边的亚克兴战败逃走，并在埃及自杀（见第12章）。

书里有若干生动叙述，埃弗利特眼光敏锐，对该时期资料的采用极为丰富多样，能讲个好故事。例如，他对佩鲁西亚（现在的佩鲁贾）战役的描述激动人心，战斗发生于公元前41年屋大维和安东尼的兄弟卢基乌斯之间，后者有安东尼当时的妻子富尔维亚的支持，她是整场冲突中最令人难忘的人物之一（就是她用发簪戳穿丈夫的大敌西塞罗被割下的头颅的舌头［见本书第85页］——这颇为恰当地显示了这场战争中的普遍道德水准）。屋大维将安东尼的人马困在城中，最终迫使他们投降，然后宽恕了带头的人，将卢基乌斯遣到西班牙当总督。但这一次，考古学让我们得以窥见围困是怎么实际操作的。在佩鲁贾发现了战役中双方的投射武器留下的80多个铅弹。有许多都草草写好了粗放的信息——我估计不是为了给敌人看的，而是要表达它们发射时军中的士气。一般都很淫秽："我追着富尔维亚的阴蒂"和"我追着屋大维的屁股"是典型例子。有一条是"秃头卢基乌斯"，埃弗利特认为"弱得多"。考虑到其他辞句显而易见的语气，我更愿意猜测这很好地表明，相比现在，罗马世界中的秃头被看作更重大的身体缺陷。

这个片段令人着迷，也可贵地让人瞥见性别化偏见、黑色幽默和基本情感——其对古代前线战斗人员的驱动不逊于现代。但我们能从这个故事和对战争的其他细致叙事中得到的整体结论却没什么新奇之处。和大多数由军阀成功变身的政治家一样，屋大维的胜利归功于常见的暴力、好运、阴谋诡计和精明判断的混搭。我们所拥有的丰富信息（由埃弗利特广泛而详细地重新叙述了一遍）并没怎么让我们超越这些。

亚克兴战役后画面陡变。后面这一段时期在历史上甚至更意义重大，其特点是已知"事件"相对贫乏，尽管那时奥古斯都必然忙于改写罗马的政治，将帝国的一人统治嵌入由元老院和人民统治的共和政府的位置。埃弗利特解释说，他不得不放弃尝试按年代顺序的直截了当的叙事,而更倾向于按主题叙述的方法。这当然是现存古代文献的特点所致,在严格历史意义上,此时的文献比内战时期要稀少得多。正如埃弗利特哀叹的:"公元前16年到公元前13年之间……奥古斯都在高卢和日耳曼,但我们不知道他去了哪里或者某个特定时间他在哪里。"对比一下我们拥有的他20年前的行动的资料,有时几乎是逐日记载。

我们的问题部分在于运气欠佳和资料保存的偶然性。比如说,假如维吉尔的庇护人,一度也是安东尼支持者的阿西尼乌斯·波利奥对这一时期的记录或者李维《建城以来史》(原本写到了公元前9年,但我们所有的文本停在公元前167年)的最后几卷能挺过中世纪,我们几乎必定会有非常不同的、详细得多的故事可以讲。但不止如此。因为对重大事件的线性叙述中,奥古斯都带来的及其治下政治和社会的长期结构性变化并不容易讨论,甚或不能有效讨论。

不论诸多现代作家和狄奥——他提供了这段统治时期的现存唯一的综合古代年表——有多想把公元前27年确定为主要的转折点(这一年屋大维改名,还为罗马行省的管理制定了若干意义重大的新安排),奥古斯都一人统治的政权的建立也根本不是一时的决策或行动。政权的建立更依赖于精英和民众双方对政治预期的逐渐调整,以及政府和政治活动概念本身的逐渐的再定义。也就是说,我强烈怀疑,即使某位深入细致的历史学家的遗失记录保存下来了,也无法回答我们对该时期最迫切的问题。它也许能告诉我们更多关于公元前16年和前13年当中奥古斯都在高卢和日耳曼的路线;但直接解释是什么样的条件让如此巨大的政治转变变得可行,则极不可能。

奥古斯都统治时期，政治活动的本质及其所发生的地点也影响了历史记载。在罗马共和国体制之下，决策是经过辩论后在公开情况下做出的。当然，肯定预先搞定了各种私下交易和大量幕后的讨价还价。但史学家能够记载，有时还能见证这些影响了罗马历史走向的辩论和决议，无论是选举公职人员，还是决定是否参战，或者给穷人分配土地。政治决策是可观测的事件。

随着奥古斯都统治的降临，权力的中心决定性地从公共空间转移到私人空间。诚然，包括元老院在内的许多旧体制继续运转着。但在奥古斯都开启的政治变化的模式中，如果有哪个具体的、个别的决策很关键，那这些决策很可能并非在元老院或广场上做出，而是在奥古斯都自己家里（一座相对低调的住宅，与之后将会建造的宏伟宫殿相差甚远，但也是阿波罗神庙同一建筑群中意味深长的一部分，拥有这一邻近位置所带来的所有神圣权力）。重要的政治活动如今都隐身于历史身后。

古代作者们清楚地看到了这一变化。埃弗利特引用狄奥说明奥古斯都时期的罗马缺乏"信息自由"："多数事情都开始保密，拒绝让公众了解……许多从未实现之事成了公众谈资，许多无疑已实现之事却无人知晓。"塔西佗的写作年代在奥古斯都死后约一个世纪，他是目前为止对罗马的专制统治最尖锐、最冷嘲热讽的批评家，他直言不讳地比较了那些以罗马共和国为主题写作的人能随意处理的宏大主题（"大型战争、攻占城市……执政官和护民官之间的争议、土地法和谷物法"）和实质的君主治下描述该王朝的历史学家能得到的明显琐碎、单调和有失尊严的材料。塔西佗认为，吊诡之处在于，专制统治带来的情形恰恰让历史学家难以，甚至不可能对其进行分析。

因此，埃弗利特更着重地按主题研究亚克兴后的时期，显然是正确决定，从资料上看也几乎不可避免。但即便如此，他也倾向于避开直面奥古斯都成功的重大问题：其权力基础何为？为何他能成功取代共和国政治的传统而尤利乌斯·恺撒却在这里失败了？他是如何设法将自身及其形象从军阀转为政治家的？有时该传记下半部分中浮现的奥古斯都是那种明智、高效、略为"布莱尔派"的英国公务员形象。他会仔细起草演讲稿（实际上，如果没有事先做笔记他是不会谈及重要事务的，对老婆都不会提）。他致力于"干净的政府"。他用"类似诚实的国家官僚制"替换了"共和的腐败机制"。他引入了"遍布帝国的有序管理"。他"阴郁地致力于公众利益"。他并未采取步骤限制言论自由。"不会有秘密警察来敲异见作家的门"，因为他"理解精神之独立对罗马人如何看待他自己非常关键"。他让公民感觉更像是"利益相关者"而非"牺牲品"。

或者，你也可以将他视为"大型机构总裁"；身边是花瓶妻子利维亚，确保站在自己男人身边，看起来很像那么回事。"如果有客人来晚餐，"埃弗利特在某处总结道，"她需要看起来正是最佳状态。"——庸俗的现代类比，只不过相比于他将广场边巍峨的长方形巴西利卡描述为"购物和会议中心"，稍微不那么刺耳一点。

按这里的描述，奥古斯都的多数目标听起来其实完全可以接受，因此很难理解为什么还有这么多无可否认的潜在暴力反抗的迹象，即便是通常支持奥古斯都的古代文献中也是如此。埃弗利特对公元前24—前23年一桩似乎很严重的阴谋事件一笔带过。他匆匆打发了以下事实，按苏埃托尼乌斯的说法，公元前28年奥古斯都主持元老院登记时在袍子下穿了铠甲，并要求在元老们参会时先搜身。至于许诺言论自由，诗人奥维德对任何类似说法大概都会报以苦笑。因为奥维德于公元 8 年被流放黑海岸边。他究竟所犯何罪仍然存疑，但其实这件事上奥维德自己提过他的"carmen et error"（字面意义是他的"诗与错误"），这强烈表明某种意义上他受罚与其讽刺教诲诗《爱的艺术》出版有关。本诗包括 3 本有伤风化的教训供男孩女孩学习如何、在何处、何时勾搭伴侣：几乎完全不"响应"皇帝的道德改革计划。

无论这些事件后究竟隐藏着什么情况，它们共同说明奥古斯都的权力垄断激发的对抗比埃弗利特（或者公平点说，多数近代历史学家）乐意承认的要严重得多。暴力，或者更经常的是潜伏的暴力威胁，必然是奥古斯都政权中持续的潜流。也许我们正应该以此为背景来理解持续流传的关于皇帝在内战期间哪怕不是残忍的虐待狂，也称得上冷酷无情的故事。不论他在中年时选择呈现的形象有多温和无害，让大家知道当年他能亲手挖人眼睛的事也绝不会有损于他的权力。揭开表面，也许他仍能如此。和许多政治体系一样，暴力的经济通过喋血运转，同样也通过逸闻和谣言运转。

但埃弗利特这本书最令人沮丧之处在于，他的确走马观花地提及了许多重大议题，这些议题本可让人更明白奥古斯都政权如何起作用，是什么支持了其最终成功。但他的处理浅尝辄止，不足以描述其重要性或蕴含的意义。比如他有几页讲述了奥古斯都及其顾问所赞助的那些视觉形象，简略地提到了著名的和平祭坛，由一座埃及方尖塔碑投下阴影的巨大日晷，还提到了那句接手的是砖造的罗马城，留下的是大理石造的罗马城的妙语。但是从中依然难以猜测类似形象在奥古斯都世界性政权的建立中到底有多重要。

奥古斯都是第一位认识到权力部分来自可见性的罗马政客，或至少他按照这一认识行动了。他留下的半身像之多超过之前任何其他的罗马人，而且在帝国各处都有发现，看着往往像是从罗马分发的一个模子做出来的。在首都本地，他一再以自己的各种形象在城市景观上打下印记。埃弗利特对所谓的奥古斯都广场仅有寥寥数语，而这很可能是其主要纪念建筑。此处乃是闪闪发光的大理石所建的宏大工程，毗邻老罗马广场而高耸其上，后者一直是传统共和国的政治中心。其装饰设计不仅仅强调了皇帝的权力（其雕像也许出现在中心广场正中的凯旋马车上）；还体现了他是罗马神话中两位建城者罗慕路斯和埃涅阿斯的直系后裔。尽管他并未真的采用罗慕路斯之名，也必定找到了其他方式传达这一理念，即他重建了罗马，并将自己的命运等同于这座城市的命运。

但奥古斯都政权并非只建立于神话和形象制造之上。我已提过，对武力的部署和控制与政治统治更柔和的一面携手并行。埃弗利特显然认可奥古斯都对罗马军队的控制对于其权力基础而言是绝对核心的。但他在这一点上的篇幅和深度还是不足。将奥古斯都推上权力之位的内战本身表明，共和国的崩塌部分是因为罗马军队是半私人机构，效忠自己的指挥官而非国家。奥古斯都将军队国家化，将其忠诚导向自己。这是通过结构性改革的宏大计划而做到的：士兵的征募，服役条件，军饷（由国家财政支付），固定服役期结束后提供慷慨的退休方案——在其统治末期服役期限是16年——都得到了规范化。奥古斯都必然非常看重这一计划，所牵涉的庞大财政开支表明了这一点。有一种估算认为，单是军费就消耗了整个罗马帝国年度税收的一半以上。

这样的财政投入自然给他的继任者留下了问题。值得注意的是塔西佗在其《编年史》（一部从奥古斯都的继承人提比略的统治到尼禄之死的罗马史）开头记载的第一件大事就是位于中欧的潘诺尼亚行省的哗变。士兵们的一条抱怨便是服役超过了事先协商好的时间，退休方案也遥遥无期。理由很清楚：奥古斯都把自己搞得捉襟见肘。国库没钱了，付不起那些开支了：最简单的省钱法子就是不让士兵退役（毕竟他们服役越久、最后的花费就越少）。

但塔西佗的起点在另一种方式上也有重大含义。评论家往往总想知道为何他的《编年史》仔细分析了奥古斯都继任者们的历史，却没有（除了几段回顾性评述外）首位皇帝本人的统治。是不是塔西佗想在后面再回头探讨这一块（如他自己在某处暗示过的）？是这个主题太大，不能和继承者们结合在一起？还是承担起来太冒险？我感觉以上皆非，而且假如我们以为《编年史》不是关于奥古斯都，那我们就严重误解了它。

因为它当然正是关于奥古斯都统治的，阴暗的开篇首句便已如此暗示（"罗马最初是在国王统治下的一个城邦"）。在第17章我们会再次看到，这句断言比第一眼看上去的要复杂得多。因为在某种意义上它是在说，尽管有共和制的民主插曲，君主制从罗慕路斯开始便内嵌于罗马历史之中。但就奥古斯都本人而言，塔西佗略去对其生平的叙事记录，也许是在暗示其统治只能通过其王朝继承者方可理解。甚至有可能，从塔西佗在一个世纪后的立场而言，奥古斯都的统治主要是作为新的一人统治传统的神话起源——一个空位，有待每一位继任者重新发明、重新填充，他们每个人都意味深长地使用了"奥古斯都"这个称号；某种意义上，数世纪来的每个皇帝都重新变成了奥古斯都。

埃弗利特看出了这份复杂性的一部分。实际上,他拒绝将奥古斯都描述为"皇帝",理由是只有当其王朝野心在提比略治下实现之时,其政权本质才建立。但不论是他,还是其他有望成为奥古斯都现代传记作者的人,都不曾将塔西佗的教训足够放在心上。

本章评论书籍为:

安东尼·埃弗利特(Anthony Everitt),《奥古斯都:罗马第一个皇帝的一生》(*Augustus: The Life of Rome's First Emperor*),兰登书屋(Random House),2006 年

12
克里奥帕特拉：神话

公元19年，克里奥帕特拉死去约50年后，罗马"王子"日耳曼尼库斯拜访了亚历山大城，这座城曾是她王国的首都，如今是罗马埃及行省的行政中心。按历史学家塔西佗的说法，这次皇家来访的表面目的是纾解该国遭受的饥荒（他开放了几座贮存谷物的粮仓便做到了）。但塔西佗坚持认为真正的原因是观光，因为埃及法老的遗迹在公元19年便已有数千年历史，对罗马游客的吸引力和对现代游客几乎一样。

实际上，日耳曼尼库斯乘船上溯尼罗河，一路探寻古迹，到访了"底比斯的宏伟废墟"和帝王谷，公元前47年，他的曾祖父尤利乌斯·恺撒在克里奥帕特拉亲自陪同下也这般游历过。但是，日耳曼尼库斯的旅行不怎么让他的养父、当朝皇帝提比略顺心，因为这位年轻人违背了规则，没得到皇帝明确允许就去了埃及。这是罗马帝国唯一实行这种旅行限制的行省。辽阔、富有、丰饶、不稳定，它为索求王位的竞争者提供了潜在的权力基础。就算没有不安分的女王，埃及也总是容易出麻烦。

从埃及城镇俄克喜林库斯的垃圾堆发掘出的莎草纸残片极其

珍贵地让我们得以瞥见日耳曼尼库斯的来访。包括他抵达亚历山大城时对欢迎人群发表的演说的希腊文逐字记录。他抱怨漫长的海上旅行，以及他"从父亲、祖母、母亲、兄弟姐妹、孩子们和密友的怀抱中被拉走"。这比塔西佗提到的皇家家庭生活画面亲密温暖得多——特别是当你想起他的"祖母"便是以诡计多端而闻名的利维亚皇后（下一章将讨论她涉嫌犯下的罪行），就尤为有趣。

日耳曼尼库斯接着对亚历山大城居民赞扬了其城市壮丽之美，还得体地附带了一段对建立这座城市的亚历山大大帝的悼词（他的说法是"那位建立了你们城市的英雄"）。公元前 323 年亚历山大死去时，克里奥帕特拉所属的托勒密王朝接管了该城。第一位国王托勒密是马其顿的希腊人，是"那位英雄"最重要的将领之一——也是设法劫持其遗体安葬于亚历山大城的人（本书第 45 页），这是一起古代的公关政变，意在永远宣扬这座新城和古代世界最伟大征服者之间的联系，若不如此，这一联系就会很短暂了。

从莎草纸判断，亚历山大城的人群闹哄哄地接待了日耳曼尼库斯。人群不断打断他，喊着"万岁""好运""好哇"，而他几乎没有隐藏自己的不耐烦，他不得不告诉他们平静下来等他把话说完："亚历山大城的人们……等我回答完你们所有的问题再鼓掌……"这或许是古代对大众讲话的人的普遍问题；当然了，希腊和罗马的演讲术几乎不可能是现在纸上读到的镇定自若的模样。不过，亚历山大城的居民有特别吵嚷的名声。后来在公元 1 世纪，希腊哲学家兼演说家"金口"（Chrysostom）狄奥开门见山地责骂他们的嘲讽与笑声、互殴与浮躁。他坚持说："我更愿意为你们的自我克制、保持安静而赞美你们……你能给予群众集会的最高赞美就是说他们能好好倾听。"据大家所说，这并没有对亚历山大城的人产生多大效果，其骚乱和无法无天的恶名一直持续到了基督教时期（并为西班牙导演亚历杭德罗·阿梅曼纳瓦尔［Alejandro Amenábar］的电影《城市广场》提供了背景，该片故事发生于公元4世纪罗马统治下的埃及）。

在《克里奥帕特拉：生平》中，斯泰茜·希弗生动地捕捉到了古代亚历山大城的魅力和超乎寻常的声名。克里奥帕特拉统治期间（公元前51—前30年），在公元前1世纪末罗马本身大规模投资于建筑、艺术和文化之前，亚历山大城是地中海的宝石。任何于公元前46年从亚历山大城乘船去罗马的人（那一年克里奥帕特拉自己这么走了一趟去拜访尤利乌斯·恺撒）都会感到，用希弗恰当的比较说，有点像是从18世纪的凡尔赛去往18世纪的费城。亚历山大城珍奇荟萃，以开阔的草地、廊柱、宽阔大道（据希弗说，其主街"能容纳8辆马车并排行驶"）布局。而此时的罗马尽管人口庞大，在政治及军事上称雄于地中海多数地区，看起来却更像是落后的乡下，多数地方是"乱七八糟的曲折小巷和人满为患的群居房"，其公共建筑按亚历山大城的标准看肯定不值一提。

埃及首都的声望很大程度上和它的著名遗迹和旅游景点有关。亚历山大陵墓只是诸多亮点之一，尽管来访的罗马将军都特别喜爱（本书第38—39页）。公元前30年，奥古斯都（那时仍称屋大维）终于击败克里奥帕特拉和马克·安东尼，来墓前朝圣，满心热情想要触碰被制成木乃伊的遗体时竟弄断了亚历山大鼻子上的一块，至少，一名罗马历史学家是这么说的。但托勒密王朝前几位国王都是伟大建造者，其成果的规模大得多。托勒密一世在公元前 3 世纪初委托建造的巨大灯塔耸立于该城的港口入口处，高达 300 多英尺，是古代世界的奇迹之一。那座著名的图书馆收藏着有史以来最丰富的古代典籍，靠近皇宫，旁边是亚历山大城的"缪斯之地"（Musaeum）——像某种游乐园、研究所和餐饮会所合而为一。

亚历山大城的人本身同城市很般配。他们的名声不仅包括吵嚷和时不时的暴力，也包括富裕、有教养、生活节奏快、奇观炫目、富于才智、世界主义者、标新立异（不过，本地政府的形象则与之形成了鲜明对比，成了官僚主义的代名词——托勒密的公务纠缠于繁文缛节中）。这一切听起来更像是纽约的熔炉而不是凡尔赛炫目的腐化堕落。

诚然，亚历山大城文化上的璀璨在克里奥帕特拉统治期间或已有所黯淡；她宫中的首席知识分子是个二手编纂者，名为迪狄穆斯（Didymus），被认为写了 3500 多篇论著（外号"书籍健忘者"，因为他记不住他之前书里都说了什么，总是自相矛盾）。不过，克里奥帕特拉及其同时代人可以在回溯过去一两个世纪时找到各种卓越的成就，这些成就往往由来自地中海世界其他地方的移民推动。因为曾经发生过古代版的人才外流，其目的地就是托勒密治下的亚历山大城。图书馆应该是法勒戎（雅典郊区）的德米特里乌斯[1]组建的，他本人是亚里士多德的学生。公元前 3 世纪初，在当地工作的最有名的人群中有一位是诗人卡里马库斯（Callimachus），来自昔兰尼（在现代的利比亚）。其间，图书馆

---

[1] 德米特里乌斯（约公元前 350—约前 280），雅典政治家、哲学家、演说家，曾任雅典总督，后去往埃及，在托勒密一世统治时期地位显赫。

和"缪斯之地"的研究院吸引了数学家欧几里得和迦克墩（在现在的土耳其）的希罗菲卢斯（Herophilus）等人，后者是首位分辨静脉和动脉的科学家。

我们熟知托勒密王朝亚历山大城的思想成就，也确实仍有大量文学和科学著作存世，实际上比公元前5世纪古代雅典光辉岁月时流传下来的还要多，而且更为多样。无可否认，我们只有迪狄穆斯作品的一点片段（这可能不是多大的损失）。但留存下来的亚历山大城如星河般璀璨的文学作品包括卡里马库斯的一些"颂歌"（并非用于礼拜的文本，而是以神为主题的博大精深、技艺高超的诗歌，古代"艰深"写作的试金石之一）；卡里马库斯的学生和杰出对手阿波罗尼乌斯（Apollonius）讲述伊阿宋和阿尔戈英雄的才华横溢的多卷本史诗《阿尔戈英雄纪》（*Argonautica*）；还有忒奥克里托斯（Theocritus）的乡村田园诗，启发了维吉尔《牧歌》，也是日后整个田园诗体裁的起源，这一传统通过斯宾塞和弥尔顿传到马修·阿诺德（Matthew Arnold）及其他人。更不必提关于技术、地理、数学和医学方面的丰富作品，其中一些现在仅存阿拉伯语译本。

但要获得亚历山大城社会更广泛的清晰图景，则要难得多了，部分原因在于现在几乎不可能断定有关托勒密王朝奢侈浮华和盛大场面的古代故事中，哪些多少是真实的，哪些是古代"亚历山大城神话"的产物，在这座城中，正如诸多古代作家（亚历山大城的作者和其他人）乐意幻想的那样，一切都不成比例地耀眼、昂贵而辉煌。一个格外让人困惑的例子是纪念酒神狄奥尼索斯的一次著名游行，公元前3世纪初由克里奥帕特拉之前的在位君主托勒密二世"爱慕姐妹者"（Philadelphus）发起。我们有此事的详细记录，最初是由此事之后 100 年左右的一位历史学者所写，如今仅存引文，收于阿特纳奥斯（Athenaeus）[1]于公元 2 世纪末编纂的浩繁的文学百科全书《智者之宴》(*Deipnosophistae*) 中，编者本人便来自亚历山大城附近的城镇。

对游行的描述洋溢着对非凡奇观的惊叹。每辆彩车都需数百人拉动，部分原因在于所载的新颖机械陈列品估计非常沉重。其中一个亮点，也是亚历山大城工程学重大成就，是一座 8 腕尺[2]长（大约 12 英尺）的雕塑，"无须人动手就能靠机械站起来，在泼洒了祭神牛奶后又坐了回去"。另一个值得一观的东西是由鸵鸟而非人或马拉着的战车。还有一个是"豹皮酒袋，装了 3000 计量单位[3]"，并逐渐将袋中的东西沿游行路线洒出。

希弗和多数其他现代作者一样，将这段描述当作托勒密宫廷展示的奢华盛典的生动证词。但我们也许该更多疑一些。如果此处展示的壮丽简直难以置信，很可能因为它本身就不可信。例如沿路滴洒的豹皮酒袋（我们可以想象它应该是要洒到观众的杯子和酒壶里）。以最可靠的方式计算这"3000 单位"的话，就意味着这是一个容量大概相当于 3 辆现代油罐车的豹皮口袋。最有钱的托勒密君主也肯定无法制作出这样的东西。那么这种描述是夸张？猜测？还是纯粹的幻想？我们不得而知。

试图对照可能的历史真相来评估亚历山大城神话的部分问题在于，这座托勒密王朝的城市的大部分如今都在海面以下，在一

---

1 阿特纳奥斯，生活于公元 2 世纪末 3 世纪初的作家，以希腊文写作，《智者之宴》记录了许多当时的风俗和文学作品。
2 1 腕尺约合 45.7 厘米。
3 此处提及的液体体积计量单位是罢特（bath），1 罢特约 22 升。

系列地震和海啸之后淹没于公元4世纪。在罗马，于地下进行的坚定发掘为我们提供线索去了解这座古城的特征，了解它如何从公元前1世纪兔子窝般的密集住宅区变成更令人赞叹的（或盛气凌人的）公元1世纪的帝国首都。在亚历山大城，我们必须依靠英勇的水下考古。这一过程给了我们附满藤壶的雕塑浮出海面的戏剧性照片，但几乎无助于给出这座古城的清晰年表——更无法给出一幅图画，让我们看到它曾经的模样，以及它究竟有多么奢华。

讽刺的是，我们同克里奥帕特拉的亚历山大城最强的，尽管是间接的联系是两座方尖碑，名为"克里奥帕特拉之针"，其中一座如今矗立于纽约中央公园，另一座在泰晤士河河堤上。它们本来是大约公元前1450年法老时代的方尖碑，后来可能被奥古斯都转移到亚历山大城，构成了尤利乌斯·恺撒圣殿的大门，这几乎肯定是克里奥帕特拉在死前安排并启动的。最后它们在19世纪末流落到纽约和伦敦，多亏常见的慷慨大方、好古癖和帝国主义剥削的结合。

托勒密王朝末代君主克里奥帕特拉七世的生平之"神秘"甚至超过亚历山大城的故事，而真正的女王比她的都城遗迹更难发掘。这部分是由于现代戏剧从威廉·莎士比亚到伊丽莎白·泰勒的善于发明创新的传统，在这些戏剧中，一个在驴奶中沐浴的慵懒而堕落的女王形象不可磨灭地固定在大众想象中。但这些现代版本都依据于古代的神话，源头可追溯至奥古斯都皇帝的宣传战，他自己的统治基础就在于打败了"埃及的"克里奥帕特拉（事实是她几乎肯定是希腊人种）和马克·安东尼。奥古斯都几乎无法抗拒地将克里奥佩特拉妖魔化为富于危险的诱惑力的东方暴君，其奢侈生活同他号称自己所代表的罗马和意大利脚踏实地的传统完全背道而驰。他治下好几位最有声望的诗人也热心加入了官方的奥古斯都阵线，附和"疯狂的女王……和那一帮败坏的仆从"（贺拉斯在一首关于她覆亡的著名诗歌中这样描写）。

其实，现在我们对这个形象太想当然了，以至于从不同方面发现"克里奥帕特拉神话"的不同说法时会感到震惊。比如说，埃及的历史学家们一直以来都将她作为英雄和公共事业的恩主征召到自己的民族故事之中。马苏第（Al-Mas'udi）在其10世纪所作的史书《黄金草原》(*Prairies of Gold*)[1]中记载了对正统的罗马说法的精彩翻案文章。他笔下的克里奥帕特拉不仅克服困难得到了那条用来自杀的蛇，还设法将它巧妙隐藏在芳香植物下，这样屋大维来探查她的尸体时也会咬他。在马苏第的历史中，屋大维并没有在这之后统治罗马40余年，而是在亚历山大城死于蛇毒——尽管蛇毒花了一整天才起效，其间他还写了一首诗，讲述了自己和克里奥帕特拉的遭遇。

诚然，这些故事里埋藏着一两处生动的历史证言，偶尔多少还算一手资料。我自己最喜爱的是普鲁塔克在公元1世纪和2世纪之交写的那个故事，讲到克里奥帕特拉在公元前1世纪30年代某一次招待安东尼时宫中厨房的流程。普鲁塔克解释说，一位年轻医学生菲罗塔斯（Philotas）正好在那儿，目睹了仆人区域的生活。他注意到有8头野猪正在烹饪，以为要供应一大群人吃喝。但是并不，客人只有12位；由于厨房不知道这些人到底想在什么

---

[1] 马苏第，约公元10世纪的阿拉伯旅行家、地理学家、历史学家，其著作《黄金草原》记载了阿拉伯世界诸多地理历史资料，类似百科全书，内容颇有错谬，但保存了许多古代阿拉伯世界的资料。

时候吃饭,便把几只野猪放在烤肉架上,在不同时间准备好。那么普鲁塔克是怎么知道的呢?不过是皇家奢侈生活的陈词滥调?某种程度上也许如此,但不只如此。因为普鲁塔克号称是从祖父拉姆普利亚斯(Lamprias)那儿听的这个故事,可能进行了润色,也可能没有,而他祖父是菲罗塔斯本人的朋友。也就是说,我们跨越了两千多年,和克里奥帕特拉厨房里一位目击证人之间有了可直接追溯的联系。

但是基本上,我们对克里奥帕特拉生平最为基本的事实大多毫无了解。她那人所共知的结局也许呈现得够多了,还有更多目击证人证词(不论多偏颇或不可靠,且全都来自敌人那边)。她一生的开端我们几乎一无所知。她是托勒密十二世"吹笛者"(Auletes,这个绰号据说是指他圆鼓鼓的腮帮子)的女儿,但她母亲的身份是个谜,她的出生日期也是。希弗和许多其他现代作者一样,将她的出生日期定在公元前69年,这完全来自普鲁塔克,他在马克·安东尼的传记中提到她公元前30年死去时39岁。但这就忽略了一个事实,普鲁塔克几乎紧跟着就声称"她和安东尼共同统治超过十四年",毫无疑问是个数字错误。几乎可以肯定,她在公元前41年之前都没见过安东尼,哪怕从"共同统治"最宽泛的阐释上说最多也不过9年。不论如何解释普鲁塔克文本中的错谬(也许就是中世纪抄工抄错了数字,或者普鲁塔克自己弄错了),对克里奥帕特拉生于公元前69年的标准学术信心只是诸多事例之一,说明现代传记作者从古代文本中精选适合自己的内容,无视不适合的那些。

某种程度上,希弗对克里奥帕特拉的故事的探讨是怀疑论的、就事论事的。她对地中海历史的这段时期持别具一格的局外人视角,且有大量精炼的措辞相配。有时候这些俏皮话在我看来太过密集。但她对尤利乌斯·恺撒被刺后罗马氛围的总结("开启了诽谤和自我证明的活跃市场。出现了沾沾自喜的风潮")抓住了这时期政治的本质,比专业历史学者的长篇累牍更为贴切;她评论"奢华谴责起来容易,拒绝起来难"时,完全正确地理解了罗马对奢华挥霍的矛盾心理。

她描绘的颇为传统的克里奥帕特拉的画像也不一定不对——强大独立的女王,制定策略以满足自己的最大利益,用性和智识的诱惑来操纵一连串罗马要人。但值得一提的是,英国历史学家阿德里安·戈兹沃西(Adrian Goldsworthy)在双人传记《安东尼和克里奥帕特拉》中所得出的结论恰好相反——在她几乎无法影响的罗马权力之争中,她是次要的旁枝末节,是一度辉煌而极为暗淡的王朝的末代君主——而论据完全一样。坦率地讲,我们永远不得而知了。

但神话呢?在思考如何处理围绕克里奥帕特拉发展出来的虚构内容,如何撰写历史传记性的叙述时,希弗写道要"剥下结硬壳的神话","复原语境"。而这是她最弱的点。部分原因在于,尽管有些尖锐的洞见闪耀,她对希腊-罗马世界的历史、文化和法律的掌握并非总如可能做到的那么牢固。比如说,她到底从哪儿来的想法,认为公元前1世纪的罗马妇女"拥有的法律权利……和鸡一样"?

希弗的问题更在于她给自己设定的任务的性质,那就是,仿佛真能给一位古代人物写出"从摇篮到坟墓"的可靠而合理的故事作为传记似的(其样板是她之前对安托万·德·圣-安克苏佩里和弗拉基米尔·纳博科夫夫人的出色研究)。公平地说,这点上她不是唯一一个。这5年至少有5部克里奥帕特拉的英文传记（这方面她甚至超过西塞罗，见本书第94页）；读者和出版商对古代人物生平的胃口似乎永远无法满足。即便这些按古代标准看都算有合理记载，但也总有巨大的证据漏洞。希弗自己也承认："古代世界中童年不怎么好卖"，她的意思是在大多数传记中主人公20岁或30岁以前的生活几乎全然空白，需要填补。对克里奥帕特拉来说，之后也有几年时间，我们对其生活和去向近乎一无所知。正是在这里，"语境"常常误导性地替代了传记。

于是希弗创造了一个画面：年幼的公主"蹦蹦跳跳穿过宫中的廊柱通道"，"玩陶制玩偶和玩具屋"，"经常沿尼罗河而上"，"很小就……在政客、使节和学者之中从容自若"。这些说法或许无害，但也只是假装是通常意义上的"传记"罢了。后面希弗写到尤利乌斯·恺撒和克里奥帕特拉所生的儿子恺撒利昂出生时，我们看到的"语境"方法也很典型。"我们对实际的出生情况的了解和之前的亲密关系一样所知甚少。"她写道。这肯定没错；其实我们甚至不知道孩子哪年出生（或者是否真是恺撒之子）。但前言中她坦然承认无知之后的好几段，却是关于当时的分娩过程和婴儿护理应该是怎样的论述（包括以黑曜石刀切断脐带和产婆的好坏）——继而谈到如果克里奥帕特拉选择避孕，她是否可能得到了可靠的避孕措施。

这些信息来自能方便地引入画面的任何古代文献，全都烩在一锅：公元2世纪的医生索拉努斯（Soranus），他提供了我们对古代产科的大部分知识（包括黑曜石的细节）；在那之前5个世纪的一封莎草纸信件（讲到如何辨别产婆）；还有五花八门的作者讲到避孕的原则和实践，从希波克拉底文集到罗马讽刺作家尤维纳利斯。这是有用的古代妇科知识的集合，但与克里奥帕特拉毫无干系。

事实是，"剥开"克里奥帕特拉"结硬壳的神话"揭示出，古代虚构的表面之下几乎空无一物，自然也没有什么可能成为可信的生平故事的内容——除非是用部分相关的背景来充数，但某种意义上这也是另一种虚构。这种情况下，希腊-罗马统治下的埃及流传下来的丰富的莎草纸资料几无帮助。在克里奥帕特拉那里，没有什么能像日耳曼尼库斯下船演讲中的寥寥数语一样生动的东西。关于她，我们拥有的最佳物品是在一份授权宽减税务的文件上她可能的"签名"，还有传说中她在最后日子里一再地喃喃自语"我不能被牵到凯旋式上去"（而现存的归于某位"克里奥帕特拉"名下的有关化妆品、头皮屑、重量和度量的文字残片是不是她本人所作，只有天知道）。至于亚历山大城碎片化、艰难而有争议的考古学，则继续制造出关于她的宫殿或坟墓地址的新理论，每一种都和前一种一样难以置信（和值得报道）。最终，我们也许应该抵抗传记的诱惑，坚持奥古斯都的神话和贺拉斯的"疯狂的女王"。

本章评论书籍为：

斯泰茜·希弗（Stacy Schiff），《克里奥帕特拉：生平》（*Cleopatra: A Life*），利特尔与布朗出版社（Little, Bnown），2010 年

13
与帝国成婚

据说奥古斯都皇帝曾经夸耀说,他的衣服是忠心的妻子利维亚在家缝制的。在公元1世纪罗马的世界主义文化中,显贵们更常使用丝绸和细亚麻作为着装面料,皇帝本人却炫耀自己对家纺羊毛料子的感情。我们没法知道高贵的皇后坐在织布机或缝衣篮前装腔作势的场景有多频繁地在内廷上演。但如果这般夸耀是想要时人和后世都相信利维亚恭顺谦逊的美德(和奥古斯都自己简朴的习惯),那就大大失败了。从公元1世纪到罗伯特·格雷夫斯及以后,利维亚表现出的形象是在帝国权力政治中扮演了一个角色,看起来比大门不出、忙于针黹的妇女形象所表现的要重要得多。最好的情况下,她被描绘为皇帝及其帝国中各种利益集团间的调停人(比如历史学家卡西乌斯·狄奥就写了一篇又长又不可信的皇后与丈夫之间的讨论,她成功说服他对一个有叛国嫌疑的人手下留情)。最坏的情况下,她被看作连环投毒杀手,奥古斯都朝廷的幕后操纵者(éminence grise),在实现野心的道路上毫不手软地人挡杀人,最后包括她的丈夫。格雷夫斯自己在《我,克劳狄乌斯》中写道:"奥古斯都统治世界,但利维亚统治奥古斯都。"对利维

图 8　安格尔的王室居家生活图景。维吉尔为奥古斯都、屋大维娅和利维亚读自己的史诗

亚品格的这种最黑暗的说法，其源头要追溯到历史学家塔西佗，他的创作年代在公元 2 世纪初，距她公元 29 年去世时差不多一百年。至少他是现存最早的旁敲侧击认为她或许在奥古斯都之死中插了一手的作者，她的动机在于害怕年老的皇帝会另选一位竞争对手作为继承人，而非她自己在前一段婚姻中所生的儿子提比略。"有些人怀疑他妻子用了卑鄙手段。"塔西佗写道，这是典型的令人不安而无具体指向的影射。几年后年轻的"王子"日耳曼尼库斯意外死亡时，也有对她角色的类似暗示，罗马宫廷的金童在她点头

下被毒死——如果不是在她直接唆使之下，或者我们这么认为。

这种怀有敌意的形象后来一直很有生命力，包括安格尔一幅令人不寒而栗的画作《维吉尔为奥古斯都、屋大维娅和利维亚读〈埃涅阿斯纪〉》。画作表现奥古斯都的姐姐屋大维娅在倾听维吉尔朗读新诗时晕倒——我们必然会想象诗句提到她死去的儿子玛尔凯路斯，根据某些古老的说法，他是利维亚的又一个受害者。皇后本人带着冷漠的无动于衷拍着屋大维娅的肩，这种态度也正是你觉得一个完美的杀人犯会具有的。宫廷哲学家、年轻的尼禄皇帝的老师塞涅卡曾人所共知地赞扬过利维亚的自制，相形之下屋大维娅则过于任情恣性了。这里，安格尔则向我们展现了这种"自制"能有多令人悚然。

对于现代社会，最有力的利维亚反派形象来自 1976 年的 BBC 电视剧《我，克劳狄乌斯》，主演希恩·菲利普斯成为这位狡诈的皇后在 20 世纪的面容。杰克·普尔曼（Jack Pulman）对格雷夫斯小说（《我，克劳狄乌斯》和《神的统治》）的改编比通常认识到的要远为彻底，尤其是将利维亚作为这套剧集前半部的主宰性的邪恶人物。格雷夫斯本人则偏向塔西佗风格得多。书中，利维亚极少出现在台前。她对奥古斯都的阴险掌控是在小说刚一开篇，由叙事者克劳狄乌斯解释的（"因为他们的婚姻是不圆满的。虽然奥古斯都跟别的女人都能同房，而跟我祖母在一起时就像个孩子似的无能为力"）。但随着故事展开却极少强调她的邪恶；相反，都是以只言片语的暗示和旁白狡猾地旁敲侧击。只有到了最后克劳狄乌斯在祖母临死前和她共进晚餐时，才回溯性地从她那里得到真相：受害者名单之长，几乎和格雷夫斯暗示的一样，而且确实包括她的丈夫奥古斯都（"是的，她毒死奥古斯都了,无花果还长在树上的时候她抹上了毒药")。

普尔曼的电视剧版本则相反,将利维亚的谋杀作为较早几集的清晰线索,配以一连串大加渲染的毒杀场面。利维亚本人被带离背景,变成令人难忘的、也许略为做作的反英雄,还有一句恐怖的反讽台词,留待知情的观众去品味(例如"食物中毒"一词中的暧昧意味得到了丰富的利用)。普尔曼给她的台词甚至还回响着电影和小说中其他"坏女人"的声音。"你真好(good)",年轻的玛尔凯路斯王子哑着嗓子说,那会儿她正喂他毒药;"不,不亲爱的,与好(goodness)无关。"她回答道。或者像梅·惠斯特(Mae West)后来在《夜复一夜》(Night after Night)中说的:"好家伙(goodness),多美的钻石。""这与好无关,亲爱的。"最惊人的一幕则与原著毫无直接瓜葛。奥古斯都(布莱恩·布莱斯特〔Brian Blessed〕饰)临死时无助的脸部特写镜头独占屏幕好几分钟,同时利维亚的画外音则在奚落、羞辱他:"你应该多听听我的……我多半都是对的,因为我是个女人,你将我推到幕后。噢是啊,是啊,你就是这样。"她离开病榻去幕后策划继承安排时,踌躇着提醒适时到来继承大统的提比略,"噢,顺便说一句,别碰无花果"。现代的历史学家已经发现,要评估真实的利维亚的作用以及她有多大的政治权力是非常困难的。在这件事上,这不仅是缺乏存世证据的问题。实际上,我们手头关于利维亚生平一些方面的信息比罗马世界几乎任何其他女性都要丰富。例如,由于发现了其家庭奴隶成员所用的大型墓室,我们得以难得地一窥其家庭随从的组成。按照其碑文所示,她配备了膳食官、厨子、秘书、会计、服装保管员、美发师、女按摩师、修理工、家具上光匠、金匠、泥水匠和仆役,更不用说一小群私人医生扈从(在小说的世界里，当这些人险恶地出现于她亲戚们的床边时，总是确定表示一桩迫近的死亡）。

另外还有许多与她的名字相关的逸闻，多少有些透露实情。一个4世纪的医学作者保存了一份处方，是利维亚自己调配的喉咙疼药方，另有一份是治神经衰弱的（毫无任何凶险副作用的迹象）。从老普林尼《博物志》所汇集的实用知识大全中，我们了解到她将自己的长寿归功于饮用弗里乌利产的葡萄酒（这一说法仍然被用来宣传这种美酒）；我们可以找到一个难以置信的故事的线索，那就是利维亚曾和奥古斯都的外孙女尤利娅竞争谁拥有的侏儒最矮（尤利娅凭借两英尺五英寸[1]的样本赢了男性矮人竞争，利维亚赢了女性的，但身高未知）。

然而，即便这种材料罕见地展现了早期帝国宫廷的社交和文化生活，在许多历史学家看来也几乎无助于核心问题：利维亚施加的是哪种影响？如何做到的？这一点上的证据矛盾而且隐秘，几乎无法阐释。塔西佗和其他古代作者承认，从定义上历史学家就被排除在专制制度秘而不宣的决策之外。当然，接近掌权男性的女性也许会利用这种接近来促成自己的利益。同时，她们也为分析家提供了称手的——也是无法验证的——说法，用以解释那位男性为何如此行事。就像现代媒体发现当其他手段全都失败时，可以用南希·里根或切丽·布莱尔来方便地解释她们丈夫的政策和决定，同样，对古代史家而言，一旦涉及如何理解这位皇帝行为之变化莫测，他们也总能乞灵于利维亚或其他皇家女性。无法说清他们是否正确。投毒指控恰是这一问题的内涵特别丰富

1　1英寸合2.54厘米。

的例子。女性——从利维亚到卢克雷齐娅·博尔吉亚（Lucretia Borgia）[1]到哈莉特·范恩（Harriet Vane）[2]——总是此类指控（典型的狡诈女性犯罪，利落地颠倒了女性作为厨子和主妇的角色）的牺牲品。但谁能说清毒蘑菇是真的被下了毒，还是只是单纯未认出的毒菌？我们是否总应该假设猝死都是那些最终从中获益的人造成的？这种假设会让历史显得井然有序，但也许并不正确。

结果就是，关于利维亚在奥古斯都时代的政治中所起的作用，完全相同的证据被用来证明迥然不同的立场。一个极端是提奥多·蒙森等人的看法，认为最后利维亚在罗马帝国的政治序列中至少得到了半官方的地位。另一端是摩西·芬利（Moses Finley）不容胡说的立场，电视剧《我，克劳狄乌斯》播放后不久，他在20世纪70年代BBC三台的谈话节目中正好也探讨了这一问题。他向观众保证，不管你可能从罗伯特·格雷夫斯那儿得到什么印象，小说中这些皇家妇女没有一位"对罗马历史有任何影响"。对相反情形的任何暗示都"只是流言蜚语"。

安东尼·巴雷特（Anthony Barrett）的传记作品《利维亚：罗马帝国第一夫人》（*Livia: First Lady of Imperial Rome*）艰苦而一丝不苟地同许多有争议的证据缠斗。它在材料收集上是一流的；但是几乎肯定会让任何要对历史上的利维亚刨根问底的人失望，因其权力和影响力的线索无一支撑得起我们或想置于其上的阐释的分量。例如，公元前9年她的儿子德鲁苏斯死后，据传有

1　卢克雷齐娅·博尔吉亚（1480—1519），教皇亚历山大六世罗德里格·博尔吉亚之女，亚历山大六世以贪婪、淫乱和杀戮闻名，但卢克雷齐娅是否积极参与家族的各种罪行，一直有争议。
2　英国推理小说作家多萝西·塞耶斯小说中的女侦探。

人写了一首诗给利维亚作为"安慰",称其为"Romana princeps"("第一夫人"——是奥古斯都自己所用的称号 princeps 对应的女性形式)。这是否反映了其被认可的公开地位?哪怕并非完全"官方"?或者这是罗马宫廷诗的某种更难捉摸的典型诗意夸张?以她的名义建造的公共建筑是否证实了她积极投入城市规划,包括提供财政支持?还是在罗马鼓励富有的男人以其女性亲属之名资助建设计划(她们很可能极少积极参与规划)的传统下,上述建筑应该主要被看作一个尤为奢侈的例子?诸如此类。总之巴雷特在这些模棱两可之中保持了冷静,尽管代价是他对利维亚地位的评论比有些读者或曾期待的更为粗略。但就连他也不时点头称是。某次他在疏忽中试图提出,她对园艺的兴趣,特别是"以其名字命名的与众不同的无花果品种'利维亚纳'……可能促成了关于她用特别处理过的无花果除掉奥古斯都这一传说"。更可能情况是相反的:"利维亚纳"之名是个段子,取自利维亚爱用无花果下毒这个传闻。

结论就是:除非我们改变所提问题的性质,不然无法进一步了解利维亚;很难抵抗这个结论(尽管巴雷特自己做到了)。也许出于这个原因,一些真诚的古典学家近来转向更仔细地考察这位皇后在舞台和屏幕上的现代形象,特别是通过《我,克劳狄乌斯》。这部 BBC 连续剧并非格雷夫斯小说的初次改编。1937 年有一次著名而无果的尝试,本想将书拍成电影,由查尔斯·劳顿(Charles Laughton)扮演克劳狄乌斯、弗罗拉·罗布森(Flora Robson)扮演利维亚(留下的样片经过剪裁拼凑,变成了 1965 年的 BBC 纪录片《从未实现的史诗》[*The Epic That Never Was*])。更不为人知的是约翰·莫蒂默那不幸的舞台剧,它于 1972 年在伦敦西区上演了一两个月。

除了《观察家报》(*Observer*,莫蒂默本人经常在上面发表剧评）上有一篇温暖的赞美之词之外，多数评论都认为这部制作处于欠佳和难以容忍之间。例如艾登·希金斯（Aidan Higgins）在《倾听者》上公开抨击糟糕的台词（"你不会想念那所妓院吧，会吗，卡尔普尼亚？"）、制作效果（"库迈的西比尔……在又大又丑占满舞台的脚手架下半裸着表演笨拙的旋转"）和利维亚本人的角色（"可怜的弗里达·杰克逊［Freda Jackson］……妆化得像迪士尼《白雪公主》里的女巫"）。公平而言，莫蒂默深知它有多糟。他在《谋杀犯和其他朋友》（Murderers and Other Friends）中解释过，灾难性的预演晚会预示了对该剧灾难性的接受情况。格雷夫斯本人亲自出场，讲着让名流嘉宾非常厌烦的可笑故事，他说耶稣基督活到80岁并发现了意大利面，还送给莫蒂默一块"魔法石"，号称能确保良好的评价。并没有。

《帝国的投影：现代流行文化中的古罗马》（Imperial Projections: Ancient Rome in Modern Popular Culture）这本出色论文集的主题正是这些内容以及其他近来一些罗马的精彩表演。其中一篇文章巧妙地探讨了《艳后嬉春》（Carry On Cleo）及其对史诗片《埃及艳后》的精彩戏仿（部分笑料在于《艳后嬉春》剧组用了伯顿/泰勒[1]的华丽表演留下的许多实际服装和布景）。另有一篇文章尖锐剖析了百老汇版本和电影版本（1966）的《春光满古城》（A Funny Thing Happened on the Way to the Forum）。电影的成功来自有力地混杂了普劳图斯的罗马喜剧、纽约犹太幽默和纪尧姆·卡柯皮诺（Jérôme Carcopino）[2]的名著《古罗马的日常生活》（Daily Life in Ancient Rome），该书首版于1941年，现在仍在发

---

1 电影《埃及艳后》的男女主演理查德·伯顿和伊丽莎白·泰勒。
2 纪尧姆·卡柯皮诺（1881—1970），法国历史学家、作家，法兰西学院院士。

行。对于一部具有如此强的犹太渊源的戏剧而言,其历史的讽刺之处在于卡柯皮诺曾是法国维希政府的教育部长,除此之外还曾签署命令禁止犹太人进入海外法国考古机构。尽管现在有了经典地位,细读之下本书的意识形态根源仍然透露出来。

但桑德拉·乔希尔(Sandra Joshel)关于《我,克劳狄乌斯》的论文才是对《帝国的投影》的杰出贡献。乔希尔从格雷夫斯小说在20世纪30年代的原语境和影响开始,追踪其历史,从莫蒂默版本(一带而过),到BBC的连续剧。但她并未停在1976年它在英国的接受情况;她追到第二年,这套连续剧被重新包装,带给了美国观众。本剧在极尽高端的"大师剧场"制作中出现,由美孚石油公司赞助在公共服务广播(PSB)上映,修剪了一些较为有伤风化的场景,每周由风度翩翩的阿利斯泰尔·库克(Alistair Cooke)[1]主持,将这版英国风味十足的罗马引介给美国观众。乔希尔成功的秘密在于她有能力挖掘出所有这些迥然有异的语境,包括时间和地理上的,并说明它们如何制造了《我,克劳狄乌斯》差异极大的不同版本。甚至连续两年播放的这同一部连续剧,也证明在大西洋两岸有颇为不同的旨趣。

克劳狄乌斯小说本身范围很广;它带着读者从皇宫深处来到罗马帝国最偏远的区域(也就是不列颠尼亚)。一定程度上,格雷夫斯是在讽刺地揭穿罗马帝国主义中暗含的学童英雄主义价值观——其实也是暗示,正是在"野蛮的"不列颠人中才能找到旧日罗马英雄的古典忠诚品德。也许正是出于这个原因,T. E. 劳伦斯觉得《我,克劳狄乌斯》的调子"让人恶心"。电视改变了这一切。由于预算

---

[1] 阿利斯泰尔·库克(1908—2004),出生于英国的美国人,广播和电视行业名流。

紧张（"财政和感官意义上都是廉价的刺激"，另一篇《倾听者》的冷漠评论抱怨道），它完全在一个摄影棚内拍成，整部电视剧有13个小时，任何皇宫或庄园之外的场景不过寥寥几分钟；甚至娱乐场景也只表现了皇家包厢，热情的群众噪声给关掉了。

这就产生了和小说或1937年想做的大银幕壮观场面颇为不同的罗马形象。电视剧《我，克劳狄乌斯》在不止一种意义上是"室内剧"：它将罗马宫廷的家庭生活带入普通的起居室；通过对主角间对话的强调、拖延的脸部特写和性，它利用的不是史诗般的铺张华丽，而是家庭肥皂剧的传统。美国版该剧的宣传材料很直白，这个节目的内容是"以统治世界为务的那个家庭"。

但家庭场景的政治影响在美国要明显得多。当然，英国观众也充分意识到《我，克劳狄乌斯》的故事同当下对权力及其腐败的辩论的联系。甚至那些质疑莫蒂默版本的人也指出"该剧与当下的关联既明显又可怕"。但20世纪70年代的美国观众在其中感到了特别强烈且精确的共鸣。评论家们一而再地看出了电视剧和可疑的"后水门事件的美国政治气氛"间的关联——部分是由宣传资料本身引发的，它强调说，"如今报纸头条揭露的政府不法行为和古罗马腐败行径间的差别"几乎不存在。同时也有右翼共鸣。道德多数派[1]认为增长的女性权力是美国衰败的一个关键因素，而《我，克劳狄乌斯》中帝国女性的行为则从历史上证实了这一点。利维亚的形象是这一切的首要象征。美国评论家喋喋不休地念叨着她的马基雅维利手段："渴望权力"，策划"死亡就像多数女人

---

[1] "道德多数派"是一个美国政治组织，与基督教右派和共和党关系密切。20世纪80年代，其在将保守基督教徒动员为政治势力，尤其是共和党成功当选总统上，扮演了重要角色。——编者注

去超市那么冷静"。几乎所有报纸对这部电视剧的报道都配以希恩·菲利普斯的面容。但阿里斯特尔·库克作为电视剧每一集的主持人的介入，将她的邪恶能力推到全新高度。当即将演到利维亚谋杀奥古斯都的情节时，库克插进来为美国观众解释罗马第一位皇帝的政治重要性："他写了一部宪法，通过罗马法先传到不列颠，然后到了美国，作为我们自己宪法的模型、大纲……最重要的是他将旧贵族、新共和主义者以及商人和中产阶级调和到了一套以共和为本质的政府体系中。"这是对历史的胡说八道。但这句话给利维亚塑造的角色比塔西佗或格雷夫斯暗示的要远为有害。在这个美国版本里，谋杀奥古斯都时她不只是诡计多端的危险人物，大号的琼·科林斯（Joan Collins）[1]，爱用毒药，为所欲为。在库克的阐释中，利维亚犯了摧毁美国国家政治基础的罪行。

本章评论书籍为：

安东尼·A. 巴雷特（Anthony A. Barrett），《利维亚：罗马帝国第一夫人》（*Livia: First Lady of Lmperial Rome*），耶鲁大学出版社（Yale University Press），2002 年

桑德拉·R. 乔希尔（Sandra R. Joshel），玛格丽特·马拉穆德（Margaret Malamud）和小唐纳德·T. 麦奎尔（Donald T. McGuire Jr）编辑，《帝国的投影：现代流行文化中的古罗马》（*Imperical Projections: Ancient Rome in Modern Popular Culture*），约翰·霍普金斯大学出版社（Johns Hopkins University Press），2001 年

---

[1] 琼·科林斯（1933—），英国著名影视剧演员，获颁大英爵士勋章（DBE），在 20 世纪 80 年代美国电视剧《朝代》中扮演一个诡计多端的女子。

14

卡利古拉的讽刺？

历史对克努特国王的待遇并不公正。他将王座带到海边，向恭顺的侍臣表明，国王也无法控制波浪（唯有神能做到）。但讽刺的是，现在人们对他的记忆往往是个老傻瓜，以为自己能主宰潮水，却在海滩上弄得湿透。比如说，足球明星瑞安·吉格斯（Ryan Giggs）试图用超级禁令阻止关于其私生活的排山倒海的新闻，结果被冠以"足球界的克努特国王"之名。

在德国古典学者阿洛伊斯·温特灵（Aloys Winterling）看来，卡利古拉皇帝是另一个克努特问题的实例。他基本上是以疯狂而妄自尊大的偏执狂形象载入史册：疯狂到把一座宫殿、奢华的紫色衣裳，还有一队随从赏给自己最喜爱的一匹马，甚至计划任命它做执政官，这是仅次于皇帝本人的最高政治职位了。实际上（温特灵是这么认为的）他对那头动物的夸张待遇是个尖刻的笑话。卡利古拉是在挖苦罗马贵族阶层的目标和野心：在对奢华和虚荣的追求中，他们看起来和那匹马一样傻。

卡利古拉在罗马的宝座上只待了4年，从公元37年到41年。他是光彩照人的"王子"日耳曼尼库斯（公元19年死于叙利亚，死状可疑）之子，童年许多时候都同父亲在行军打仗中度过。他的名字也来自于此：尽管他出生时名叫盖乌斯·恺撒·日耳曼尼库斯（其正式称号是盖乌斯皇帝），但士兵们昵称他"卡利古拉"，意为"小靴子"，因为当时人们给他穿着小号军装，包括军靴，而这个名字就这么一直伴着他了。年老的提比略皇帝去世时，时年24岁的他被扶上了王位，比提比略亲生孙子占得了先机，后者不久便被谋杀了。卡利古拉的父亲的人望以及母亲阿格里皮娜带来的第一位皇帝奥古斯都的直系血脉，方便地掩盖了一场不言而喻的丑恶权力斗争或政变。但另一场政变紧随而来。4年后卡利古拉被刺，王位传到他叔叔克劳狄乌斯手里，据说人们找到克劳狄乌斯时，他正藏在宫中一道帷幔后面，在谋杀之后的混乱中吓得魂飞天外。

卡利古拉的统治起初或许并不太糟。古罗马更换统治者常伴以短暂的蜜月期，这也许就是其中一段。在《卡利古拉：传记》（*Caligula: A Biography*）中，温特灵指出了最初几个月一系列意在和解的措施。提比略治下叛国罪审判相关的检举文件在广场上被付之一炬（尽管后来发现卡利古拉悄悄保存了副本）。（至少暂时）重新引入了政务官的民选制度，还向罗马人民及士兵们发放了慷慨的现金补贴。在第一次对元老院的重大讲话中，他公开谴责了前任不受欢迎的决策，许诺他将表现得更好。狡猾的元老们疑心他会忘记自己的承诺，规定每年一次背诵这一讲话（表面上是对新统治者演讲致敬，实则试图让他坚守承诺，好好表现）。

即便如此，古代关于卡利古拉统治的大多数说法都关注着他的残酷、挥霍无度和（根据苏埃托尼乌斯的说法，他在卡利古拉遇刺差不多一百年后写下了那部关于这位皇帝的经典传记）临床上的精神错乱——无法预测的发作、焦虑、失眠和幻觉的混合。大量故事讲述他如何自称是神，和朱庇特对话，与月亮女神同眠。据说他造了一座桥，把自己在帕拉丁山上的宫殿和附近卡庇托山的主要神庙连接在了一起，仿佛要联合国家之中的世俗和宗教力量。关于他奢华到荒谬的生活方式，也有很多东西可说（从上菜时用金箔覆盖食物，到他妻子全身披挂的珠宝价值大大超过普通罗马元老的全部家财），当然，还有他那反复无常的施虐狂症状。例如苏埃托尼乌斯的故事（见本书第54页）中提到他强迫一位父亲观看儿子被处死，并在当天晚些时候让他到宫中一同用餐。他据说还在牛肉太贵的时候用罪犯来喂自己养的野兽。一次从病中康复后，他坚持让一位发誓只要皇帝幸免于难就愿意献出自己生命的忠诚公民按照誓言去死。

现代电影和小说里，卡利古拉的形象更骇人听闻。最有名的是1979年的那部电影，由鲍勃·古乔内（Bob Guccione）和《阁楼》（Penthouse）杂志资助[1]，戈尔·维达尔（Gore Vidal）执笔剧本。主演是马尔科姆·麦克道尔（Malcolm McDowell），扮演疯狂得令人信服的年轻皇帝，辅以一群一线明星，包括吉尔古德（Gielgud）和海伦·米伦（Helen Mirren），据说他们未曾意识到他们参与其中的是软色情项目（他们不会真以为古乔内是在资助严肃历史剧吧？）。更令人震惊的是BBC电视剧《我，克劳狄乌斯》（见第13章）中对卡利古拉的刻画。罗伯特·格雷夫斯在小说中利用了卡利古拉和妹妹德鲁西拉的关系亲近得可疑的古代传言。善于发明的剧本作者杰克·普尔曼走得更远。有一幕令人骇

1　古乔内是色情杂志《阁楼》的创始人。

然,在古代叙事和格雷夫斯小说中都无出处,他让卡利古拉(约翰·赫特[John Hurt])扮成朱庇特,将德鲁西拉腹中的婴儿剖出,并按照希腊罗马神话中神的孕育和父子关系的模式——吃掉了胎儿。"恺撒式"剖腹过程本身并未出现在银幕上,但卡利古拉极为鲜血淋漓的嘴出现了。这一幕被认为会让美国观众吃不消,从PBS电视剧版本中删掉了。

卡利古拉挥霍无度的标准版本的几个元素至少部分地由考古证据和偶尔的目击证人叙述证实了。所谓帕拉丁-卡庇托桥从未发现确定的遗迹。但在墨索里尼资助下,从内米湖[1]发现的两条庞大的游乐船(其中一条根据某些内部管道直接确定为卡利古拉的财产)让人对他宫廷生活的奢侈有所了解。两条船看起来配备了冷热自来水,饰以富丽的雕塑和马赛克,屋顶覆以镀金瓦片,几乎全都不幸在第二次世界大战期间毁于盟军轰炸,温特灵对此也没有讨论(少数留存的碎片在罗马的马西莫宫博物馆展出)。

公元40年,哲学家斐洛跟随亚历山大城的犹太人使团谒见这位皇帝,他对此行的记录精彩生动,其中暗示卡利古拉痴迷于高水准的生活条件。根据斐洛的说法,他在自己位于罗马边缘的"园产"(horti)里查看自己的产业("检查男士和女士的房间……下令把它们弄得更豪华")并委托制作窗玻璃的古代原型,使节被迫跟着他沿着小径四处走。"他命令窗户装上如白水晶般的透明石头,不会挡住光,但要挡住风和太阳的热量。"

斐洛身处帝国版《家居园艺》(Homes and Gardens)的场景中,暗示了和卡利古拉打交道的困难及其统治的独裁风格。面见

---

1 位于意大利中部拉齐奥。

他时，使节们小心翼翼鞠躬到地，但卡利古拉的回应仅仅是以亵渎之语奚落他们（"你们仇恨神，因为你们不认为我是神，其他所有民族都已承认我是神"）；他又问他们犹太人为何不吃猪肉，这问题使得同样试图影响皇帝的敌对使团笑出了声。这些犹太人试图说不同的人有不同习惯。"有些人不吃羊肉。"一位犹太使节说道。"他们说得对，那不好吃。"卡利古拉答复。这时他略为温和了一些，尽管使团离开时并不愉快，皇帝临别甩下的话里，语气与其说是愤怒不如说是怜悯，"这些人，"他们离开时他说道，"在我看来没有那么邪恶，倒不如说是不幸而愚蠢，不相信我已被赋予神的本质。"在斐洛对这次遭遇的愤愤不平的叙述中，很难错过卡利古拉的招牌表现：奚落、羞辱、铺张和心血来潮。但相距多数古代和现代记录中压倒性的畸形怪异还有段距离。

现在给任何罗马皇帝写一本令人信服的传记都很艰难，即使那些还没像卡利古拉（或尼禄，或康茂德）那样被神话化的也一样。但温特灵比如此尝试过的其他大部分人要成功得多。很大程度上因为他没有染上传记常见的空白恐惧症（$horror\ vacui$），在这种恐惧症的驱使下，现代作者总想讲个完整的故事，甚至包括完全没有古代证据留存的部分。温特灵没有发明我们不知道的事，相反，他专注于真实存在的证据。结果便是有根有据的薄薄一册。

他提出的主要问题是：哪里出错了？不论继位的情况有多含糊，这段统治起初看来颇为不错，却迅速恶化，首先是皇帝和元老院之间的对峙，不久就是谋杀。为什么？温特灵的答案有一部分是在卡利古拉最喜爱的那匹马的故事里找到的，以及他认为皇帝正试图提出的严肃观点里。

本书的焦点在于罗马帝国政治核心的掩饰和虚伪，这某种意义上也是奥古斯都建立的政府体系的基础。在几乎半个千年（多多少少的）民主政体之后，奥古斯都为了让罗马的一人统治成功运行，并在旧贵族和新专制之间建立"可行的协约"，便诉诸一种障眼法，其中似乎每个人都在演戏。温特灵提出："元老们不得不表现得好像仍然拥有他们不再拥有的一定程度的权力，而皇帝行使权力的方式又要掩饰他拥有权力。"最近也有其他人强调，帝国政治建立在双重话语（double-speak）上，其程度几乎不亚于其建立在军事力量上：没有人所说即所想，也没有人所想即所说。无怪乎奥古斯都据说在临死前曾以希腊语引用了一句喜剧台词，将自己的角色同演员相比："如果我演得好，就拍拍手——并以掌声送我下台。"

在温特灵的模型中，奥古斯都之后凡是成功的皇帝都设法利用了双重话语，以为己用；不成功的则是反对这种话语的。卡利古拉的前任提比略"从未进入"角色。他"一切都按字面理解"，拒绝掌握"模糊沟通"的游戏，过程中还不断揭露奥古斯都体系那小心建构的民主虚饰下帝国统治的专制现实。因此，比如根据奥古斯都的原则，元老院和皇帝之间的稳定关系要求元老院持续表面上自由地辩论议题——但一直完全明白皇帝想要的结果。提比略却坚持由元老院来决定重要的政策议题，不让他们弄清他自己的看法。"当他们的决议有违他的意愿时"，他又发怒。最终皇帝和传统的统治阶级之间的关系严重恶化，导致提比略在位的最后10年是在卡普里岛上度过的，并通过一系列多少心怀恶意的心腹远距离治理罗马。

卡利古拉也反抗帝国的双重话语，但温特灵说他的方式有微妙不同。他设法对抗已经成为帝国政体常规政治交流的暧昧不明，不仅反击其毫无诚意的奉承和一望而知的空洞，还反击其对意义的系统性败坏。那个发誓只要卡利古拉从病中康复就献出自己生命的人的故事，其背后原因就是如此。我们必须假设，这种公开的誓言是这个人想让人注意到自己对皇帝深切的忠诚，并借此为他的奉献赢得可观的奖赏；并不表示此人真准备去死。"明言的愿望，即为了皇帝康复，与没说出来的愿望，即因奉承而得到回报，并不匹配。"卡利古拉按字面意思理解这说法，是在"揭露"这种不真诚，表明他将"弃绝这种沟通形式"。

反对帝国双重话语的斗争产生了灾难性后果。给最喜爱的马授予荣誉的故事已经暗示了这些，它并未被看作劝诫故事，反被看作它或许试图批判的那种疯狂的例证。在古罗马——从古至今也都是如此——对沟通的"表面意义"的坚持存在严重危险，不管这么做最初看起来多真诚。这种坚持可能以两种截然相反的方式产生效果：它能揭穿空洞的奉承的荒谬，但也可能导致谄媚者荒谬的说法看起来确实为真。稍微发展一下温特灵的说法：在卡利古拉的世界里，对编码（coded）语言和双重话语的拒绝有可能会证实他认为皇权的荒谬、浮夸，甚至神圣的主张。它并没有揭示出皇帝是神的说法是空洞修辞或微妙隐喻，并因此在某种意义上消解了这种神化。而是相反：如果词语必须总是说什么就意味着什么，那么卡利古拉就是神圣的。

另外，这个过程中贵族遭到了羞辱。在奥古斯都的系统中，"空洞的奉承"历来有个重要的意义。正如元老们要求每年背诵卡利古拉的演讲这件事所表明的，有时候谄媚者自己会利用它作为对奉承对象的某种控制机制。其空洞本身往往让元老们扮演好自己的角色，在赞美皇帝时无须全盘相信他们的话。若剥去奉承中的空洞,元老们到头来就会显得荒谬可笑,就好像他们会照着自己说的话行事似的。温特灵认为,正是这种羞辱很快导致了卡利古拉和贵族阶层间的暴力决裂——这决裂以其被刺而终结。

《卡利古拉:传记》敏锐分析了罗马帝制下的政治交流,直面许多古代作者自己提出的核心问题:专制制度下的语言如何起作用。本书对罗马帝制史的研究雄辩而引人入胜,尤其是对帝国君主和传统贵族间棘手关系的分析。不过,温特灵是否能回答卡利古拉统治的特定问题,以及解释他的统治为何眼看着就迅速堕落为暴政,就是另一回事了。

首先,他没有告诉我们,或者不怎么有说服力——从一开始卡利古拉为何感到需要攻击皇帝统治的修辞惯例。他一再被迫调整大量难以通融或甚至互相冲突的证据,以符合他的基本框架。他过于频繁地采用某个被认为表明了卡利古拉之疯狂的逸事,然后巧妙地重新阐释"实际发生了什么",最后以又一个卡利古拉反抗(或揭露)帝国双重话语和虚伪的例子而结束。

例如这个故事,皇帝在帕拉丁山上开了一家用以营利的妓院,给金库筹钱(按苏埃托尼乌斯的说法)。他把罗马的贵妇和体面人家的少年安置在宫中一间豪华套房里,派出使者邀请任何人过来享用他们,把钱借给客户付费——利息可观。温特灵将这个故事和卡西乌斯·狄奥的《历史》中的一段放在一起(必须说,这是挑选过的节录),这段话描述一些罗马名门望族被迫在宫中寄宿,差不多等于人质。在几页偏颇的论证后,妓院从温特灵的说法中就彻底消失了,这个故事变成了卡利古拉揭露贵族伪善的另一例证。这一次,他假装把他们表达的友谊当了真,并将他们的妻儿安置在了宫中靠近他的地方。结果"实际发生了什么"和苏埃托尼乌斯书中记载的任何内容，甚或狄奥（非节选）的叙述都相距甚远。在我看来，太远了，令人不适。

但我们仍想知道该怎样理解古代作者留下的关于卡利古拉罪行的极其耸人听闻的故事。如果我们不从字面意义上相信其为真，又无法将其全部合理解释为皇帝和元老院之间冲突的单一模式，那么要如何了解其含义？这里，温特灵的兵器库里另有一件解释的武器。他正确地坚持认为，继位的问题不仅定义了帝制的历史，还阐明了史学。

奥古斯都对罗马帝国治理的许多问题都有答案：从谨慎微妙的——即便虚伪的——君主与贵族间的权力平衡，到他对罗马军队的一揽子国有化，多少确保了军队效忠国家而非一系列无所不为的政治领袖（见本书第129—130页）。但他也很惹人注目地没能建立起可靠的君主继承制。部分原因在于罗马没有普遍认可的继承原则（例如长子继承制）。部分因为运气不好：奥古斯都和他的长期妻子利维亚各自都有和前伴侣生的孩子，但没有共同的孩子。结果就是罗马帝国的形成伴随着谁能继位的问号，数世纪以来一再以谋杀或者谋杀指控（见证了卡利古拉之父日耳曼尼库斯可疑的死亡）来决定。沃尔特·谢德尔（Walter Scheidel）最近表明，罗马帝国的权力交接记录比世界史上任何其他君主国都要血腥。实际上有这种说法，不论真假，即罗马第一个王朝的皇帝，每一个都是被谋杀的——从据说送走了奥古斯都的毒无花果（见本书第147页），到尼禄在遭到军事政变废黜后被迫自杀。

温特灵正确地指出了这些血腥的权力交接对帝国被人撰写的历史的影响。多数皇帝的统治中，多数元老都是合作者（正如多数人在多数权力体系中那样，不论体系多残忍）；当政权交替，他们便竭力变换自己的立场，方式通常是以各种血淋淋细节来对死去的、一度是他们朋友的皇帝口诛笔伐。这种书写就是我们继承的罗马帝制史。它决定了我们的看法，不仅关于卡利古拉的短暂统治，还有几乎每个罗马统治者的。即使最精明冷静、愤世嫉俗的古罗马历史学家也牵涉其中。塔西佗在图密善皇帝死后摧毁性地揭露其政权（公元81—96年）的腐败，但他自己也曾在图密善统治时期受惠于他的庇护，并在罗马帝国的荣誉竞争中得到了这位"恶魔"的迅速提拔。

罗马的作者们自己只是偶尔承认，在罗马帝制政体中，生存取决于政权交替时重造自我的能力。最佳例证是普林尼提到公元1世纪90年代和涅尔瓦皇帝共进的一次名流晚宴，谈话转向一位卡图鲁斯·梅萨里努斯（Catullus Messalinus），前任皇帝图密善（不久前他在一段据称恐怖的统治后被暗杀）手下臭名昭著的打手。"我想知道如果他现在还活着会在干什么？"涅尔瓦天真地沉思着说。"他会在这儿和我们一起吃饭"，一个勇敢而诚实的人突然插话。

不论双重话语的沉浮如何，事实是，卡利古拉在元老院的朋友和敌人中，大多数都活过了他在位的年头并在他死后谴责他。他们的刻薄话是我们的遗产。

本章评论书籍为：

阿洛伊斯·温特灵（Aloys Winterling），《卡利古拉：传记》（*Caligula: A Biography*），德博拉·卢卡斯·施奈德（Deborah Lucas Schneider）、格伦·莫斯特（Glenn Most）和保罗·索伊诺斯（Paul Psoinos）翻译，加州大学出版社（University of California Press），2011年

15

尼禄的斗兽场？

尼禄皇帝最长久的纪念碑是罗马斗兽场（Colosseum），即使这并非本意。实际上，这座巨大的娱乐场所是于公元69年掌权的新的弗拉维王朝为大众修建的，其目的正是清除关于尼禄的记忆。在尼禄宫殿"金屋"最声名狼藉的特征之一的人工湖原址上建造一座公共圆形剧场是精心算计过的决定：曾经的私人皇家产业看似被归还给了罗马公民。但即便如此，也不足以将尼禄从这座城市及其"记忆场所"中去除。到中世纪时这座圆形剧场被称为大斗兽场。不只是因为它非常大，尽管其尺寸本身必定是这个称号留存的一个因素。它是以尼禄巨像（Colossus）之名命名的，那是尼禄委托制作的一座120英尺高的青铜雕像（可能最初表现的就是他的形象），本是金屋中展示品的一部分，后来继续在圆形剧场附近至少竖立到4世纪。在现代，尼禄和斗兽场的联系越来越紧密，大多数电影制片人都会设法说服观众尼禄在那里屠杀基督徒，但那时这座圆形剧场尚未建造，没有任何基督徒死于圆形剧场的真实记录——虽然确实可能有些宗教殉道者在该地遇难。

关于古罗马如何记住过往的皇帝，这座城市的实体布局如何根据不断改变的王朝和不断改变的关于什么值得铭记的观念而调整，大斗兽场和尼禄巨像都提供了重要的教训。简单的抹除往往是把双刃剑。你越是费力地从景观中抹除一位皇帝的纪念物，将历史注意力吸引到你试图消除的东西上面的风险就越大。就算没有它那个中世纪名字，这座弗拉维王朝的圆形剧场也总是容易被人当作矗立于尼禄湖泊原址之上的纪念碑而铭记。图拉真皇帝在金屋的另一部分建了一组巨大的公共浴场，但人们的记忆并非如图拉真所愿，而是将其看作地基里保存了尼禄宫殿的建筑而铭记。

尼禄巨像的故事揭示了几个世纪来更为复杂的重新调整。关于这座雕像的来历有许多争议。是尼禄死前完成的？原打算放在他宫殿的前庭？很多人——但不是全部——认为尼禄的传记作者苏埃托尼乌斯是这么暗示的。它是否代表了太阳神，或尼禄，或者作为太阳神的尼禄（你如何分辨）？不论起初如何，罗马的作者们提到人们一再尝试让其形象符合新环境。好几个人暗示说，尽管弗拉维王朝也许将雕像留在了原处，但还是努力抹去有关尼禄的联想（也许将尼禄的面部特征改为更不含糊的太阳神模样；尽管有人——我们听说——觉察到雕像和弗拉维王朝的提图斯皇帝略有相似）。

后来哈德良将整个雕像挪得更靠近圆形剧场，为他的新维纳斯与罗马神庙腾出地方（所以很可能鼓励了雕像和建筑的紧密结合）。据说康茂德皇帝对尼禄的观感温和一些，他发现再为巨像改头换面会有宣传价值，于是将自己的特征添到雕像面部，打扮成他最喜爱的神祇赫拉克勒斯。但随着康茂德的倒台，它很快又变回了太阳神。8世纪时比德（Bede）[1]所引用的著名说法——"巨像立则罗马立，巨像倾则罗马倾"——很可能指的是这个雕像，而不是通常以为（部分因为这样会成为更好的预言）的圆形剧场。

爱德华·查普林（Edward Champlin）的《尼禄》不只是传记，同时也不足以算作传记。查普林的主要关注点是尼禄后来在罗马的名声：现在的正统形象如何构建，它在古代文学、建筑和视觉形象中如何得到反映和受到争论（他收入了几页关于尼禄巨像的尖锐文字）。催生了本书的那个问题相对简单而熟悉。对尼禄统治时期的古代记录中现存的主要3种（塔西佗、苏埃托尼乌斯和3世纪史学家卡西乌斯·狄奥）对尼禄的描述多少都怀有敌意。尼禄和母亲同床还谋杀了她；他杀了继兄弟和两任妻子（第二个妻子波培娅是在怀孕时被他踢到肚子而死亡），更别提一大批罗马精英；他很可能是公元64年罗马大火的元凶，为了给自己的新宫殿腾地方；他妄自尊大，以至于想象自己是冠军运动员、有才华的戏剧演员和歌唱家，甚至是"新阿波罗"。犹太教和基督教传统在这件事上令人安慰地一致，都将尼禄描绘为恶魔或敌基督。很多人计算过，拼出"尼禄·恺撒"希伯来文字母对应的数值加起来是666，这肯定并非偶然。

然而——问题正是在此浮现——剥去这一传统的表面，或看向主要历史记录之外，便能瞥见一个惹人喜爱得多的尼禄形象。最明显的是传言尼禄已死之后，许多人试图从他的遗产上牟利，号称自己便是这位皇帝，总而言之还活着。除非他们在政治上完

---

[1] 又称"可敬者比德"（Bede the Venerable，672/3—735），比德是英国僧侣、历史学家、神学家，其传世著作为《英吉利教会史》。

全愚昧，这就表明尼禄在某些地方享有颇为可观的支持。查普林非常出彩地将皇帝死后受人欢迎的其他不太为人熟悉的例证联系起来。他提到他死后一世纪，小亚细亚的重镇特拉雷斯（Tralles）竖起的一座比真人还大的雕像，而某些2世纪的镜子装饰着尼禄硬币。这可不是一个怪物通常能得到的待遇。更醒目的是巴比伦《塔木德》中的故事，讲述尼禄皈依犹太教，结了婚，成了2世纪最伟大拉比之一的梅厄拉比（Rabbi Meir）的祖先。基督徒时不时也能用与敌基督迥异的模式想象尼禄。6世纪的史学家兼幻想家约翰·马拉拉斯（John Malalas）授予了他处死本丢·彼拉多的荣誉："他为何将主基督交给犹太人，"他笔下的尼禄问道，"因为他是无罪之人，且行奇迹？"

查普林问道，我们如何才能解释这些不一致的说法？为什么古典时期有人"拥戴的皇帝形象与我们主流文献刻画的颇为不同，而是实际上对他有利的形象"？他并非第一个提出这种问题的人。在涉及对重要政治人物的判断分歧的时候，古典学家往往比多数现代历史学家或政治分析家感到困扰得多（想象一下，因为人们对玛格丽特·撒切尔的首相职务或巴拉克·奥巴马的总统任期的评价截然不同而感到困惑）。他们也比多数人更有信心，认为能够得到在丑恶面貌与政治美德之间的某种精确刻度。因此出现了一大批有价值的研究，其结论并不意外：很可能尼禄并不像主流说法里描绘的那么恶劣。

就像我们之前看到的利维亚的情况一样（第13章），任何据说死于中毒的人都可能根本没被下毒；对尼禄将罗马城付之一炬的指控也许不过是古代版的"一切怨政府"。和泼冷水或常识并行的是同样并不意外的说法，即尼禄的错误在于惹错了人。有可能——或这种说法认为——他的少年荒唐行为,加上对街头生活、表演、壮观景象和赛马的热情,对罗马大众有很强的吸引力。是传统精英不喜欢这些,他们也最接近宫中发生的邪恶罪行;而一般来说,正是这些传统精英撰写或影响了我们的主流历史。

查普林比这些更成熟。他在好几处都强调说他并不关心为尼禄昭雪或者为其行为正名。他声称自己的兴趣在于这一形象的构建,不在于"尼禄是不是好人或好皇帝,而在于他是怎么被如此看待的"。换言之,他的研究更偏向史学研究而并非只是历史研究。这也属于一种漫长的学术传统,可追溯至古代世界。塔西佗颇考虑过这个问题,他将对这同一段统治的不同处理解释为文学生产的政治所产生的后果。"提比略和卡利古拉的历史、克劳狄乌斯和尼禄的历史,在他们还活着时,便出于胆怯被伪造;他们死后,在仍然刺痛人心的仇恨影响下,历史被创作出来。"也就是说,你既不能信任当时的历史叙述,也不能相信后来的。

这一简单分析中有某种值得注意之事,至少就后期记录而言(把同时代的褒扬当作"阿谀之辞"而嗤之以鼻,这本身就是"仍然刺痛人心的仇恨"的产物)。随着新的君主上台,尤其是新王朝的降临,一般都会有精英历史学家,甚至包括表面上刚正不阿的塔西佗(第17章)匆忙同前统治者保持距离——真诚地痛斥其恶行,或者精明地虚构一些此种行为。尼禄统治的终结必然也见识到了此种重新调整,新的弗拉维正统选择用这个恶魔的穷凶极恶来解释其倒台。

但这无法完全解释尼禄的不同形象间的不一致,而且那些形象并非按照时间线齐整地分开。查普林提出,主流说法一直误解或错误反映了尼禄行为的目的与逻辑。这并非忽视皇帝某些疯狂表现背后的严肃政治目的的问题，就像卡利古拉的情况可能的那样（第14章）。查普林认为尼禄的情况中，古代和现代历史学家都没能看到他最恶名昭著的过分行为之下的机智和巧妙的幽默。那么，比如苏埃托尼乌斯所说的，他在游戏中扮成野兽并袭击绑在柱子上的男男女女的私处，在查普林看来，这"不是（或不只是）疯狂暴君的突发奇想"。那些抨击其淫秽之处的历史学家没有注意到这个"玩笑或恶作剧"是意在"对名为兽刑（damnatio ad bestias）的标准刑罚的艺术演绎，刑罚中被绑起的罪犯往往赤身裸体，暴露于野兽的伤害"。

与此类似的是某些通常归结到尼禄头上的更为骇人的行为，例如将孕中的妻子踢死——查普林提出，这也许是皇帝试图将偶然事件编造成早期历史与神话的精致复制品。波培娅死后，他也许发现了完美的时机，可将自己塑造为新的佩里安德，那位公元前7世纪半传说中的科林斯僭主，他成就了自己城市的伟大，但也踢死了孕中的妻子。将自己表现为希腊神话英雄（尼禄还利用了俄瑞斯忒斯和俄狄浦斯），这揭示了"对罗马权力的大胆新构想"。假如这种象征主义被过于按字面解释，很难说是他的错。这件事不像听起来那么荒唐。查普林对尼禄的历史与希腊罗马文化的神话遗产之间的相似之处目光敏锐，尽管这些相似之处在我看来更可能是精英历史学家们有意无意的阐释性架构的结果，而非尼禄自己发起的公关活动的结果（也就是说，并非尼禄着手将自己同佩里安德联系起来，而是博学的历史学家写到波培娅之死时，内心深处想着那位希腊僭主的行为）。

本书有许多其他内容也是细致敏锐的分析的成果。例如查普林对尼禄统治时期凯旋式或伪凯旋式庆典的各种形式很在行，特别是皇帝因在希腊的体育胜利而举行的"凯旋式",据说他在其中混合了传统罗马军事典礼和希腊获奖运动员归乡时的庆典。不过总体上,查普林的观点引发的问题比解决的多。尤其是在尝试揭示尼禄举动的逻辑和目的时,他越来越被吸引到——也许不可避免——那些关于"真正的"皇帝行为的问题上,他原想避免这些的。整本书中,一种颇为狭窄的历史学完胜了历史编纂学。以至于我们一再发现查普林在对尼禄所谓罪行的真假对错做出判断。

谋杀波培娅?别把佩里安德的先例放在心上,此处判决无罪(或至少是过失杀人:"家庭悲剧事件:身体不适的妻子不停缠着丈夫,那天他可能比赛不顺心")。纵火烧罗马?有罪。除了其他的事之外,这是把自己表现为新卡米卢斯计划的一部分,那是公元前390年高卢人劫掠罗马后重建城市的英雄。诸如此类。结尾那章里,查普林总结了"前文中出现的"那个尼禄:"无论他作为皇帝还是人的诸多错误可能是什么样的,(他)都极有天赋、机智过人、精力无穷。"同样的话在耶稣、纳尔逊或斯大林身上也颇说得通。

然而,查普林的《尼禄》和任何关于罗马皇帝的传记性的研究,不论古今,都提出了一个更重大的问题:统治者个人对罗马历史更广泛的发展究竟有多大影响?帝国的传记作家专业地坚持皇帝是关键,查普林则尽力展示这段统治中运转的一项重要的帝国计划能追溯到尼禄本人。无疑,这种观点会在塔西佗对变换统治者造成的影响、他们唤起的恐惧与阿谀、罗马历史书写的模式等问题的评论中得到支持。但也能用塔西佗支持几乎全然相反的立场:亦即只要说出正确的话语、在应有的时期发表赞美或谴责之辞,从一段统治到另一段统治之间,事务如常进行,无论王座上是谁。纵然你曾是前皇帝的中坚盟友,只需若干精心打磨的对前朝的谴责,便可在新的等级序列中保住位置。

毕竟这就是伟大巨像的故事的要旨。确实,一些小小的重新调整有时是必要的,但根本上正是这一座尼禄建造的雕像,或者尼禄的雕像,在帝国体制中一直存在,可以用来象征任何皇帝的权力,不论好坏。

本章评论书籍为:

爱德华·查普林(Edward Champlin),《尼禄》(*Nero*),哈佛大学出版社(Harvard University Press),2003 年

16

不列颠女王

　　1624年，埃德蒙·博尔顿（Edmund Bolton）提出史前巨石阵是当作布狄卡（Boadicea）的坟墓而建造，他想要一箭双雕地解决那个时代两个关键的考古学问题：索尔兹伯里平原上这些庞大的石头圈究竟为何而建？这位著名的不列颠反叛者在失败和（罗马历史学家卡西乌斯·狄奥所说的）"昂贵的葬礼"之后安息在哪里？博尔顿的假设实惠得迷人，盘桓了一个多世纪。直到1790年，爱德华·巴纳德（Edward Barnard）撰写《全新、详尽、不偏不倚的英格兰全史》（*New, Comprehensive, Impartial and Complete History of England*）时还不那么严肃地考虑过"巨石阵是当作纪念碑而树立的，为了纪念布狄卡的英雄主义"。

　　不过很快就有别的选择看起来更吸引人，即使不算可信。且不管关于巨石阵年代和功能的不断变化的观点了；很快各地就开始争抢布狄卡最后长眠之处的称号了。19世纪一个奇想说她埋在弗林特郡的戈普山（那里有人看到过她的幽灵战车）。巴纳德还提到过一个存在已久的理论，认为她埋骨之地在伦敦国会山田野的坟冢里——这个说法没能经得住19世纪90年代对该处的一次全面发掘，人们还尴尬地发现那是青铜时代的，比布狄卡早几百年。但伦敦还能提供其他可能的地点。时至今日还有人认为她躺在国王十字站 8 号站台深深的地下某处。

自从 16 世纪波利多尔·维吉尔（Polydore Vergil）[1]开始，这位公元 60 年（或 61 年）反抗罗马占领的不列颠女王便是学术理论详细阐述的对象——从她反叛的原因和目的，起义的效果，她的坟墓和主要战役地点，直到她名字的正确写法（奇怪的学术强迫症，因为整件事中有一点是确定的，就是布狄卡［Boadicea/Boudica］本人不能读书也不会写字，更别说把字写准确）。激辩的原因部分在于民族主义热忱，部分在于存在两种高度主观的古代叙述（一种来自塔西佗，另一种来自卡西乌斯·狄奥），虽然它们都想象了非凡的阿玛宗女战士形象，但各种重要细节都彼此不同。例如狄奥的"波杜伊卡"（Boudouika）——这拼写在现代不怎么受青睐——主要反对的是罗马统治的经济剥削，特别是哲学家塞涅卡要从岛民那儿收回巨额借款导致的灾难性后果（古代世界的斯多噶派哲学并不妨碍高利贷）。塔西佗则认为反叛起因是布狄卡（Bouducca/Boodicia，抄本异文不同）在丈夫爱西尼国王普拉苏塔古斯死后遭到鞭打，她的女儿们被强奸，但是狄奥未提过这个人物和这个部族。塔西佗笔下的女王则在一次会战后服毒自杀，她的军队战死 8 万人而罗马人只死了 400 个。总的来说狄奥的作品更令人不快（她的军队最恶劣的战争暴行是割下罗马妇女的乳房并缝到她们嘴里，"让受害者看起来在吃它们"）；不过据他的说法，决战更接近于险胜，在"昂贵的葬礼"前，女王死于

---

[1] 波利多尔·维吉尔（约 1470—1555），意大利人文学者，历史学家。

疾病而非自杀。数百年来历史学家和考古学家一直试图彻底弄清这件事，也就不足为奇。

理查德·欣利（Richard Hingley）和克里斯蒂娜·昂温（Christina Unwin）在研究这位反叛女王的传说时充满热忱地发现了更为不凡的波阿狄西亚现代史。"卡姆罗多姆"和"维罗拉米翁"的地点（塔西佗说这两个地方都毁于叛乱）是后来才确定是在科尔切斯特（Colchester）和圣奥尔本斯（St Albans）的，在那之前，不列颠诸岛上各处都广泛分布着这两处冲突的主要场所。波利多尔·维吉尔自己认为"沃狄卡"（Voadicia，另一种没流行起来的拼写）是诺森伯兰姑娘，而卡姆罗多姆是唐卡斯特或庞特弗雷特的罗马名。大概差不多同一时候，赫克托·博伊斯（Hector Boece）在《苏格兰编年史》中将故事往北方推得更远。他认为卡姆罗多姆在福尔柯克附近，还重构了两代布狄卡：沃阿达（Voada）是阿维拉古斯（Arviragus）的寡妇，战败自杀；她的女儿们，一个被嫁给了强奸她的那个罗马人，另一个名叫沃迪西亚（Vodicia）的继续斗争直到战死。直到威廉·卡姆登（William Camden）[1]的著作出现，才再次将反叛地点明确带回南方的圣奥尔本斯（定位正确）和埃塞克斯的马尔顿（错误）。甚至卡姆登也兜售过布狄卡硬币存世的神话；现在已经知道这些硬币只是一个了无名气的铁器时代酋长波德沃克（Bodvoc）发行的，来自现在的格罗斯特郡。

面对着这些极不精确的试图确定布狄卡故事的努力，人们很容易沾沾自喜。欣利和昂温偶尔也是如此：尽管他们只是略为训

---

[1] 威廉·卡姆登（1551—1623），英格兰文物学家、历史学家。

斥便放过了波利多尔·维吉尔（他"是在任何对不列颠古代遗迹的严肃文物研究兴趣得到发展之前写作的，应在此种语境中看待其弱点"），但总体上他们倾向于认为现代考古学（"谨慎详尽的发掘"）好像会和过去的严重错误相反，能提供权威答案似的。实际上，他们详尽的论述削弱了这种乐观主义。因为他们以破坏性的清晰揭示出，尽管现代考古学家拥有各种科学上的优势，但在对波阿狄西亚或其叛乱的研究中，他们并不比前辈的文物收藏家或前文物收藏家好到哪里。

诚然，有若干考古遗迹与那次反叛建立起了联系。伦敦博物馆展出的华尔溪（Walbrook）头骨据说属于被她杀害的罗马人。科尔切斯特的罗马骑兵朗吉努斯·斯达佩兹（Longinus Sdapeze）墓碑被认为是反叛者损毁。最近在塞特福德发现的一大片围墙被当地考古学欢呼为"布狄卡宫殿"。但正如欣利和昂温一再指出的，没有一个说得通。头骨的年代无法精确确定，很可能属于一种将类似物品置于溪流中的悠久传统。墓碑则是被20世纪20年代搞发掘的考古学家损毁的（丢失的部分最近找到了）。而名字很气派的"宫殿"只是英格兰东部诸多类似建筑物中的一个，功能还有待揣测。不管要将各种发现归到"布狄卡时期"的诱惑多大，这次叛乱仅有一项清楚的考古学证据。但仍令人印象深刻，那是伦敦和科尔切斯特厚实（1—2英尺）的黑色或红色"毁坏层"（destruction layer），圣奥尔本斯较少，这是罗马定居点遭到焚烧及其后建筑物倒塌后的遗迹。

当然，众所周知考古学证据很难和具体历史事件相联系。也许更中肯的是，我们对叛乱更广泛的前罗马铁器时代背景——它或许可以给我们一些关于反叛者目的和动机的更清晰的指引——

仍然理解得非常模糊。近来有不少说法宣称我们对这一时期的知识发生了"革命"("前罗马铁器时代晚期",在本行业中称为LPRIA)。欣利和昂温对近来考古工作相当乐观,认为它可能提供给我们关于不列颠人的新的形象,来抗衡他们在老派教科书上的形象——"原始野蛮"的部落民天真地等待罗马人带来"和平与文明的礼物"(或者奴隶制和经济剥削的灾难,看你的观点了)。有迹象显示,布狄卡的世界是更复杂外向的所在,和海峡那边的各种文化有社会、商业和政治上的联系。

但这些迹象意味着什么?欣利和昂温的《布狄卡:铁器时代的武士女王》(*Boudica: Iron Age Warrior Queen*)的第一章对铁器时代做出了最新的探讨,但其诚恳而慎重的叙述暴露出了我们仍然所知极少。"铁器时代社会的特点是人群住在大小不一的定居点",我想,这个结论对许多读者来说不意外。"马车很可能是常见的运输方式"也是一样。同时,铁器时代研究中的"革命"也尚未在由来已久的众多争议和不确定之处获得多少进展。甚至数十年的发掘之后,我们还是不知道铁器时代特有的"丘堡"(hill forts,比如多塞特郡的梅登堡)的用途。是主要用来贮存社群财富和农业盈余的地方?还是居住地——是长期居住还是仅在危险时居住?为什么国内一些特定地区没有发现(甚至存在合适的山丘时也没有发现)这类"丘堡"?

这些不确定的事情严重影响了我们对布狄卡的理解。甚至出自塔西佗的最直截了当的说法也远不如看起来那么直白,即她是爱西尼部落国王普拉苏塔古斯的寡妇。比如说这个"部落"是什么?尽管我们倾向于将"部族分组"(tribal groupings,不管什么意思吧)想当然地看作前罗马不列颠的主要社会组织形式,尽管我们习惯于将不列颠群岛的领土整齐地分为不同部落区域（tribal sectors）的地图（肯特郡的"坎蒂人"、南威尔士的"西鲁瑞斯人"，等等），但证据还是极其薄弱。首先，给这些部落起的这些标准名称只有在之后的罗马统治时期才被证实（作为行省政府的地区名称）。

尤利乌斯·恺撒在布狄卡叛乱的一个世纪前入侵不列颠，其自传中提到的"部落"中，我们后来唯一听过的是（埃塞克斯的）特利诺文特人。名单中的其他部落——"森内马尼人、塞贡蒂亚西人、安卡利特人、比布罗西人和卡西人"——对我们而言完全是个谜，除非森内马尼是爱西尼的混淆说法（或反过来）。另外，该地图是基于部落影响范围的，而这种影响范围只是从铁器时代不同种类硬币的分布中推断而来。这些硬币并不经常提到与任何部落的关系，尽管有时候确实包括"国王"的名字，可能偶尔——可信或不可信——与文献中已知的名字匹配。在东安格利亚发现的有"SUBRIIPRASTO"字样印戳（如果是这样印的）的铸币后面看到的是否就是普拉苏塔古斯的手和名字，坦率讲谁也说不准。简而言之，这些"原始"不列颠部落的证据也可以轻松支持以下说法（有些考古学家这么看），即它们主要是之后由罗马人建造的——是行省政府的机制，可能是（也可能不是）松散地建立在某些之前就存在的，哪怕不那么明确的团体基础上。"爱西尼部落国王普拉苏塔古斯的寡妇布狄卡"几乎在任何意义上都是罗马人的创造。足以预见，数百年来填补这种证据空白的一直是有关于这位女王的虚构再创作作品。欣利和昂温收集了大量这类资料：从约翰·弗莱彻（John Fletcher）恐怖的《邦杜卡》（*Bonduca*，最早在17世纪初上演的一出戏），到托马斯·桑尼克罗夫特（Thomas Thornycroft）创作的，矗立在西敏寺桥边的雕像所体现出来的对这位女王充满帝国风范的想象（"我愿意想象她正朝议会前进"，菲·威尔顿［Fay Weldon］[1]如是说，"……但是恐怕她困在原地了"），再到大批现代小说、网站、博物馆展览和（通常很不像话的）电视纪录片。然而很可惜，这些都没提到关于这次叛乱的最可观的文学作品（起码篇幅可观）：曼达·斯科特（Manda Scott）4本小说构成的《布狄卡》系列。

这个窍门可没有被瓦妮萨·柯林里奇（Vanessa Collingridge）的《布狄卡》（*Boudica*）错过。这本书在护封上被称赞为"开创性传记"，其实是对欣利和昂温涉及的领域更生动且更不可靠的资料搜罗：叛乱的铁器时代背景、发生之事的寥寥无几的证据，再加上反叛的女王的大量迷人的身后事（这就不怎么算"传记"了）。柯林里奇有很多研究似乎都是通过长途电话或者在乡间漫步和"专家"谈话完成的。资料来源之一就是理查德·欣利（"'在这个地方工作很美。'考古学家理查德·欣利沉思着说，我们正穿过杜伦大学校园。我坐了3个小时火车来采访他……"）；还有科尔切斯特考古信托负责人（"菲利普·克拉米［Philip Grummy］和我有几次电话长谈，有一次他沉思着说，'我当然认为有个叫布狄卡的人'"）；另外还有曼达·斯科特。至少柯林里奇提到斯科特来访过，像是个怪人："她正在练习并教授萨满教梦幻和灵修"，"她坚信她的主题是那些灵体赋予她的：'我问它们"你们想要我怎么样？"我得到的回答具体来说是写这些关于布狄卡的书。这些书涉及铁器时代晚期的整个文化和灵魂，肯定代表了不列颠本

---

[1] 菲·威尔顿（1931—2023），英国著名作家。

土灵性的顶点,之后随着罗马人到来就终止了。'"

这条警告之后,曼达·斯科特系列小说的第 3 卷《布狄卡:梦见猎犬》看来令人宽慰(至少灵体很明智,指派了一个会写东西的人)。尽管全书充满惹人不快的"新世纪"色彩,但这本书在表现最好的时候塑造的罗马占领最初年头的情景令人着迷,有时令人感动。本名"布莉卡"(Breaca)的"布狄卡"(意思是"胜利使者")首次在本系列中遇到她历史上的丈夫(本名"塔戈斯","普拉苏"是加上去让罗马总督刮目相看的),我们追随这个故事到国王死去、布莉卡本人被鞭笞、女儿遭强奸。塔戈斯尤其塑造得好:占领军的独臂合作者,笨拙地模仿罗马人,令人尴尬(他的卫兵取了罗马名字,晚餐时上葡萄酒)。随着故事发展,他逐渐看到罗马人有多腐败,特别是当新来的强硬地方财政官登场,塞涅卡收回债款时,最终他死于和罗马奴隶贩子的小规模冲突。但斯科特也很善于呈现罗马人和本地人之间的复杂关系,这必然是遭遇罗马帝国的特点,不亚于任何其他帝国(有趣的是朗吉努斯·斯达佩兹还露了一脸,就是墓碑[没]被破坏的那个人)。这是罗马人和不列颠人互相交往、彼此依靠的世界,难以确定到底谁站在哪边。尽管本书一笔带过地描写了一些好罗马人和坏本地人,但想要读者站在哪边是毋庸置疑的。我发现自己没那么确定。斯科特让人不可能支持罗马人,身为占领势力的他们强奸、劫掠、剥削。但同时布莉卡的萨满教怪人(时机合适时,他们自己也不比某些恐怖暴力行径好多少)却只是确认了我的观点:如果叛乱者成功了,不列颠在其手下的日子也不会有趣到哪儿去。总是这样,就算最富魅力的反叛者,在表面之下也不过和帝国主义暴君本身一样令人反感。

本章评论书籍为：

理查德·欣利（Richard Hingley）、克里斯蒂娜·昂温（Christina Unwin），《布狄卡：铁器时代的武士女王》（*Boudica: Iron Age Warrior Queen*），汉布尔登出版社（Hambledon），2005 年

瓦妮萨·柯林里奇（Vanessa Collingridge），《布狄卡》（*Boudica*），伊伯里出版社（Ebury Press），2005 年

曼达·斯科特（Manda Scott），《布狄卡：梦见猎犬》（*Boudica Dreaming the Hound*），班坦出版社（Bantam Press），2004 年

17

龙套皇帝

尼禄皇帝死于公元 68 年 6 月 9 日。元老院通过了古代版本的不信任投票；手下人和侍卫迅速抛弃了他。剩下的仆从中有人在城外有宅第，皇帝走向那里，为避免处决在此自杀。身为走到尽头的唯美主义者，他坚持收集大理石造一座得体的纪念碑，迟疑着选自杀武器时还重复着著名的遗言："Qualis artifex pereo"（"一位怎样的艺术家就要死了"），杂以荷马《伊利亚特》中某些沉痛得恰到好处的语句。传说是这样的。

不论平民百姓中尼禄的受欢迎程度如何，他完全激怒了精英们，到了公元 68 年，几乎每位军队将领和行省总督都有了一个皇帝的替代人选——或者心怀野心，想要亲自角逐这一位置。4 位竞争者轮番上阵。年迈的西班牙总督伽尔巴在尼禄死前被拥为皇帝。他于 68 年秋天抵达首都，却在 69 年 1 月中旬的一场政变中被谋杀，宝座归了早已心怀不满的支持者之一奥托。但奥托也没支撑多久。他被下日耳曼总督维特里乌斯的军队击败，后者本人在数月之后的 69 年秋天又被支持提图斯·弗拉维乌斯·韦帕芗的联军挫败，韦帕芗之前一直在指挥罗马对犹太人的战役。韦帕芗的宣传力图暗示他是在心不甘情不愿的情况下被军队力劝推上王座的，是出于从更多杀戮中拯救国家的责任感。这更可能是出色的计算：其他主要争夺者一决高下时，韦帕芗却在韬光养晦，接着乘虚而入"拯救国家"。不管怎样，结果是一个新的王朝：弗拉维王朝。

现代叙述中委婉提到"四帝之年"，好像要避免用"内战"一词一样，这一年标志着罗马历史上的关键转折点。尼禄是尤利亚-克劳狄王朝的末代皇帝。随之而逝的不仅是一位艺术家，还有皇权可以通过与首位皇帝直接或间接的谱系联系合法化的理念。奥古斯都自己对继承的安排是其政权的一个弱点。帝国历史剩余时间内，什么造就了皇帝——或者是什么让一个候选人比另一个更有紫袍加身的资格——将会引发更激烈的争议。塔西佗尖锐指出，公元68—69年彼此竞争的行省总督及其彼此竞争的军队之间的冲突中，"帝国秘密"被泄露："在罗马之外立一位皇帝也是可能的。"

4位竞争者中的第一个似乎代表了和尼禄截然不同的形象；因此无疑能吸引贵族支持者。伽尔巴从西班牙剑指王座时已年过七旬；相比之下，尼禄年仅31岁便已殒命。伽尔巴远非有艺术倾向的金童，而是自觉老派的老年公民，对那些珍视不说废话、共和派、对缺陷毫不讳言的领导风格的人来说，他还有那种仍能算作区分标志的身体缺陷（包括尤为有碍观瞻的需要绷带的疝气）。他在经济上的审慎也很具威望。尼禄和顾问们恬不知耻地采纳了大手大脚的财政策略，但伽尔巴似乎一开始就严格控制公共开支——众所周知拒绝为军队支付预期的好处。长期看这或许是明智的政策，但短期却遭到了灾难性的反噬。审慎被——也许正确地——当作耷菖;一旦有了机会,伽尔巴的军队便转投奥托,还有他许诺的犒赏。

不过其他方面,伽尔巴和尼禄差别不大。他所称的家世也并不稍逊。的确,他的家谱照罗马习俗绘制在宅邸中庭的墙上,看来父母一方能追溯至朱庇特,另一方则颇为冒险地(考虑到其中牵涉的怪异性事)追溯到帕西淮,即传说中的米诺斯国王之妻、弥诺陶洛斯之母。这在人们心中肯定堪比尤利亚-克劳狄王朝自称的,经由其子埃涅阿斯传承的维纳斯后代了。然而,即使其家族史足够光荣,伽尔巴一脉的未来则更不确定。他和尼禄一样没有在世的后嗣。为了解决这个问题,69 年 1 月 10 日,当他听闻日耳曼的维特里乌斯造反时(他仍未明白,更切近的危险在于国内的奥托),便收养了一位年轻贵族做继承人:卢基乌斯·卡尔普尼乌斯·皮索·弗鲁吉·李锡尼安努斯(Lucius Calpurnius Piso Frugi Licinianus)。5 天后,皮索和伽尔巴一起被谋杀。

收养皮索是塔西佗《历史》中的第一个重大事件,本书从公元 69 年初开始,本来——尽管许多内容遗失了——叙述了直到公元 96 年图密善统治结束,弗拉维王朝随之终结的罗马帝国的故事。现在普遍认为塔西佗是对罗马政治权力的最尖刻、最愤世嫉俗也最头脑冷静的古代分析家,尽管没什么证据说明他的著作在古代世界得到了广泛阅读(相反的证据倒有不少)。他生于公元 56 年前后,在他后来将会谴责的某些皇帝治下开始了欣欣向荣的元老生涯,并似乎在 1 世纪 90 年代转向历史。写了一系列短论之后(包括一篇保留至今的他的岳父、曾任不列颠尼亚总督的阿古利可拉传记),他在 2 世纪第一个十年中撰写了内容充实的多卷本《历史》。我们至少可以从小普林尼写给他的那封描述自己亲眼见证的维苏威火山喷发的著名信件中推断出这些内容,这封信写于公元106或107年,塔西佗当时大概在为那部分内容搜集资料。《历史》之后,他着手另一项计划,也就是现在所知的《编年史》(《历史》和《编年史》都是文艺复兴时期起的标题),内容涉及较早时期,从公元14年奥古斯都去世到尼禄之死前后。我们并不确切知道本书何时完成,因为结尾部分和其他一些部分未能保存下来;无论如何,还有一种可能就是塔西佗活得不够长,没能完成已经开始的工作。

相比《历史》,《编年史》吸引的现代关注要多得多。在近来多数对罗马的历史修辞的研究以及在理解帝国在文化以及政治上的专制本质的尝试中,它一直都是关键文本。连极少涉足古典时代的罗兰·巴特也写了篇短文《塔西佗和丧葬巴洛克》,讨论《编年史》中的谋杀与自杀场景,揭示了在塔西佗世界中,死亡的行为被看作生活在帝国暴政下的自由人唯一残存的人性遗迹(这篇珍品的5页打字版原稿不久前售价2500美元)。在专业古典学家那里,关于《编年史》的书籍文章一直都远超关于《历史》的文字,比例高达十比一。

这种差异有几个原因。首先,尽管这两部作品都没能完整传下来,但《历史》留存得还要少得多:原本12或14卷中留存至今仅有前4卷多一点(相比之下,《编年史》共计16卷或18卷,约有9卷留存)。其次,《历史》的那4卷只涵盖塔西佗选择的时段中的头两年,即69年和70年,且多涉及一系列龙套皇帝间残酷且极为复杂的明争暗斗,他们作为个人对罗马历史、政治或文化影响甚微。后面关于恶魔图密善统治的几卷可能有滋有味得多,许多读者对其散佚很难不表遗憾。同时,事实证明也很难不偏爱《编年史》，其中荟萃了尤利亚-克劳狄王朝时期的极具人气的英雄与恶棍和他们令人难忘的犯罪现场、恐怖和（巴特注意到的）频繁的死亡：魅力超群的日耳曼尼库斯王子被毒药和/或魔法害死；尼禄试图用一条会散架的船除掉操纵成性的母亲，结果搞砸了；塞涅卡被发现阴谋反对皇帝之后，装腔作势地以苏格拉底风格自杀。第三，人们普遍认为《编年史》是他所有著作中最具"塔西佗"风格的巅峰之作。从这个角度看，《历史》只是通往塔西佗日后写作成就路上的一步；要得到真正的"塔西佗体验"，你得阅读《编年史》。当然，他特有的极端语言、放肆的新造词语、隐晦的双关语、对句法的抛弃，都在这部后期作品中达到极致。我们正是在这里看到他最大胆的尝试，想要找到一种新的拉丁语言，用于分析帝国专制所预兆的道德腐化与崩裂。这就是让《编年史》尤具挑战、令人不安的独特之处。但也得承认，其艰涩难读尤甚修昔底德（见第三章）：指望只学过两三年拉丁语的人拿起《编年史》，某种程度上好比给仅有基础英语证书的非英语人士一本《芬尼根守灵夜》。

但这种相对的忽略对《历史》并不公平。甚至第一卷看似平淡的第一句话（"我的这部著作是从谢尔维乌斯·伽尔巴［Servius Galba］第二次出任执政官的时候开始的，他的同僚是提图斯·维尼乌斯［Titus Vinius］。"）[1] 也指出了与帝国政权本质相关的意味深长的模糊之处，提出了重要问题。有些现代评论家对塔西佗在此处的选择提出疑问。关键的政治破裂肯定在68年6月，

---

1 译文引自塔西佗《历史》，第1页，商务印书馆1986年出版，王以铸、崔妙因译。

尼禄死去、尤利亚-克劳狄王朝终结，那为何叙事从69年1月1日（新执政官在新年伊始就任）开始？但这恰是塔西佗用意所在。他展示了旧的共和国执政官年的机制（在《历史》和《编年史》其他部分他也这么做过），借此强调罗马传统与帝国政权政治现实之间的紧张关系：共和制下的任职模式给了罗马人古老的纪年系统（"X和Y任执政官那年"），而皇帝的统治无法被纳入其中。换言之，专制制度毁掉了罗马时间本身的基础。但这句话还暗示了本书将要涉及的重大主题。随意地、近乎公式化地提到这是伽尔巴第二次担任执政官，自然会让读者对其第一次执政感到好奇。其实那是整整一代之前的公元33年，可追溯到奥古斯都的继任者提比略皇帝治下。这第一句话旁敲侧击地提到，伽尔巴此人是字面意义上的遗老；69年最初几周的一个问题就是过期的新手占据着皇帝宝座。

收养皮索的情景则有更强烈的塔西佗历史的风味，他让伽尔巴发表了一篇冗长的演讲，不仅为他对继承人的选择辩解，还为作为寻找王位继承人途径的整套收养原则正名。演讲充斥着高尚的爱国责任的辞令。伽尔巴赞扬皮索的血统星光熠熠，其世系可直追到"自由的"共和国时期，还强调了其至今无瑕的履历。他虔诚地遗憾已经不可能恢复传统的民主政府；然而他辩称收养乃次优选择，可让统治者自由择出统治国家的最佳人选。许多评论家觉察到这篇演讲清楚地指向了罗马史上更晚的事件。因为公元97年，那时塔西佗或已在撰写《历史》，年老无子、缺乏魅力的涅尔瓦皇帝（继承被谋杀的图密善之位）在这一年收养图拉真为继位者——无疑激发了许多类似论点。但假如这一讲演意在褒扬涅尔瓦和图拉真，那么这是一把双刃剑。辛西娅·达蒙（Cynthia

Damon）在她编辑的《历史I》[1]中指出，在高尚情操之下，塔西佗笔下的伽尔巴几乎算错了一切。他声称人们"一致同意"其选择，但实情远非如此，最终推动奥托向其发难的正是收养皮索一事。他断言唯一削弱其声望的是无子，这表明他对士兵们索取好处的怨言充耳不闻。他以为皮索的贵族背景和无瑕履历已经使其具备了统治帝国的充分资格，这往最好里说也是天真。另外，皮索的无瑕仅仅因为他在尼禄治下遭到流放，未在罗马担任公职，几乎没有机会行差踏错；况且，不祥的是其贵族祖先（塔西佗让伽尔巴指出）包括"伟人"庞培，公元前1世纪40年代的内战中他被尤利乌斯·恺撒击败，预告了一人统治的降临。

也就是说，收养事件成为这段叙事极富内涵的开端，之后各个阶段主要涉及的就是帝位承继。略为查看伽尔巴的演讲（皮索一言未发，引人注目）就可揭示承继所面临的诸多两难境况：不仅在于选谁，还有如何选——要选一个人来统治世界，究竟需要怎样的论证才行。几章之后，塔西佗对伽尔巴生涯的著名事后反思中提到一组两难境况："onmium consensus capax imperii, nisi imperasset"（"人们一致同意他有能力做皇帝，如果他不曾做皇帝的话"）。随着塔西佗对69年叙述的展开，在身陷敌对阵营冲突前线的克里莫那平民所遭到的骇人屠杀中，这种两难表现得愈发可怖。就算龙套皇帝也能造成严重破坏。

不过，塔西佗史学的某些乐趣并非总能轻易理解。他和修昔底德一样，对语言暴烈极端的应用——尤其，但不只是《编年史》——几乎挫败了所有译者。优秀的拉丁语学者托尼·伍德曼

---

[1] 即剑桥大学出版社的塔西佗《历史》第一卷。

（Tony Woodman）近来尝试给我们一份忠实于拉丁原文的塔西佗译本：结果有多精确，就有多不吸引人。更常见的是译者在歉疚的序言里显得束手无策，哀叹自己不可能完成的任务。比如肯尼思·威尔斯利（Kenneth Wellesley）在企鹅版《历史》前言中谈到他的"罪过与悔恨"，还不无道理地害怕"事实证明他糟蹋了他的牺牲品"。但道歉之后他们言归正传，将拉丁语抚平为某种接近标准英语的文字，但距原文颇为遥远。

这任务无疑令人胆怯。举一直白的例子，我从未见过任何译文（甚至包括伍德曼）捕捉到《编年史》第一句话煽动性的模棱两可："*a principio*，罗马城一直是/曾是国王的产业（见本书第130页）。*a principio* 既可以指"起初"（in the beginning）也可以指"历来"（from the beginning），双重含义很显著。塔西佗的意思是否仅是"起初"罗马由国王统治（罗慕路斯及伙伴们），或者他也鼓励我们思考专制制度和罗马城是否其实"历来"就如影随形？很难想象对这句话或《编年史》许多其他内容的优秀而且易读（以及好卖）的翻译会是怎样。但一定有比迈克尔·格兰特（Michael Grant）曾广为流行的企鹅版本（"罗马建城之初，统治者是国王。"）[1] 更好的译法，出版 50 年来它引发的对塔西佗及其历史修辞本质的误解超过其他任何书。

不过好消息是，塔西佗最具特色和洞察力的主题能穿透哪怕最沉闷的译文而依然闪耀。"四日恺撒"皮索这个人物提出了最显

---

[1] 这句话根据格兰特英文原文译出。商务印书馆 1981 年版本的《编年史》第一句为："罗马最初是在国王统治下的一个城邦。"商务译本主要译自洛布丛书中约翰·杰克逊（John Jackson）的英译本，参考了企鹅丛书迈克尔·格兰特的译本。

著的主题之一,即生活于皇家阴影中的危险;这一特定风险在于出身太过显赫,无法被忽略或信任。《编年史》中的经典范例是尤尼乌斯·西拉努斯家族(Junii Silani),其不幸在于母系这边乃是奥古斯都本人的直系后裔。尤利亚-克劳狄王朝每个对自己皇位合法性感到焦虑的皇帝都会采取预防措施,除掉最直系的那个西拉努斯——在塔西佗看来,谋杀一个西拉努斯差不多是加冕典礼的一部分。就算彻底游手好闲(或看似如此)也无法护身。尼禄的母亲阿格里皮娜确保在儿子即位时把该家族最懒的人之一,也就是那个绰号"金羊"的除掉;"新政权的头一桩死亡",塔西佗在《编年史》第十三卷开头一句中就是语气嘲讽地将此罪行常规化的。

皮索家族面临类似的问题。他们不仅出身名门,而且正如我们看到的,还是"伟人"庞培的子孙,这很危险,他曾是共和自由对抗专制的最有力象征之一。生在这个家族等于生在杀人场。皮索有个兄弟大胆地采用了庞培的"伟大的"(Magnus)头衔,此人和克劳狄乌斯皇帝的一个女儿结了婚,但公元46年被指控某种罪行并即刻处死(塞涅卡开玩笑说克劳狄乌斯"归还了他的名字,但要了他的脑袋")。同样的猎巫行动还见证了皮索父母双双死去。另一个兄弟死在尼禄手上,一个年长的兄弟也肯定在稍后沦为牺牲品,因为塔西佗残忍地说笑道:"皮索至少比他哥哥多一个优势,他是第一个被杀掉的。"塔西佗觉得这些家族代表了几乎可供替换的王朝,他们在权力游戏中的角色是被慢慢灭绝。

我们永远不会知道他们自己那一方的故事的任何细节。但在皮索这件事上,我们确能略窥一斑,因为19世纪晚期一次幸运的考古发现从其家族墓地中挖出了资料。皮索和兄弟马格努斯的墓志铭是审慎,或曰委婉的典范。皮索本人仅以名字和所任的祭司职位得到纪念；一同记载的还有他的妻子维拉尼娅（她活到了图拉真时代，看起来被人诱骗将遗产赠予一名男子，据说此人在69年啃咬过她死去丈夫被砍下的头颅）。没有提到曾为伽尔巴收养，没有提到糟心的结局。马格努斯以克劳狄乌斯的女婿留名，尽管是由这位皇帝下令处死。唯有一尊很可能在同一处考古群落中发现的胸像，提供了符合塔西佗叙事中家族意识形态的一点线索。那是"伟人"庞培的胸像（现藏于哥本哈根新嘉士伯艺术博物馆，见第38页图2）。

如果不是和家族纪念物一起发现的这座雕像，我们对于塔西佗和其他（不那么尖酸的）罗马史学家讲述的皮索家族历史可能就很有保留了。毕竟，如果专制制度下王朝谋杀多见，对王朝谋杀的指控亦然；猝死也许往往被方便地解释为皇帝所为，或者皇帝的母亲或妻子所为，那更好。许多现代评论家认识到，塔西佗描述的帝国图景中心的腐败，如果不是全然编造，有一部分也肯定是这位历史学家本人的添油加醋。对该家族故事的另一种说法几乎无法否认皮索在奥托派手上的血腥结局，但很容易对其他一些死亡究竟有多可疑产生怀疑；同时它或许也有理由质疑这种家族在多大程度上对政治权力展现出了竞争性的要求，或表现得宛如等待上位的敌对王朝。然而，墓中所见的庞培像——及其打包带来的所有共和制意识形态——看起来确实支持塔西佗的大致观点。该家族之后的历史也是如此。皮索本人也许只是"四日恺撒"，但一个世纪后他的亲戚福斯蒂娜[1]同安敦尼·庇护成婚，而她的侄子成了马可·奥勒留皇帝。他们到底坐上了王座。

---

1 此处应为大福斯蒂娜，她的女儿小福斯蒂娜与奥勒留皇帝结婚。

本章评论书籍为：

辛西娅·达蒙（Cynthia Damon）（编辑），《塔西佗：历史 I》（*Tacitus: Histories I*），剑桥大学出版社（Cambridge University Press），2002 年

18

哈德良和他的别墅

有一回,哈德良皇帝去公共浴场,看到一个老兵在墙上蹭后背。出于困惑,他问老人在干吗?"用大理石把油刮下来,"老人解释说,"我用不起奴隶。"皇帝立即给了他一队奴隶,还付了他们平时所需的费用。几周后他又去了浴场。也许意料之中,他发现一群老人很浮夸地靠墙蹭后背,想从他的慷慨中捞一笔。他问了同样的问题并得到同样的回答。"但是你们就没想过,"精明的皇帝问道,"互相搓背?"

这件逸闻保存在非同寻常的哈德良"幻想传记"(fantasy biography)里,这是哈德良去世两百多年后公元4世纪某个以装腔作势的埃里乌斯·斯巴提亚努斯(Aelius Spartianus)[1]为笔名的人编的书。肯定有许多罗马皇帝被人当主角讲过这个故事。此处碰巧和哈德良的名字相关,这可能毫无意义。有意义的是它让人略为见识罗马人对"好"皇帝应有的样子的看法。他应慷慨而有远见(注意他支付了那些奴隶日常的费用:罗马人知道就算免费

---

[1] 曾为哈德良等罗马君主立传,作品收入《罗马君王传》。

的奴隶也不便宜），另外最重要的是机敏，不会被人耍。还应有胆量面对人民：他没有隔绝在精英私人沐浴设施中，而要混迹于公共浴场的形形色色的人当中。罗马帝王应是自己人，起码得假装如此。

围绕哈德良的多数逸闻讲述了更为态度矛盾的故事，其主人公激起了关于帝王美德之脆弱性的棘手问题。比如，罗马人或许仰慕精通古希腊典籍的皇帝或者能分辨斯多噶派和伊壁鸠鲁派的皇帝。但他们是否也同样仰慕哈德良这样的皇帝就不那么清楚了，他不仅留着希腊哲学家风格的胡子，还炫耀年轻的希腊男友。不只是男友，在对方神秘死于尼罗河之后，爱到发狂的皇帝还令人尴尬地将他塑造成神。同样，罗马人或许崇拜不辞麻烦去了解行省情况的统治者。但如果皇帝成了这样一位职业旅行者，几乎从不"在家"（不论在哪）又会怎样？哈德良能否挣脱将皇帝与罗马城绑定的那些联系？

他对狩猎的热情又如何？论到国王们的这项古老消遣，哈德良是公认的高手：斯巴提亚努斯说他建了一座完整的城镇，命名为哈德良猎场（Hadrian-otherae），以纪念一次特别成功的行猎。但私下里有种疑虑认为他也许是牺牲了真正的军事美德来练习狩猎技艺，以战斗为游乐，而非真的去战斗。例如，当哈德良最喜爱的猎马死去，他建造了豪华墓地并配以悼诗：这或是优雅地参考了亚历山大大帝为爱马布西法拉斯（Bucephalus）安排的精心纪念[1]，但也不可避免令人想起情况如何发生了变化——在旧日好

---

[1] 布西法拉斯是亚历山大最爱的战马，亚历山大在布西法拉斯死去的地方建造一座以它名字命名的城市，位于今巴基斯坦杰克勒姆附近。

时光，爱马是用来征服世界的，不是用来刺穿几头野猪的。

哈德良在罗马城外约 20 英里处的蒂沃利的壮观"别墅"也引起类似问题。说"别墅"是轻描淡写了，因为这是罗马有史以来建造的最大宫殿，占地面积超过两个庞贝城（庞贝差不多和海德公园一样大）。它并非独栋建筑，更是自成一城——结合了壮丽的娱乐套间、浴场、图书馆、剧场、餐厅、厨房、服务区和匪夷所思的游乐园。如今去原址一探，几乎无法感知当初景致之万一；大部分仍未发掘得当，仍矗立的废墟的确非常荒废（它在意大利国家遗迹游客来访数中排名第四，但这和残存遗迹或哈德良名声的关系不大，可能路那头排名第二的埃斯特别墅遗迹[1]的贡献更大）。不过，18 世纪从中挖出足足几百件雕塑，曾在壮游之旅的古董市场售卖，如今装点着西方世界的博物馆（包括大英博物馆），足以证明近乎难以置信的财富；从皮拉奈奇[2]开始尝试的各种重建，结合（我们将会看到的）斯巴提亚努斯的某些奇谈怪论，有助于填充规模宏大的奢侈景象。蒂沃利的别墅看起来像是狂妄症的纪念碑，不管是对哈德良还是他的建筑师，又或者（更可能）二者皆是。

部分问题是在哪里（或者如何）确定皇帝的高级风雅与暴君的腐化粗野之间的界线。这是别墅里许多"文娱设施"不断提出的问题：比如水餐厅，宾客们斜倚水池旁，为彼此操控载着佳肴的小巧船队（有一处重建是这样的）。（自然有奴隶去救

---

1 蒂沃利的一处庄园，始建于 16 世纪，2001 年列入世界文化遗产。
2 乔瓦尼·巴蒂斯塔·皮拉奈奇（Giovanni Battista Piranesi, 1720—1778），意大利画家、建筑家、雕塑家，热爱古罗马城，有许多描绘古罗马建筑的版画作品，对建筑史有一定影响。

援搁浅的腌菜。)此处最有名,得到最多拍摄的遗迹是卡诺珀斯(Canopus),有柱廊、运河、微缩神庙,一度被认为是用来纪念哈德良深爱的男友安提诺乌斯的,现在被解释为餐饮区之一;用餐者酒足饭饱后,在设于著名的塞拉皮斯神殿复制品内的水边长榻舒展地躺下。这要么是为有品位的用餐者安排的博学的拼凑,要么是麦当劳在貌似西斯廷教堂的地方供应大号汉堡包的罗马版本(装饰喷泉和童话式灯光将它打扮得花里胡哨)。

还有个更大的问题:整体上别墅被认为反映了什么。在斯巴提亚努斯笔下,它被当作罗马帝国本身的缩影:哈德良"实际上以最负盛名的行省和场所之名为其中若干部分命名,例如吕克昂学园(Lyceum)、柏拉图学园(Academy)、希腊市政厅(Prytaneum)、卡诺珀斯、门廊(Poikile)和坦佩谷(Tempe)[1]"。换而言之,哲学学园、雅典和地中海东部地区一些最著名的古迹以某种方式现身于哈德良的宫殿。斯巴提亚努斯未必比我们更了解皇帝的意图,但别墅的某些特征(如卡诺珀斯)看来模仿了这些伟大建筑或著名特征,这是肯定的。很难抗拒这个结论:蒂沃利的宫殿及其设计师是在发表关于皇家财产的声明,他们是从战略上将帝国领土和皇帝私产混为一谈。换句话说,这座别墅意味着即使哈德良"在国内"(at home)时也可能"在国外"。

同时,哈德良的形象和约半世纪前的恶魔皇帝尼禄的形象之相似非常引人注目。逸闻传统强调了二人对一切希腊事物的不太罗马的热衷(据说尼禄在一场盛大的希腊巡游中玩得很愉快,所有大型节庆重新安排了时间,刚好在尼禄到访期间举行,他参与

---

1 坦佩谷是希腊一个峡谷的古名,位于奥林波斯山以南。

了其中所有比赛并获胜，最终炫耀地赐予这个国家"自由"）。他们都强烈爱好富丽堂皇的建筑，尼禄的金屋明显是蒂沃利宫殿的前身（尼禄的宫殿占地120英亩，相对节制，但配备了最先进的旋转天花板，大厅入口处还有一座巨型青铜塑像——可能就是皇帝的像［见本书第165页］）。

那么，为何尼禄被推翻且被妖魔化，哈德良却寿终正寝，没受到什么恶评，最不利的也不过是悬于其目标和动机之上的尴尬问号？无疑，部分因为哈德良在制造皇帝形象的钢丝上走得比尼禄灵巧。金屋引发众怒是因为它独占了罗马城本身的心脏位置（"罗马人，快逃到维爱[1]去——你们的城市正在被一个人的房子吞并"，这是反对尼禄建筑计划的著名玩笑），哈德良的别墅尽管更为铺张，却和首都保持了（足够）审慎的距离。部分在于问题自己提供了答案：大多数罗马统治者不是因为他们是恶魔或遭到妖魔化（我认为刺杀更可能是宫廷内部自利倾轧的结果，而非出于政治原则或道德义愤）而被推翻，而是因为被推翻而被妖魔化。如果多次谋害哈德良的企图有一次成功，他也很可能作为独裁的疯子而被写入历史。相反，无论其统治的真相如何，他精选出的忠诚继承者安敦尼·庇护确保了后世看待他的方式不像可能发生的——或者（谁知道呢？）本来应得的那么恶劣。

安东尼·伯利（Anthony Birley）没有多少时间匀给这种问题。他的哈德良传记谈及蒂沃利别墅之处不过一页多一点（大部分是关于其他和哈德良一样出身于西班牙的人士的名字，他们在附近也许拥有别墅，也许没有）。他完全没有探讨更广泛的问

---

[1] 伊特鲁里亚古城，位于罗马以南16公里处。

题：皇帝的名誉如何形成，甚至如何评价这种丰富的逸事传统，一直以来，它讲述了各种不同皇帝几乎一模一样的故事。伯利的方法比盲信好不了太多：他引用一段著名的哈德良遇到农妇的逸事（哈德良说他太忙了没工夫和她说话；"那就别当皇帝了"，她反驳道，于是他转回身来），他承认某些更早的希腊统治者也有相同的故事；但他依然设法鼓足轻信之心，断言说这件事"尽管如此，也可能是真的"。对于一位罗马皇帝现代传记目的为何，应包含哪些内容，或者现代的"生平故事"模型——更别说"人格"模型——是否适合强加到罗马人头上这些问题，即使他感到了疑虑，肯定也没告诉读者。

伯利采用直截了当的方法。他从头记录哈德良的一生，直至最后一口气。他问道：哈德良曾担任什么职务，他的事业受谁提携，他的朋友（和敌人）是谁，他去过哪里，和谁去的，怎么到那儿，抵达后做了什么，接着又做了什么？这些问题足够无害：问题在于其中多数问题几乎没有证据可以回答。没错，哈德良有足够多的逸闻，还有数量巨大的视觉材料，不止在蒂沃利（他赞助了伯里克利建设卫城以来最宏大的雅典建造工程）；还有大量当时的哲学与修辞，和一些令人惊骇的诗歌——包括一部讲述哈德良和安提诺乌斯在非洲狩猎的迷你史诗的片段。但是，试图按时间顺序的框架理清事件，阐述哈德良生平或统治的基本叙述却是缺失的，这十分关键。关于这段 20 年的统治，我们拥有的全部资料不过是 20 多页斯巴提亚努斯的文字（哈德良死去几世纪后所作的意识形态幻想作品）和由拜占庭人所摘录的差不多数量的卡西乌斯·狄奥写于公元 3 世纪的对那段时期的记录。那么，伯利是怎么从这些没前途的资料里构建出这部按时间顺序的详细长篇叙事的？那些信息都从哪儿来？简单说，他是怎么填满这些篇幅的？

靠的是研究古代世界的历史学家历来采用的办法，结合学术、猜测和虚构。读《哈德良：闲不住的皇帝》(*Hadrian: The Restless Emperor*)时无须多久就能发现最受喜爱的扩展策略。首先，伯利从斯巴提亚努斯或狄奥那里提取一件"事实"：例如哈德良去了日耳曼（或者不列颠，或者希腊或亚洲）。接着，他思考了可能牵涉其中的人员范围。这就能抻到一页："布拉杜瓦[1]似乎曾随哈德良出行……也许他是在这个阶段首次加入皇帝的随从"；"无疑，萨宾娜的出席被认为是明智的"；"其他元老很可能也在随从中……奴隶和获释奴应该也在场"。猜想方法用尽后，他转向路线。哈德良如何从A地去往B地？"他来到亚洲的这个部分不可能不到访帕加马[2]"；"很难否认哈德良去过克拉洛斯著名的阿波罗神示所[3]"；"很难相信他没有借机拜访奥林匹亚"；"很容易想象这位精力充沛的皇帝攀越埃尔顿山的三重峰顶去勘察特威德河谷[4]"。

推测越狂野，学术的全副盔甲就越壮观。残缺不全的碑文被详细剖析（很大程度是因为伯利随手假设，某镇有一块献给哈德良的铭文就意味着哈德良确实来过某镇——尽管有充分的其他理

---

[1] 马库斯·阿庇乌斯·布拉杜瓦（Marcus Appius Bradua），罗马政治家，生活在公元1世纪下半叶到2世纪上半叶。
[2] 希腊古城，至少从公元前5世纪就存在，曾建起一座堪比亚历山大城图书馆的图书馆。该城距离爱琴海25.75千米，原址位于现在土耳其的帕加马（Bergama）。
[3] 克拉洛斯是位于爱奥尼亚海边的古希腊圣殿，内有阿波罗神庙与神示所。
[4] 位于苏格兰边境地区。

由解释地方上这种表忠心的行为)。诗歌被架在火上烤,要榨出它永远无法提供的"事实"。在一个难忘而可怕的论点中,他将诗人/历史学家弗洛鲁斯的一句短诗片段("我不想做皇帝/在不列颠人当中游逛")当作证据,支持他的说法:哈德良第一次视察哈德良长城是走去的。伯利发明的 2 世纪 20 年代哈德良和帕提亚国王之间的幼发拉底河峰会几乎同样令人难忘,他们有各自(推测的)朋友支持,而且"每一方轮流过河赴晚宴":这种幻想练习仅仅基于斯巴提亚努斯的一个词,记录了皇帝"通过谈判"(conloquio)中止了和帕提亚的一场战争。

公平地说,伯利的确说明了其推测、猜想和推断究竟是什么。他强迫性地这么做了。文本充斥着"谨慎的"古代史术语:"假定""很容易假设""有可能""不过是个猜测""无疑""十有八九""根据这一假设"。书中此种用语出现了实实在在的数百次。这个方法的问题不在于它的不诚实(尽管应该警告读者,伯利的许多措辞是在其最狭窄的学术意义上使用的:"无疑"的意思是"这是个极其可疑的推测")。真正的问题是这种一丝不苟学术研究的虚假外表("任何我无法确实证明的内容我都不会称为事实")原来能充当彻底虚构的绝妙开脱:"只要我承认那是猜测,就可以随意编造任何事了。"超过 400 页的哈德良(或几乎任何罗马皇帝)传记必然多为虚构。伯利的问题,或可猜测,在于他(对自己,无疑同样也对别人)假装并非如此。

出版商喜欢传记,因为——我们就是这样相信的——卖得好。但不可能只是商业压力诱使学识渊博、谨慎而具学术风范的伯利杜撰出他的《哈德良:闲不住的皇帝》。问题还和古代史学科本身有关,也和研究古代世界的现代历史学家认为什么值得研究与写作有关。和大众认为的相反，我们并不缺乏资料：单是罗马世界留下来的资料就足以支撑任何历史学家的一生；如果你将犹太教和早期基督教的相关材料也包括进来，问题就是供应太多而非不足。然而历史学家依然惯性地在著作开头哀悼"原始资料"及其不足。哀悼并非完全不真诚（尽管算是某种自我构建的问题）：历史学家选择提出的某些特定问题的资料往往确实不足。但这是古代史游戏的一部分：首先选择议题，然后说明资料缺乏的情况下找到答案是多么惊人地困难，最后依靠学术"技巧"战胜困难。这个行业中，声望属于智取原始资料的人，从意料不到之处艰难挖出意料不到的答案，还有那些面对古代沉默这一表面上的阴谋扮演聪明的（有时聪明过头的）侦探角色的人。整个学科皆是如此：研究古代家庭的年轻激进的社会历史学家和伯利这种直率的传统主义者都一样。

《哈德良》显示出，悲哀之处在于错失良机。他本可以停下，更深入地思考我们的确拥有和了解的资料：例如哈德良自己的一名获释奴，特拉勒斯的弗莱贡（Phlegon of Tralles）的出色作品，他创作的著名的《奇迹之书》（*Books of Marvels*）是古代超自然现象精彩故事集，颇具感召力（事实上，弗莱贡在伯利书中出现只是为了证实皇帝环游东方的路线）；或可研究现存的哈德良系列肖像雕塑，它们反映了这位罗马皇帝在世界各地独特的、某种意义上新颖得令人震惊的形象；而不是幻想哈德良去往比提尼亚的路线或者皇帝丈夫探访长城时萨宾娜去了哪里（当地 spa 浴池女士游？）。

实际上，本书错失机会的程度甚至超过了这里提到的。在更广阔的语境中看，哈德良的统治标志着一场"天鹅绒革命"的发端，是征服希腊世界后罗马帝国主义本质被全面改变的最初时刻。这是整合希腊和罗马文化传统的令人瞠目的新战略时期，那时，"罗马""希腊"和"世界帝国公民"逐渐意味着某种全新的事物。甚至哈德良不断的旅行或许也蕴含着某种超越单纯私人漫游癖的意义——实际上它说明，有关皇帝"归属"何处的观念发生了重大变化。相较之下，让伯利伤脑筋的却是西班牙和安条克[1]之间的最短路线。

本章评论书籍为：

安东尼·伯利（Anthony Birley），《哈德良：闲不住的皇帝》（*Hadrian: The Restless Emperor*），劳特里奇出版社，1997年

---

[1] 公元前300年由塞琉古一世所建的古城，古代重镇，后成为罗马帝国第三大城市，也是基督教最早的中心之一。遗址位于今土耳其安塔基亚。

第四部分

罗马从下到上

这个部分思考的是普通罗马人眼中的罗马什么样——从奴隶到哈德良长城上巡逻的新兵（或者——既然说到这了——他们试图令其守规矩的行省乡下人）。关于那些不富有、无权势、不出名的人如何度过一生，我们能说些什么？

答案是：我们能说的比你可能认为的要多出不少。给普通的罗马人写传记比给皇帝作传更不可能，这不意外。不过，有大量各种资料幸存，可以复活贫苦的、卑微的、弱势的人的世界。第20章讲述庞贝城受害者的骨骼能告诉我们当地人生活的哪些内容，还会探查某些被遗忘的文本，它们揭开了罗马帝国普通居民日常忧虑的盖子。最显要的位置必须留给一位古代占卜者的装备，它回答过诸如"我通奸会被抓到吗？"或是"病人能活下来吗？"之类反复出现的问题（更别说某些不那么反复出现的问题了，比如"我会不会被卖掉？"或者"我有没有被下毒？"）。第22章称颂了过去一二十年中在哈德良长城附近文德兰达（Vindolanda）堡垒发现的罗马信件与文件——从一位女士的生日晚会请柬到军官餐厅消耗的食物清单；还会思考罗马新兵蛋子在冰封北方的生活，这些资料又告诉了我们什么（首先，它比我们通常认为的要"老少咸宜"得多）。

但对精英之外的生活的思考也提出了一些仍在辩论的较为重大的问题，涉及罗马世界的基础设施，以及它实际如何运转。其中最重要且令人困惑的一个问题便是罗马的奴隶制（第19章）。为什么罗马人释放了那么多奴隶？这么多自由民是获释奴隶或奴隶后代，这对罗马社会造成什么普遍的影响？另外，一旦罗马的主要征服战争结束，替代获释或死亡奴隶的所有那些新奴隶从哪来？我们是否应该想象帝国边缘地区有大规模人口贩卖？

关于罗马帝国主义和军国主义也有重大问题提出。第21章直面当下关于罗马，或普通罗马人，到底有多热衷于战争的争论。他们真的如历来常常刻画的那样执着于暴行？那些生活在帝国中心相对和平境况中的人如何看待数百英里之外以其名义进行的战争？第22章切实讨论罗马不列颠尼亚行省的某些此类议题，问到罗马对这个行省的征服和占领有多暴力，可能发生过多大规模的伤亡。但也在更一般意义上问及我们应如何理解入侵者和不列颠人民之间的互动。这个行省究竟变得有多"罗马"？罗马文化是否以某种形式触及普通的"该死的不列颠人"（拉丁语为Brittunculi，罗马人有时这么称呼他们）？

罗马帝国主义的另一方面是语言——这不仅是拉丁语在多大程度上清除了沿途遇到的其他语言，还有罗马总督、军官及其下属实际上如何和行省民众沟通。在罗马帝国东部，问题还不那么明显，因为许多罗马精英熟稔希腊语，它多少充当了罗马统治的通用语。但如果一位罗马元老院议员在不列颠下了船，要短期治理这一行省，他会如何应对？罗马士兵用什么语言对付"该死的不列颠人"？本部分最后一章探讨罗马世界的双语现象：不只是社会顶层的罗马人能够读和说的希腊语，还有这个多元文化的帝国世界中许多人学会的少量外国语（类似于现代的"假日法语"）。我们有证据表明有些罗马人能说过得去的古迦太基的布匿语，高卢陶器艺人能用拉丁语应付罗马老板。但最生动和感人的展品来自罗马治下南希尔兹[1]的一块墓碑，是叙利亚巴尔米拉（Palmyra）[2]的一位男子为妻子（一个获释奴隶）雷吉娜所立（图12）。石碑以拉丁语和亚拉姆语双语纪念她。人们不由得想知道，罗马治下的南希尔兹会有多少人懂得与此相关的亚拉姆语——或者拉丁语。

1　南希尔兹位于英格兰泰恩河畔，罗马驻军曾在此建立堡垒。
2　叙利亚中南部古城，公元前19世纪即有记录，大致位于地中海和幼发拉底河之间的一块绿洲上，可连接罗马世界和美索不达米亚和东方，提比略皇帝时期被罗马控制。巴尔米拉的语言是亚拉姆语。

19

获释奴隶与势利眼

现代罗马一座有轨电车终点站旁的一块脏兮兮的草地上，立着古代世界保存至今的最引人入胜的遗迹之一。这是罗马面包师马库斯·维吉利乌斯·欧律萨西斯（Marcus Vergilius Eurysaces）的墓，他死于公元前 1 世纪中期。它高达 30 多英尺，是个视觉笑料。怪异的形状和装饰以宏大的规模模仿面包师行当的诸种工具，从搅拌碗到和面机；某种程度上，整座墓地能被看作面包房或大号面包炉形象。另外，为了显而易见，顶部围绕着精细的带状浮雕（原本墓碑四面都有，但有一侧遗失了），呈现出面包制作过程的不同步骤：从买谷物到磨粉、搅拌和烘焙，直到面包称重再送出去售卖。它提供了罗马烘焙业的图解手册，绝妙地记载了对此工作的自豪心情（以及——考虑到墓地的规模和壮观——从中赚取的利润）。

图 9　独具特色的面包师墓地，先后被罗马的高架渠和城门遮蔽

在墓地选址上，欧律萨西斯既幸运又不幸。不幸的是，他购买的是一块顶好的且（很可能）昂贵的地段，就在市区内，两条主干道在此交会。但短短数十年间，他的纪念碑就被巨大的新高架渠映衬得全然失色，几乎看不见了，后者穿城而入，与它不过数英尺的距离。幸运的是，后来高架渠被纳入城墙中，最终其中一座城门（如今的马焦雷门[1]）的防御工事围绕着欧律萨西斯墓地

1　马焦雷门意为"大门"，为罗马一座古城门，保存良好。

建造起来，几乎将其完美保存，直到 19 世纪再度发现，它赋予这位面包师傅的持久声名是他怎么也想不到的。

但这名声也有两面性。这遗迹让现代学者非常震撼——同时对它的态度也非常势利。一般设想这位面包师是获释奴隶（墓碑文字并未明确陈述这一点，但那个时期像欧律萨西斯这种希腊名字通常表明奴隶出身），正因为此，熟悉的说法是他或许有钱，但不怎么有品味。不管现在我们觉得它多有趣，老实说以罗马标准看，这个墓地是粗俗的——"糟糕透顶的墓碑"，一位建筑史家如此描述。

实际上，这是对罗马世界中由获释奴隶资助的艺术品的常见论断。在庞贝城所谓维蒂之家（House of Vettii）发现的精彩画作（包括明信片上的著名的丘比特嬉戏玩耍、踩葡萄、制衣、赛车等等）假如是从罗马皇宫的墙上发现的，就会被赞叹为杰作。但"维蒂"夫妇很可能是一对昔日奴隶，且身处省落后地区，其装饰往往被艺术史家嗤之以鼻：全都有点儿太赶时髦、太浮夸了。

亨里克·莫里特森（Henrik Mouritsen）在《罗马世界的获释奴》（*The Freedman in the Roman World*）前言中发展了这个主题，这本内容广泛的著作研究前奴隶（拉丁语称为 liberti[1]，现代学术行话常称"freedman"，也包括妇女）。他指出了一种令人困惑的反差，一方面现代著作中关于罗马奴隶的论述持压倒性的同情态度，将其看作人类可怕恶行的无辜牺牲品，另一方面又明显蔑视那些被赋予（或买来）了自由的昔日奴隶。20 世纪早期历史学家

---

[1] liberti 是获释奴隶 libertus 一词的复数形式。后文出现 liberti 和 libertus 皆保持原文并不再加注。

的刺耳怨言现在没什么回音了,那时他们经常谴责罗马人"解放奴隶"(manumission)的做法(即解放奴隶的正式流程),哀叹正宗的意大利血统被获释奴的外国血统稀释,而后者往往出身于东方。但我们知道,甚至相对较近的时期,学者们也黑暗地暗示过"外国人渗透罗马人",并将其视为——特别是赚了钱的那些——"向上爬的人"。我们会一再发现有人提到奴隶因为"琐细"原因便被主人释放,"配不上"。简·加德纳(Jane Gardner)甚至在,《剑桥世界奴隶制史第一卷:古代地中海世界》(*The Cambridge World History of Slavery, Volume One: The Ancient Mediterranean World*)中本来很出色的"奴隶制与罗马法"章节里还依然会提到"滥用"奴隶释放(解放了太多奴隶或者配不上的奴隶)。这里有种奇怪的矛盾:如果奴隶制永远都是可怕的不公义(我们自己的道德是这样坚持认为的),那么,给人自由——不论原因、不论数目——必然是好事。也就是说奴隶释放不可能被"滥用";此种措辞令人不安地停留在所有古代奴隶制讨论必然会有的人权说教旁边。

当然,在以这种方式探讨罗马获释奴时,现代作者一定程度上(有意识地,或者更多时候无意识地)反映了古代前人和资料的偏见。罗马世界的史学家当然看到了释放太多奴隶的道德及政治危害——最为人所知的是哈利卡纳苏斯的狄奥尼索斯,其罗马史写于公元前1世纪末,书中痛斥身为奴隶的罪犯和妓女用来路不正的收益从主人那里赎买到自由。对粗俗获释奴的最骇人听闻的夸张描述出自佩特罗尼乌斯的小说《萨蒂利卡》(*Satyrica*)[1],讲

---

[1] 一部结合了诗歌与小说的古罗马小说,有的版本称为《萨蒂利孔》。本书大部分散佚,流传下来的内容中就有"特里马乔家的晚宴"部分。其作者一般认为是1世纪罗马执政官盖乌斯·佩特罗尼乌斯。

述了libertus特里马乔挥霍无度的晚宴——滑稽的奢华、沐猴而冠的昂贵菜肴，席间还讨论了一位自由民堪与欧律萨西斯攀比的豪华墓地的提议，令人捧腹。且不管这是精英创作的幽默小品，作者曾是尼禄皇帝的朋友，写的是雄心勃勃的社会下层；这也没能阻止一代又一代的现代史学家把特里马乔当作"典型的"罗马获释奴来提及。其实在许多人看来，面包师的纪念碑很好地验证了佩特罗尼乌斯的特里马乔有多栩栩如生。

但现代历史学家有另一个问题，那就是我们没有常见的范畴来帮我们理解罗马的libertus。我们自以为了解奴隶制；但获释奴隶要难解得多。我们在绝望寻找有用的对等物时，往往会伸手拿起对暴发户的夸张描述，"汲汲营营之人"的老套角色，有钱没品味。不用说，事实是罗马大多数获释奴隶的钱不足以粗俗。

当然，正是这种不熟悉——尤其是产生了这么多获释奴隶的独特规则与惯例——让罗马的奴隶制这么有意思。基本观点是几乎所有蓄奴的社会都有某种机制给某些奴隶以自由，但就我们所知，没有任何一个这种社会像罗马那样解放过如此数量庞大的奴隶。不止如此，罗马人还赋予昔日奴隶罗马公民身份的几乎所有权利与特权。在古代雅典，被解放的奴隶最多能成为"外国居民"（resident alien）；在罗马，根据特定法规，任何被罗马公民释放的奴隶自身都能成为罗马公民，仅有少数限制（例如获释奴隶不能在军队服役或担任公职）；第二代就完全没有任何限制。昔日奴隶之子接近罗马社会等级顶端的一个令人瞩目的例子就是诗人贺拉斯。根据一种计算方式，罗马城镇中多数家庭奴隶在去世时都是身为自由公民的（尽管农业或产业奴隶得到释放的几乎肯定要少得多）。

罗马的男女主人为何释放如此之多的人力资产，仍有争议：有时是对家庭住户的感情（许多女奴被解放是为了嫁给主人）；有时是经济上的自利感（毕竟要养活已过盛年的年老奴隶很费钱）；有时或许是因为释放奴隶是管用的胡萝卜，可确保奴隶言行良好；或者只是因为"罗马人都这么干"。但不论如何解释，（用奥兰多·帕特森［Orlando Patterson］[1] 的名言）说罗马城市中的奴隶制是"社会性死亡"很可能并不对——即使不是大多数，但对许多罗马奴隶而言，比如贺拉斯的父亲，这是有限约束条件，是"暂时性社会瘫痪"的阶段。

莫里特森提醒我们，罗马奴役和自由的实际情况比我们往往愿意承认的要复杂得多，不确定得多。另外，我们对罗马 liberti 的全部理解建立于各种岌岌可危的估测和"想当然"之上——其中许多后来对我们如何想象整体罗马社会产生了重大影响，远远超过奴隶制问题本身。有个关键问题不仅在于有多少奴隶获得了释放，还有罗马城中普通的自由民人口中有多大比例是获释奴隶或获释奴隶的后代。如果我们从表面理解现存墓碑证据（多数都比面包师墓地简单得多，也远不如他那么多话），那么这个大都会的自由居民中绝大多数都出身奴隶。除了少数贵族的纪念碑和奴隶自己的那些，罗马墓志铭记录的人里约 3/4 几乎肯定是获释奴隶，剩下那些大多数很可能是其直系后裔。

问题很清楚——而且无解。我们是否真的应该（如有些人那样）设想帝国首都人口压倒性地由 liberti 和获释奴隶出身的人构成？或者，获释奴隶是否出于某种原因在存世证据中被过度代表

---

1 奥兰多·帕特森（1940—），历史和文化社会学家，哈佛大学教授。

了？比如说，也许他们新近获得的地位使得他们尤为热衷于纪念自己。不管怎么选，这数千个相对低调的墓志铭距离特里马乔所象征的粗俗有钱的暴发户的老套形象有一个世界那么远。

然而其实你越是思考这件事，奴隶和拥有罗马公民权的正式获释的 libertus 之间的清晰二元分野就越会瓦解。从公元前 1 世纪起就有严格的规则管辖正式的解放奴隶的做法，且这样的规则越来越多：未满 20 岁不能释放奴隶；不满 30 岁的奴隶不能被释放；过世主人的遗嘱能够释放的奴隶数量有限；另外多数情况下，释放奴隶应在在任的罗马政务官面前进行。很明显，大量奴隶肯定是在违反规定的情况下释放的。例如我们见到，墓志铭中有不少获释奴隶不满 30 岁，而且尽管有些人显然能够找到附近的罗马政务官（来自赫库兰尼姆的保存至今的蜡版记载了一些这么做的人），但不可能所有人都行得通。

实际上，有些人可能被看作"恰当地"释放了，即使实际上并非如此。但其他人肯定属于不彻底的类别（术语叫作"尤尼亚拉丁权"[Junian Latin]）[1]，给了他们自由，但没有罗马公民身份——尽管他们以后可以通过满足特定附加标准而逐步实现公民身份，例如有尚存的子女。每一种类别究竟有多少人，无法说清（尽管有些历史学家现在怀疑尤尼亚拉丁人远远多过我们能想象的）。重点在于每个人可能会经历的复杂的各种状态：从奴隶，甚至是奴隶的奴隶（拉丁语为 vicarii）成为正式获释的公民 liberti。

---

[1] 根据罗马法，尤尼亚拉丁权被授予非正式解放的奴隶，特殊的自由民阶层，可以获得自由民的部分权利，没有罗马公民身份，但子女生来是自由的罗马公民。如果临死仍未获得公民身份则死后恢复奴隶身份，财产由庇护人获得。

这并非只是向上的社会流动。一部罗马法律规定，在奴隶主人准许的情况下与奴隶恋爱的自由民妇女会被"贬"为获释奴隶身份；如果没有奴隶主人允许，她就变成了他的奴隶。

在棘手的罗马获释奴的社会史及经济学方面，以及在他们和前男女主人持续不断的联系方面，莫里特森是出色的向导。在讨论昔日奴隶在文学和文化上的影响时就没那么擅长。他试图解读贺拉斯对 liberti 的观点时颇为乏味；恺撒的刺杀者们可以将自己说成是通过谋杀他而解放（manumitting）国家（暗杀者所铸的硬币以新近获释的奴隶所戴的独特帽子为特征，见本书第 109 页）这一事实，肯定告诉了我们不少关于罗马人如何构建关于整个获释奴观念的信息，不只是莫里特森简短提到的那些。但莫里特森《获释奴》的最重要成就在于彻底说明了，不把获释奴隶也考虑进去就不可能理解罗马的奴隶制。

因此，遗憾的是，整体上《剑桥世界奴隶制史第一卷：古代地中海世界》第一卷极少谈及 liberti（一个丰富庞杂的范畴就此陷入待定状态，除非《剑桥世界获释奴史》在策划中——对此我高度怀疑）。这卷书在诸多方面都绝对算得上杰出，包括 22 篇本领域国际领先专家撰写的权威论文，涉及古代奴隶制不同方面：从保罗·卡特里奇（Paul Cartledge）精准总结的斯巴达黑劳士[1]，到基思·布拉德利（Keith Bradley）探讨罗马奴隶反抗主人的多种形式（更经常是小偷小摸和傲慢无礼，而非大规模叛乱，甚至逃跑也很少）。尽管如此，我没有见到对罗马奴隶释放及其含义的任何

---

[1] 斯巴达征服的土地上的人，被强制为斯巴达人从事农业劳动，会遭到虐待和屠杀。

明确、详尽的讨论。

当然，这个问题也悄然渗透进了与特定问题和疑问有关的边缘处，特别是沃尔特·谢德尔（Walter Scheidel）写得相当不错的关于罗马奴隶供应的那章。近来这已成为激烈辩论的话题。据估测，整个罗马帝国哪怕仅仅是想要维持奴隶人口稳定，每年就需要找到25万到40万新奴隶，那么一旦罗马的主要征服战争结束，战俘来源枯竭，到底从哪儿弄这些人来？几乎肯定有过各种不同来源：现有奴隶的家生奴隶（vernae）[1]，据推测发生在帝国边界之外的人口贩卖中的奴隶贸易，被"救助"的弃婴。但这里比例十分关键，会对我们如何更广泛地看待罗马社会造成重大影响（如果从粪堆上解救的婴儿在等式中占据重要位置，这就必定告诉了我们一些关于扔弃儿童有多盛行的事）。

奴隶释放的比例——以及对奴隶获释时平均年龄的估计——对这一争论绝对是最首要的。因为这些因素有助于查明不得不替换的奴隶数目（释放的越多，需要的就越多）；也有助于确定一名女性奴隶在获释之前可能生育的婴儿数，也就是家中的家生奴隶（她获释得越晚，潜在婴儿就越多，为奴隶供应做的贡献就越大）。有一件事是罗马奴隶妇女无法避免的——无疑，不管她们往往有多不愿意——那就是活跃的性生活。

但是，罗马的"奴隶释放文化"对于罗马人自己如何理解奴隶制有着更深广的影响。对如此之多的人来说，奴隶身份是暂时的状况而非无期徒刑，这个简单事实必然曾对奴隶制在罗马被理

---

[1] 母亲为奴隶并在母亲所在的家庭中出生长大的奴隶称作家生奴隶，一般而言父亲也是家里的奴隶，但也存在父亲是主人的情况。

论化的方式产生巨大影响（莫里特森在这一点上完全正确，他说瓦罗[1]从未特意用过"说话的工具"［instrumentum vocale］一词来指代奴隶，尽管常见的误解仍然坚持这样认为——甚至《奴隶制史》也是——瓦罗也将自由劳动力放入这个类别）。这座都市的自由民人口中有许多人，或许大多数人都是昔日奴隶或与他们是近亲，这一简单事实必然对街头普通男女如何看待奴隶产生很大的影响。

简而言之，罗马的奴隶制必定同古希腊城市中的奴隶制大相径庭，后者对奴隶和自由人间的分界的监管要严格得多。但倾向于推动我们对"古代奴隶制"探讨的却正是古希腊（和他们的本土理论家，如亚里士多德）。

至于欧律萨西斯?《剑桥世界奴隶制史第一卷：古代地中海世界》中米歇尔·乔治（Michele George）撰写的实用的"奴隶制与罗马的物质文化"这一章的确曾简短提到他；但提到他本人的篇幅和他自己拥有的在他的面包房里辛苦做面包的奴隶们（如我们在其墓碑带状浮雕上看到的）的篇幅差不多。我觉得他会很失望，不论是他自己或一般的 libertus 都没有在这本书中更突出。

---

[1] 马库斯·特伦提乌斯·瓦罗（公元前116—前27），罗马学者，学识渊博，著作丰富，对罗马帝国建立前后一段时期影响很大。现存唯一完整作品是《论农业》。

本章评论书籍为：

亨里克·莫里特森（Hennik Mounitsen），《罗马世界的获释奴》（*The Freedman in the Roman World*），剑桥大学出版社（Cambridge University Press），2011年

基思·布拉德利（Keith Bradley）、保罗·卡特里齐（Paul Cartledge）编辑，《剑桥世界奴隶制史第一卷：古代地中海世界》（*The Cambridge World History of Slavery, Volume One: The Ancient Mediterranean World*），剑桥大学出版社（Cambridge University Press），2011年

20

算命、口臭和压力

我妻子怀孕了吗？我会不会目睹死亡？我会成为地方议员（councilor）吗？我会被卖掉吗？我会不会通奸被抓？现存最饶有兴味的古典文献之一《阿斯特拉塞克斯神谕》（*the Oracles of Astrampsychus*）里列了92个问题，这些只是其中几个，本书针对古代生活中许多令人困扰的问题和不确定性提供了灵活的随机答复。方法相对直率，但足够模糊，可以成为令人信服的卜卦（"易于使用但难以理解"，一位现代评论家如是说，颇为恰切）。每个问题都有编号。你找到最符合自己困境的那个，想一个1到10之间的数字并和问题的编号数字相加。接着去"对应表"里将总数转为另一数字，这个数字又为你指向一系列103个可能答复列表中的一个，每组10个答案，称为"decade"（更令人迷惑的是，答复列表实际上比系统那92个问题所需的或能用上的还要多）。最后，回到你最初想到的那个1到10之间的数字，它指明了"decade"当中哪个答复适用你的情况。

糊涂了？试试具体的例子。假设我想知道我会不会通奸被抓，这是问题100。我想到另一个数字，好比说是5吧，总数就是 105。对应表将之转化为数字 28。

于是我找到第 28 个 decade，拣出第 5 个答案，它带来了好消息："你不会通奸被抓"（有的版本还有额外的安抚："别担心"）。如果我选了数字 6，同样的流程只会给我暂时的缓刑："你暂时不会因通奸被抓。"数字 7 则会带来不一样的坏消息："你没有通奸，但你妻子爱着另一个男人。"

这本神谕小书——相当于现代版本中大概 30 页——的序言号称其作者是公元前 4 世纪的埃及魔法师阿斯特拉塞克斯，他所用的系统最初是著名哲学家兼数学家毕达哥拉斯发明的。不仅如此，它还以广告方式宣称这本书曾是亚历山大大帝的常备手册（vade mecum），他依靠它做出治理世界的决策，"如果你也使用本书，你也会在所有人当中拥有坚如磐石的名望"。但实际上，无论亚历山大的决策过程有多任性，都不可能依靠这套神谕体系，它几乎肯定和任何公元前 4 世纪的魔法师或毕达哥拉斯毫无关系，而是公元 2 或 3 世纪罗马帝国的产物。我们的最佳猜测是本书并非早期自助手册，而是职业或半职业算命师的部分装备——他们可能为机械的咨询过程赋予了某些令人印象深刻的现编的神秘感和胡言乱语。

不管这本神谕书实际是怎么使用的，它似乎都让我们难得地窥见罗马帝国普通居民日常焦虑所在。因为（且不论关于亚历山大大帝的推广话术了）这并非精英文学，当然也不是专门面向精英的文学；其实，那个关于"被卖掉"的问题暗示了奴隶也在目标客户群里。看来，我们这份长长清单上列出的是让普通罗马男人（看起来确实都是男性问题）焦虑到需要求助于算命师的那些问题。

其中有些是反复出现的关于性、疾病和成功的议题（"我会不会和女友分手？""病人能活下来吗？""我会发达吗？"）。但其他问题则反映了希腊-罗马世界中对生命中凶吉祸福的具体得多的关切。除了对妻子怀孕的担心，我们还发现了是否抚养预期后代的问题：生动地让人想起杀婴既能方便地除去打娘胎里就病弱或畸形的婴儿，也是古代社会一项正统的计划生育方法。债务与遗产也占据关切主题一大部分，占92个问题中的至少12个（"我要不要还债？""我将从一位朋友那继承遗产吗？"）。还有旅行的风险（"我乘船航行会平安吗？"）和法律体系的潜在威胁（"我是否会免于被告？""如果被告发我能否无恙？"）。甚至疾病也可能被认为是罪行或恶意的结果，"我有没有被下毒"这个问题就表明了这一点。

杰里·透纳（Jerry Toner）在《古罗马的大众文化》（*Popular Culture in Ancient Rome*）一书中出色地从这份资料中榨出了社会和文化意义。除了思考这本神谕书所揭示的危险而短暂、痛苦而又债务缠身的人类生活，他还提到某些令人惊讶的空缺。这里（投毒除外）没有任何迹象表明对暴力犯罪的恐惧，尽管事实是我们往往设想罗马帝国充满劫匪、海盗和恶棍。也完全没有提到庇护者制度。现代历史学家写了大量书籍讨论穷人在一切事务上对精英庇护者的依靠——从工作到借贷或食物。透纳推测，这些神谕面向的使用者在罗马社会等级体系的极低处，无法够到庇护人体系（该体系最多扩展到"令人尊敬的穷人"）。或许如此。也可能这整个庇护人体系在非精英人群的生活中远远不如我们主要依赖的罗马精英作家们想象的那么重要，或者至少在罗马帝国这本奇怪小书起源的那个角落里都远远没那么重要，不管这地方在哪。

透纳将证据推进一步，提出我们可以在这些神谕中看到基本的风险评估体系。例如他估计，一名新生儿命运的答案（其中10个答复里有1个暗示孩子"不会被抚养"——也就是将被抛弃或弄死——10个里有2个暗示孩子不管怎样都会死去）多少与婴儿生存率的社会及生物学现实匹配。他提及现代土耳其若干城市中发现的古代铭文里记载的其他类似神谕集，并指出，有18%的神谕答复警告说一桩生意投资会失败——和一般根据所谓"海事贷款"[1]（用于航运与贸易旅行）收取的利率所体现的失败率大致相同。也就是说，在透纳看来，神谕的答复反映了现实生活中的风险和概率。

我没有那么确定。依据这一原则，来咨询神谕的人10个有8个会成为本地议员。这意味着，要么用到这些神谕的人在社会等级上比透纳（以及多数其他历史学家）愿意认为的要高，要么询问这一特定问题（"我会不会成为议员？"）的是一群自我选择的人，或者算命行业做的是过度乐观的买卖。反之，它有时候又似乎以消沉为卖点。对于"我有没有被下毒"这个问题的神谕回答中，10个有5个提示答案为："是的。"

整体而言，《古罗马的大众文化》对罗马帝国中"非精英"文化进行了热情而迷人，而且政治上满腔热忱的介绍。透纳在导论中提到他的母亲曾是剑桥的"校工"，这本书题献给她；本书的主导观念——在现代"古典学"主线的精英文学之外，古代世界还有大众文化有待发现——不仅由历史议程，也由政治议程所驱动。

---

[1] 古希腊海上贸易的"融资"方式之一，由于风险大等原因利率较高。

透纳的成就在于展现了罗马小酒馆的世界而非元老院的世界；阁楼的世界而非别墅的世界。他利用主流古典文献之外的资料，从《阿斯特拉塞克斯神谕》到那本现存唯一的罗马笑话集（《爱笑者》）或阿尔忒弥多鲁斯（Artemidorus）[1]的解梦集，生动地召唤出了对罗马的想象，迥异于惯常那个光彩照人的大理石的形象：这是污秽恶臭（在透纳看来罗马基本是个粪堆），下里巴人，纵情狂欢的较低身体层级的世界，也是对精英权力既屈服又抵抗的世界。唯一判断有误的是关于精神卫生的那章，其中包括关于影响罗马穷人的压力水平的肤浅现代化观念。尽管透纳否认他在试着"给死者做回顾性诊断"，但我们留下强烈印象，认为他觉得埃及的圣安东尼（St Anthony of Egypt）[2]有精神分裂症，而罗马的普通士兵可能是作战压力和创伤后应激障碍（PTSD）的受害者。

不过大问题是，透纳为我们召唤出的那个罗马是否如他表明的那样"大众"？这个肮脏、难闻、危险的世界是农民和穷人的世界，抑或也是精英们的世界？也许，不论他的政治议程为何，透纳最成功之处不仅在于带我们进入弱势人群的真实生活，也在于向我们展示了精英文化的另一面。因为仍不清楚，我们现在选择认定为"亚精英"或"非精英"的文本（因为那是它们在我们的等级序列中适合的位置）在古代世界多大程度上是真正"大众"的。《阿斯特拉塞克斯神谕》中有迹象表明，除了奴隶和穷人，目标客户或许还包括那些相对高端的人群，比透纳认可的更多。"我会成为议员吗？"（同样也能译成"我会成为元老吗？"）不是唯

---

[1] 公元2世纪古希腊占卜家和释梦家，著有《解梦》一书。
[2] 圣安东尼（约251—356），埃及宗教隐士，被视为有组织的基督教苦修主义的创始人。

一暗示有权有势客户的问题。这本书的一种早期基督教版本包括"我会成为主教吗？"这个问题，而 10 个回答中有 5 个都是"会"（尽管有个答复以对早期教会权力问题的现实主义眼光预言说"你会很快成为主教而且你会后悔"）。罗马笑话集也颇为相类。有人声称《爱笑者》是你会在古代小地方或理发店听到的玩笑，我们无法推翻这种说法，但我们相信笑话的编纂更可能是某位相对富裕的罗马学者所做的案头工作（见本书第 54 页）。

这种困境指向罗马文化史中一个更为基础的问题。因为就算你和透纳一样正在使劲寻找，也几乎不可能确定精英和大众品味之间明显的分歧。罗马并非我们这种根据审美选择标榜并区分人们地位的文化（古代没有任何类似雅加炉这种阶层标志）。恰恰相反。就我们所知，在罗马财富与特权光谱的各个部分，人们的文化和审美选择大体相同：唯一的差异在于你付得起多少钱。这种情况在庞贝极其清楚。城中所有房屋的装饰——不论其是大是小，是精英还是非精英——都遵循同样的主要模式，对主题和设计的喜好大致相同。富人房屋的差别仅仅在于有更大量的彩绘装饰，绘画的技巧也更高超：钱掏得越多，得到的就越好。是否有"大众文化"（有别于污垢、贫困和饥饿）这回事则比透纳有时承认的更需谨慎处理。

在《复活庞贝》(*Resurrecting Pompeii*) 一书中，埃斯特尔·雷泽尔（Estelle Lazer）通过对公元 79 年维苏威火山爆发的受害者（其中有贫有富）的人类骨骼的细致分析，以不一样的方法研究"普通罗马人"的生活和生活方式。这本书在诸多方面令人大开眼界，不只因为她对自己身为现代庞贝骨骼研究者的工作状态的描写——这和那种印第安纳·琼斯式考古学的魅力是天差地别的。

除了一些公开展示的骸骨和著名尸体的石膏模型，第二次世界大战期间盟军炮火轰炸该地后，剩下的多数人类遗骸都堆放于两座主要仓库，各自位于一座古代浴场建筑中，一般不对普通人开放。7年来，这些仓库就是雷泽尔主要的研究场所，她在这里经常一待就是几个月，这个地方灯光昏暗（有段时间她靠一只手持自行车灯工作），野生动物成群出没。一度附在骨骼上的识别标签早都被鼠类吃掉了；许多头骨成了本地鸟类便利的巢箱（鸟胶盖住了骨骼和雷泽尔所称的关键性"骨骼地标"）；一座仓库中建起了"家庭工业"，人类大腿骨被用来充当合页，修复遗址的古代家具。"这为股骨收藏提供了样本偏差的新来源。"雷泽尔面无表情地轻描淡写道。

雷泽尔从这些棘手的材料中得到了关于火山爆发的受害者和庞贝（其次是赫库兰尼姆）更为一般的居民的非常谨慎的若干结论。她完全没工夫谈论以某些古代骨骼研究为基础的更扣人心弦的结论，并且特别批评了对20世纪80年代早期在赫库兰尼姆海边一系列所谓"船棚"里发现的300多具骸骨的分析。对这批材料的研究由《国家地理》杂志资助，杂志也得到了自己为之埋单的关于死者的生动而个人化的细节：有个人的骸骨显示高度发达的肌肉，这人肯定是奴隶；另一人碰巧带着剑和匕首，被称为"士兵"；还有一个被认定为舵手，仅仅因为他是在一条船旁边发现的。

雷泽尔不仅指出这些身份确定有多薄弱而不足为凭（后来发现那条船和"舵手"完全不在同一个考古层位，所谓的"士兵"还带着一包木匠工具）；她还强调了从古代骸骨材料得到的结论之复杂性和争议性，几乎总是如此，不管谁出的钱、出于什么耸人听闻的目的。确定未成年骸骨的性别总是猜谜游戏。庞贝或赫库兰尼姆的任何人类尸骸都未提取出可靠的DNA序列。最引人注目的是，两个对船棚中遗体的不同研究估测出的受害者平均身高相差一两英寸。此处显然还涉及其他因素，不只是拿出一把尺就去量那些遗骸。

尽管（或许是因为）对于从骨骼中得到充满野心的结论持谨慎态度，雷泽尔关于庞贝的居民还是有许多话要说——不只是众所周知的罗马世界口腔卫生的确糟糕透顶这件事，对数百个牙齿和下颚的分析如今已一再说明这点（当罗马诗人马提亚尔攻击某些同时代人口臭时，很可能并非诗意的幻想）。有一条重要评论涉及受害者的人口学概况。人们常说，当维苏威火山隆隆作响并最终爆发时，留在城中的肯定是人群中较弱的那些：非常年幼的和年老的、残障人群或某方面丧失行动能力的人。雷泽尔仔细检查储存的骨骸，发现没有迹象表明任何此种偏向：保存至今的人类遗骸似乎反映了你对罗马城镇中典型年龄和性别分布的预期。

在我们整体理解罗马社会的时候，人类骸骨相对同质这一点甚至更重要了。庞贝是海港城镇，从外边看来一切无疑是多元文化的——从著名的埃及女神伊西斯神庙到当地房屋里发现的印度象牙小雕像。然而骸骨特征说明了问题（例如双根犬齿，或者尤其独特的胫骨构造），向雷泽尔证明了相对同质的人群，"这个结果要么由于共有基因，要么由于生长发育期的共同环境"。此外，赫库兰尼姆骸骨的特征也很说明问题，看起来一直显著不同。这可能意味着——不论其多元文化陷阱为何——那不勒斯湾周边这些小镇更像近亲繁殖的沼泽村庄[1]（Fen villages），而不是我们通常

---

1 英格兰东部一些沼泽地带村落因为与世隔绝，内部通婚、近亲繁殖较为常见。

设想的流动人群的家园。

《复活庞贝》是部卓越之作（即使并非一直文笔优美，编辑细致），部分原因在于雷泽尔极为注意，用最严格的标准对待自己的证据，不越雷池一步。她写作时也始终尊重她研究的材料，似乎从不忘记她的材料是一场可怕的自然灾害的人类受害者所留下的一切，纵然是在 2000 年前。维苏威火山的爆发当然是罕见的古代悲剧。但是在受害者的打算中，在他们是逃跑还是待在原地的决定中，肯定会让我们想起那些《阿斯特拉塞克斯神谕》咨询者的两难境况。正如透纳所说，对于"我是否会目睹死亡？"的回答中，10 个有 7 个是"会"，这告诉我们了古代生活的某些现实，对每个人都是如此。

本章评论书籍为：

杰里·透纳（Jerny Toner），《古罗马的大众文化》（*Popular Culture in Ancient Rome*），政体出版社（Polity Press），2009 年

埃斯特尔·雷泽尔（Estelle Lazer），《复活庞贝》（*Resurrecting Pompeii*），劳特里奇出版社（Routledge），2009 年

21

把军队挡在罗马城外

作为武士国家,古罗马明智而刻意地警惕着现役士兵出现在都城本身里边。罗马军队征服了辽阔的领土,从苏格兰到撒哈拉,远至东方的伊拉克。据估计,至少在共和国期间,活跃参与过战争的罗马公民比例高于任何其他前工业社会的帝国曾有的情况。公共威望和军功之间的关联如此强大,甚至老学究皇帝克劳狄乌斯都沦落到侵略不列颠,以获得占有宝座的资格。但罗马城本身,在其神圣的边界,或曰 pomerium 之内,乃是严格的非军事化区域:不允许武装士兵,甚至现役将军进入。确实,在帝国的一人统治下,城内确有一小支特别部队驻扎:禁卫军(Praetorian Guard),其职责是保护(有时是暗杀)在位皇帝。偶尔也会爆发内战,这时罗马军队就会闯到历史的中心;例如在所谓"四帝之年"(公元69年),谋求皇位的竞争者们带领军队为宝座而战,战斗和随之而来的纵火甚至毁掉了卡庇托山上的至高至大之神朱庇特(Jupiter Optimus Maximus)的神庙。尽管如此,罗马并未沉溺于许多现代国家特有的阅兵和致命硬件展示,甚至没有类似抚慰人心的皇家军队列兵式或阵亡战士纪念日这种活动。正规部队合法入城的唯一场合是庆贺凯旋式：这是战利品和敌方战俘的游行，标志着罗马最伟大的胜利（从定义上几乎就是一场战役的终结）。尽管凯旋式在共和国时期较为频繁，但是从公元 1 世纪起基本是 20 年一次的大事。这不是说到访古罗马的人会错过他们进入的这个社会的军国主义精神。任何睁着眼的人都不可能错将罗马看作某种原始的和平主义国家（如果有任何此种国家存在过的话）。《古罗马战争的再现》(Representations of War in Ancient Rome) 中的论文强调，这个地方为数众多的并不是实实在在的士兵，而是战斗与征服的形象与纪念碑。广场上的讲台称为舰首讲坛，得名自被俘获的敌方舰只的铁嘴或撞角（rostra），撞角就展示在台上。战利品和敌军武器被安装在获胜将军的宅邸外，永远提醒人们他们的胜利。据说一旦安装，永不移除——实际上不太可能，但这理念足够显著。皇帝的塑像往往被刻画为身着戎装或正在征服敌人的样子。著名的马可·奥勒留骑马像曾矗立于卡庇托山上的米开朗琪罗广场中心（现存于附近博物馆内有遮挡的马厩设备里），其中主要遗失的部分是那个俯伏的蛮族人像，原本呈现的是皇帝将他踏在脚下。此外对军事战役的细致再现仍缠绕着图拉真柱和马可·奥勒留柱[1]：以视觉资料叙述了公元 2 世纪早期图拉真攻打并战胜达契亚人[2]和约半个世纪后马可对日耳曼各部族的屠杀。从广义上来说，无处不见的战争形象的作用颇为清楚。

---

[1] 两处凯旋柱都位于罗马，图拉真柱为图拉真皇帝为纪念征服达契亚人所立，上有浮雕。奥勒留柱为纪念奥勒留皇帝而立，虽比照图拉真柱，但风格有异。
[2] 喀尔巴阡山和多瑙河之间的古国，今天罗马尼亚一带。图拉真两次远征达契亚，并于公元 105 年第二次战争中征服达契亚人，并入罗马，成为行省。

不管军队有多令人印象深刻或者有用，相比武装部队出现在都城所带来的风险，以大理石或青铜来展示军事力量是安全得多的选项。罗马人强调把非军事化的中心和按定义属于罗马本身以外的军事活动区域区分开来（这一划分很好地反映在了"国内与国外"这个词的标准拉丁语说法中：domi militiaeque），这总体上很好地满足了国土安全需求。在首都本身发动的一次次内战可能极其血腥而令人难以忘怀，但从奥古斯都统治起，这种事相对来说不频繁。然而还有其他因素在起作用。这些形象的一个关键作用是将愈来愈遥远的战场和大都会世界关联到一起。在公元前1世纪之前很久，罗马领土的范围就意味着，绝大多数军事战役都发生在都城居民视野之外很远的地方。早在公元前2世纪中叶，研究罗马崛起的希腊历史学家波利比乌斯长期作为人质居住在罗马，他宣称凯旋游行的目的是让国内的罗马人民亲眼看到将军们在海外的作为（凯旋式展示了描绘战斗的绘画，以及战利品）。图拉真柱和马可·奥勒留柱上的浮雕的作用也很类似：为城里的人们提供了自己也是帝国主义事业一部分的想象，而其中很少有人在帝国时期亲眼看见过军事作战。在此意义上，也许这和英国公共电台的海上天气预报的功能也不无相似之处：我们很少有人真的需要知道南于特西拉（South Utsira）[1]的风力，但重要的是我们应记住，我们住在岛上，任由风浪摆布。这些战争纪念碑对罗马将领个人来说还有一点重要之处。托尼奥·霍舍尔（Tonio Hölscher）在《古罗马战争的再现》的一章里，敏锐地认为罗马精英最大的挑战之一是将遥远的军事胜利转化成可兑现的国内政治资本。这种转

---

[1] 挪威西南海域岛屿。

化机制通常是城里的建筑和其他形式的视觉展示。自公元前4世纪，成功的将领就将自己战利品的获利输入神庙——献给神祇的感恩贡品亦可永久地提醒人们记住他们自己的功勋。后来，现金会流向与公共娱乐关系更直接的纪念物。大斗兽场原本展示的铭文（或最近重构的文本让我们这样认为）宣称它是用韦帕芗皇帝战胜犹太人时的战利品所建（见本书第182页）。

甚至在皇帝时代之前，"伟人"庞培的军事利益就用于建立罗马城中第一座永久剧场，顶部是"胜利的赠予者"维纳斯（Venus Victrix）神庙，再连上柱廊与开阔草地，展示他劫掠来的艺术品。仿佛为了强调这座宏大的建筑工程同庞培军事胜利间的联系，剧场的开幕表演几乎肯定模仿了他若干年前编排的那场凯旋游行。开幕演出的主题是阿伽门农从特洛伊返乡，庞培的一车车战利品很可能成为重头戏，之前它们已经在凯旋式上耀武扬威地从街上滚滚而过了。我们只能猜测有多少人将庞培与被戴绿帽（且被谋杀的）阿伽门农之间隐含的对比诠释为颇为不祥的预兆。目前为止，一切顺利。但在这个方法的表面之下，问题就变得更麻烦一点。首先，在罗马，什么算是"战争艺术品"的一部分？《战争的再现》的文章作者们心中的定义似乎能容纳很多东西：当然包括那些刻画罗马成功战役的形象和显然用战利品建成的神庙和纪念碑；但除此之外，还有征服希腊后流落到罗马的希腊艺术"真迹"和对缺点毫不避讳的超级现实（"真实主义"）风格罗马肖像，能让人想起优秀将才和杰出军事素质。比如劳拉·克拉尔（Laura Klar）写的颇有创意但不完全令人信服的章节，其中认为罗马剧场中舞台布景（scaenae frons）的独特形式（高大，而且和希腊舞台背景形成对比的是，它与圆柱与壁龛连接）可以用它衍生自对得胜将领的临时戏剧展现来解释——壁龛原本用来炫耀珍贵的雕像，这通常是征服劫掠品中很大一部分。或许吧。但从这个观点看，如果没有其他原因，只看为之直接或间接买单的是军事胜利的收益的话，那么，所有罗马艺术都有落入"战争艺术品"标题下的风险。就此而言，公元前5世纪的所有雅典艺术品也可定义为"战争艺术品"，更别提很大一部分西欧的艺术传统。

还有些更具体的难点——特别是关于某些最著名遗迹的重要性和纪实性。它们有没有给人留下对罗马人在战斗中的行为的精确印象？很明显，将骑着骏马的皇帝将野蛮人踏在脚下的雕像看作专制帝国权力的标志性再现，比将其看作皇帝行为的快照更合理。但图拉真柱和奥勒留柱上细节丰富的视觉叙事就不那么好归类。长久以来都各自被视为描绘了风格迥异的战争状态。图拉真柱低调处理了军事冲突残暴的一面。对达契亚人的战争带着无情的尊严，除了几处例外（包括一个费解的场景，其中一群妇女看起来用燃烧的火炬攻击赤裸的俘虏）——多少遵守了相当于古代版本的《日内瓦公约》。奥勒留柱的画面则令人不适得多，常常围绕着战争区域对妇女的虐待，她们遭到侵犯、被抓着头发拖走、被刀刺死。有一幕臭名昭著的场景表现了士兵将幼童从母亲怀里扯走：一些现代评论者认为这是"战争罪"，是罗马对战争恐怖的残忍的提醒（但令人迷惑的是19世纪一个研究这个纪念碑的人解读为好玩的"玩笑"，是前线上暂时的轻松调剂，这个人可不好玩）。这两根记功柱为何有异？有人认为原因基本是风格上的。他们坚持认为图拉真柱正好仍属于古典主义盛期，其修辞是克制的；五十多年后，奥勒留柱已显示出后古典或早期中世纪世界的情感强度。其他人提出这是两场战役间的真实差异。

图 10　罗马士兵偷走敌人的孩子？或者不过是个游戏？一幅 17 世纪版画，取自马可·奥勒留柱上的场景（公元 2 世纪晚期）

例如保罗·赞克尔（Paul Zanker）将对待妇女的鲜明反差归因于战争的不同目的：图拉真征服达契亚是要将之变为常规行省（最终目的是"和平共存"）；马可是在镇压蛮族入侵，一寸地也不会给他们。在《战争的再现》中，希拉·狄伦（Sheila Dillon）对这种现实主义的解释感到不安，我觉得她是对的；两场战争很可能同样暴力。相反，她试图关注其中向罗马观众传达的信息。图拉真作战时，人们对"四帝之年"（第 17 章）和其间军队暴行的记忆仍隐隐作痛；而有纪律的军队投身于清理林地、建筑桥梁、向神灵献祭诸如此类有益活动的形象，其目的在于强调图拉真治下更普遍的纪律与节制。另一记功柱上描绘的暴力，尤其是针对妇女的暴力，则意在调动起雄性的罗马帝国力量的不同形象并向罗马的观者保证，通过对日耳曼妇孺的屠杀，他们的"胜利将延伸到下一代"。这令人信服——一定程度上。不过，这些视觉叙事作品在地面上基本看不见，而这种理解或任何其他对这些柱子更野心勃勃的阐释能在多大程度上经得起这一事实的检验，我就说不准了。

《古罗马战争的再现》是一部有趣、阐述得当而且及时的论文集。它几乎必然会对古代战争本身及其艺术（和文学）表现的研究做出很大贡献。本书的最后一篇是威廉·哈里斯（William Harris）撰写的关于"罗马勇气的叙事文学"的尖锐论文，对罗马的军事行为及其文学版提出了难以回答的问题。罗马人对战争为何如此尽心尽力？他们如何提振所需的勇气——或者，简单说，他们如何防止"该死的倒霉步兵"跑路？这般坚韧不懈的黩武精神的心理根源为何？其他论文也多半触及这些问题，尽管一带而过。在他们的回答中罗马人不怎么样。这是本书最薄弱的地方。罗马军队看起来时而是嗜血欲望驱使的"狂热"暴徒，时而是训练精良、高效得残忍的战争机器（狂热与效率通常并非罪行中的搭档），有些自相矛盾。同时，罗马人行为的残忍程度应该比古代常规水平更甚才对。"希腊人或许会杀掉男性成年人口，将妇孺卖为奴隶。但并非总是如此。"凯瑟琳·韦尔奇（Katherine Welch）在导论中评论道——恭喜希腊人——同时颇为错误地暗示罗马人总是沉溺于此种暴行。

更重要的是，罗马文化被大体上刻画成仿佛一心一意热情支持狭隘的军事精神和它也许能带来的政治资本的样子。几乎没有提到挑战这种军事理想的拉丁诗人的颠覆性声音；只是简短提及塔西佗对罗马人某些最恶劣的极端杀戮的强有力批判。对于或许同样能提供不同观点的艺术品则毫无着墨。我这里没怎么考虑奥古斯都著名的"和平祭坛"（"成功平定祭坛"的名号或许更合适）。但是著名塑像《垂死的高卢人》（可能曾在尤利乌斯·恺撒本人的游乐园里陈列）精彩地概括了一个野蛮人高贵的死亡，其中透露出对罗马敌人的赞美态度，更接近塔西佗和那些诗人而非

图 11　垂死的高卢人：一座早期希腊雕塑的罗马版本，表现了对一位高贵——而垂死的——野蛮人的看法

本书作者们。最后，罗马人没有《古罗马战争的再现》认为的那么黑白分明，而是更为有趣。如果作者们更深入地思考罗马人自己的疑虑、颠覆和自我批评，他们会更公平地对待罗马人，并写出一本更好的书。

本章评论书籍为：

希拉·狄伦（Sheila Dillon）、凯瑟琳·E. 韦尔奇（Katherine E. Welch）编辑，《古罗马战争的再现》（*Representations of War in Ancient Rome*），剑桥大学出版社（Cambridge University Press），2006 年

22

罗马统治的不列颠的生与死

哈德良长城一定是罗马军队的士兵最讨厌的派驻地。许多英国学童在 W. H. 奥登（W. H. Auden）[1] 迷人的打油诗《罗马长城蓝调》（"Roman Wall Blues"）的帮助下思考过到底有多讨厌：

> 越过石楠刮着湿乎乎的风
> 我长袍里有虱子，鼻子不通。
> 雨水吧嗒吧嗒从天空落下
> 我是名长城士兵；我不知道为啥。
> 薄雾扫过坚硬的灰石头
> 我的姑娘在通格里[2]，我独自入睡……

后面还有几行，风格差不多。

---

[1] W. H. 奥登（1907—1973），最重要的现代英语诗人之一。
[2] 高卢一带的部落。

我怀疑孩子们或者多数老师往往都没意识到，这首诗如其标题所示，本来是首歌，作曲是本杰明·布里登（Benjamin Britten，一度以为已丢失的乐谱最近重新发现，显示出布里登确实可以非常"蓝调"）。这首诗是为1937年BBC国内服务广播的一部纪录片所作，是其中一部分，纪录片主题是城墙的古代和现代史。其实记录片的瑞思式（Reithian）[1]背景可能解释了这首诗的某些扭捏作态，接下去奥登刻画了一个烦人的基督徒战友，他反对"亲吻"（"如果他能如愿就不会有亲吻"），这就很难不去想象奥登还有些更有伤风化的想法。

奥登为整个节目写的手稿完整保留了下来。这是富于想象力的交织在一起的两个故事。第一个故事里，一家子杂七杂八的游客参观豪塞斯戴兹要塞：孩子们被旅游指南里对城墙建筑的记录迷住了；爸爸拒绝表示兴趣（"幸亏他们立了牌子说明什么是什么。在我看来更像是建筑商破产跑路之后的烂尾楼"）。第二个故事通过歌曲和对话讲述罗马驻军，他们的不适和麻烦、跳蚤等。它以令人不安的调子终结，奥登在此提出的问题困扰着诸多关于罗马治下的不列颠的历史著作：在入侵者和土著之间的冲突中我们站在哪边？奥登的回答阴郁而不偏不倚。在罗马人和不列颠人之间没什么好选，（罗马）帝国主义和（土著）野蛮之间也没什么道德差异："那人生为蛮夷，除了罗马长城之外不需要其他证明。它将两个民族都刻画为强盗和凶手。"在20世纪30年代末，剧本最后一句肯定击中了要害："不论谁剥夺无罪之人的权利，都是野

---

[1] 此处指的是约翰·瑞思（John Reith，1889—1971），英国广播公司（BBC）历史上的传奇人物。

蛮人。"

相比二三十年前,奥登填的歌词没那么为人所知了,这和诗歌品味的变化没什么关系,和学校教学大纲中任何古典学的衰落也关系不大(不列颠尼亚的罗马人依然在全国统一课程关键阶段 2^1 中牢牢占据一席)。和它关系更大的是如今教师们可以给学生提供来自长城的真实罗马人的声音,无须奥登的腹语术。这些声音出自20世纪70年代以来从文德兰达要塞出土的著名文献。不用介意文德兰达其实在长城以南一英里外,或者现存文本中的绝大多数都来自长城根本没建起来的时期。此处发现的写在小片木板上的文献——信件、投诉、清单和账目——让我们同真正罗马士兵间的距离之近是奥登怎么都做不到的。2003年,英国"十大宝藏"电视投票显示了它们对学界和大众的吸引力有多大。在BBC观众投票中,它仅次于萨顿胡(Sutton Hoo)[2]的发现。

迄今发现的数百文本中,最受大众喜爱的是一位军官妻子写给另一个军官妻子的信,邀请她参加生日庆祝会("我衷心邀请你一定来我们这里,你的到来会让我这一天更愉快")。对于在罗马军事史那普遍大老爷们气质的世界中寻找女性角度的教师们来说,此乃天赐之物。这也掀起一大波关于罗马人和我们有多相似的胡说八道(她们甚至也有生日聚会……)。更有意思的是看似更严肃的文献。比如一份公元1世纪末文德兰达守备部队的"军

---

1 英国基础教育统一课程。
2 英格兰东海岸伍德布里奇附近的庄园,1939年出土7世纪盎格鲁-撒克逊国王船形墓葬,但无尸体,所藏宝藏中最具标志性的是萨顿胡头盔,成为盎格鲁-撒克逊时代的象征。萨顿胡船葬的发现对盎格鲁-撒克逊人的历史提供了丰富的证据。

力报告",当面拆穿了我们通常设想的罗马军队是有凝聚力的独立单元、全都在一个单独营地里的形象。组成这个步兵支队的750名士兵中超过一半不在营地:其中300多人在附近科布里奇的要塞,少数在高卢忙于某些事务,11名在约克郡"收取费用"。如果扣除那15个生病的、6个受伤的和10个眼睛感染的新兵,文德兰达仅有265人"适于现役"。其他一些文献则显示了罗马人对"该死的不列颠人"(Brittunculi)军事实力的看法,列举了军官餐厅中令人印象深刻的家禽消耗量,要求发来捕猎网,或者记录新内衣的发放。

大卫·马丁利(David Mattingly)的《帝国的财产:罗马帝国中的不列颠,公元前54—公元409年》(*An Imperial Possession: Britain in the Roman Empire, 54 BC–AD 409*)绝非首部利用这些文献的罗马治下的不列颠史。但它是第一部将文德兰达文本内容纳入对该行省整体阐释之中的大型历史综述。多亏了这些文本,马丁利对于这个军事区域的特点的看法比之前多数人更为细微。他描绘的不列颠"士兵社区"的画面(公元2世纪共有约55000人),不像我们对交战地带军队的常规认识。它比我们预期的要"合家欢"得多(文德兰达的其他发现还包括不少童鞋),同驻军墙外的社区也有更紧密的社会和家庭联系。他强调说:"过去人们相信,里面的士兵和外面的平民之间泾渭分明,现在这种观点就不那么容易接受了。"

作为这个看法的一部分,他大胆地——很可能不明智地——采用了20世纪日本军队下令为士兵提供的妓女数量(比例为每40名士兵1名妓女),为该行省人口上加上了总共1375名妓女。

马丁利这本书似乎有两个目标:它既要是参考书,又要为我们对罗马治下的不列颠的理解提供激进的观点。在某些方面，这一组合运作得很好。他避免了太多课本提供的那种无情的叙事体历史（"第22章：3世纪危机"），而是给出了紧凑的按时间顺序的叙述，随后是一系列围绕各自主题章节，涵盖讨论对象的不同方面，从罗马-不列颠城镇不确定的成功到宗教冲突，直至乡村经济。这里有些出色的分析，勇于承认许多考古证据的脆弱，令人耳目一新。比如菲什本[1]的罗马"宫殿"，一般认为这是不列颠国王、罗马人的盟友托吉杜努斯（Togidubnus）[2]的居所，没什么争议，但有人对它的历史和功用持有合理的怀疑态度，对此他比许多人更为开放。马丁利拒绝被吸引着去鉴定那座公元4世纪伦敦主教区大教堂，这极为恰当：他指出，最受欢迎的选项可能是这就是彻底的世俗建筑（并不是说依我的看法他的怀疑主义总是走得够远。他漫不经心地重复着流行的空想，以为科尔切斯特附近莱克斯登一座铁器时代晚期的墓地中发现的平平无奇的弯曲金属制品的碎片是一位罗马政务官办公座椅的部件——因此能很好地证明罗马入侵之前铁器时代的小国国君同罗马官方之间紧密的外交往来）。

尽管如此，马丁利的参考部分有些内容读来确实枯燥。我怀疑，除了一小撮专家，任何人都无法从对各地区乡村定居点模式的逐一探讨中获得很大乐趣。图示彻底付之阙如（估计是新的企鹅英国史系列的编辑决策），会一再让任何尚未熟悉物质证据的人

---

[1] 位于英国奇切斯特，建于公元75年罗马不列颠时期，是英国发现的最大的罗马住宅建筑，规模与尼禄金宫相仿。
[2] 托吉杜努斯，公元1世纪罗马不列颠尼亚早期阿特雷巴特（Atrebates）部落的国王，其名字一度写作Cogidubnus。

颇感迷惑难解。对罗马统治下的不列颠文化的论点中有许多不可避免地建立于陶器、马赛克、硬币或雕塑之上。这是"糟糕的艺术品"抑或故意做成"凯尔特风格"?这枚罗马入侵前的不列颠硬币的类型在多大程度上起源于罗马或希腊的样式?假如面前没有图像,几乎不可能理解这些问题,更别提评价了。

但问题比陈述风格更为深远。马丁利的主要目标之一是让罗马治下的不列颠研究从老套的"罗马化"问题中解放出来。从弗朗西斯·哈弗菲尔德(Francis Haverfield)[1]20世纪早期的工作及其1915年的开拓性著作《罗马治下的不列颠的罗马化》(The Romanization of Roman Britain)开始,罗马-不列颠研究的重大议题就一直围绕着文化的接触和变化的问题。不列颠行省到底变得有多罗马?文化移入(acculturation)的主要手段为何?罗马文化在社会等级制度中往下延伸到多远?

马丁利勇敢地将其戏称为"有缺陷的范式",它依赖的是对罗马文化和本土文化二者的简化而单一的观点。他的目标是将其替换成以"差异体验"(discrepant experience,他遵循各种后殖民研究,如是称呼之)概念为基础的对罗马治下的不列颠的观点。也就是说,他强调,本土不列颠人的不同群体接触罗马占领势力的形式和反应不同。因此,举例来说,城市精英们同罗马和罗马文化打交道的程度就迥异于乡村农民。

这一点马丁利肯定是对的。但问题不在于他对古代证据的阐释,而在于他对学术前辈及同事的判断。如果罗马-不列颠研究如他所称,真的依然采纳某种未加区分的罗马和不列颠文化的模

---

[1] 弗朗西斯·哈弗菲尔德(1860—1919),英国古代史学家、考古学家。

式，如果他们依然认定"本土"和"古典"之间文化变迁的简单模式，那这个学科确实亟须变革。但马丁利其实是在推一扇开着的门。尽管同行们总的来说还是认为"罗马化"观点有用（或可辩论），但他们已经在使用"差异体验"的基本概念了。简·韦伯斯特（Jane Webster）或马丁·米勒特（Martin Millett）等考古学家压根从未设想过有永远适用的单一文化变迁模型。暗示他们这么做了，几乎是在侮辱本领域诸多重要的近期作品。

另一问题在于马丁利和关于不列颠行省的罗马文献证据之间令人不安的关系。他和多数有考古学倾向的历史学家一样，花了很大的心血和很多页文字，让自己同罗马人自己写的关于这里的东西保持距离，例如塔西佗或尤利乌斯·恺撒。他其实是严厉斥责大多古代作家在历史和政治上可悲的不足之处：他们不是"材料的批判性研究者"；他们是为贵族读者写作；他们依赖精英对野蛮的成见，并在行省历史中寻求"对其自身天生优越和他者落后的证实"；而且他们说的许多话都未经考古科学证实。

很容易看出这些论点从哪来。上一辈罗马-不列颠史学家亦步亦趋地跟着古代文献，把它们选择告诉他们的任何内容都照单全收——不管有多不可能，前述论点某种程度上是对此态度的正常反应。但这种对古代文献阴暗的悲观主义也没抓到重点。确实，它们提供的是对不列颠历史片面的、精英主义的、有文化倾向性的说法。可是，假如你告诉研究其他前工业帝国的学者们，就这个最偏远的古罗马行省而言，我们不仅有第一批入侵者之一的自传性叙述（也就是恺撒），还有最早的总督之一的传记，由其女婿撰写（也就是塔西佗《阿古利可拉传》）。他们的反应肯定是建议我们以配得上这些复杂文本的谨慎与精细去分析它们，而非出于政治正确将其草草打发掉。

另外，就算最严格的考古学家也会被这些文本中的有价值"信息"诱惑，不会全然忽略，尤其是当它们巧妙符合其自身立场的时候。因此，在斥责了恺撒和塔西佗狭隘的精英主义视角后，马丁利又开心地搬出卡西乌斯·狄奥的说法，他声称布狄卡叛乱的原因之一是大型商业机构，把它当成事实：百万富翁哲学家塞涅卡曾向不疑有他的不列颠人发放大笔债务，现在突然要求偿还，导致他们急需现金（见本书第174页）。当然，狄奥生活在他所述事件之后一个半世纪，依靠的信息谁也不知道是从哪来的、可不可靠；但是对罗马大人物的毁谤太过诱人，马丁利无法放弃，尽管他努力警示过相信古代作家的话有风险。

太诱人是因为对马丁利来说，罗马人总体上曾经是、现在也是敌人。再说一遍，这是对某些前辈的无可厚非的反应，他们往往流露出"对殖民者的怀旧情绪"，并欣然接受文明的好处，从浴场到胸针，都是罗马人带给头发长又硬的脏兮兮土著的。他指出，"曼彻斯特市政大厅入口首要位置"立着的阿古利可拉塑像正是出于这种风气，就好像他是荣誉曼彻斯特人，庇佑着议会厅里公开展现的公民美德。（但是，托马斯·桑尼克拉夫特那座立在伦敦路堤上的布狄卡雕像讲述的故事或许更为复杂，它将19世纪的价值观和反叛的不列颠女王联系起来。）

马丁利拒绝任何文化进步的舒适图景，相反，他强调"罗马治下的不列颠"是一段军事占领和外国统治时期。在他看来，罗马人是一帮狂热的军国主义者："他们整个社会都是围绕着战争观念构建"（嗯，并非绝对完全如此）；他们对经济利益眼光敏锐；他们给这些岛屿上的平民造成了罄竹难书的破坏。当然，他提醒我们去关注这些构成所有古代帝国扩张基础的暴力是对的（很容易忘记古代战争也有伤亡）。但究竟应如何对待这一认识，还不太清楚。马丁利自己的下一步是尝试收集一些关于破坏程度的数据。例如，他估计，征服期间（公元 43—83 年），在约 200 万的总人口中，有 10 万到 25 万人被杀。闻者伤心。但这些数字到底哪来的？无论如何对双方而言都没有任何可靠证据。

不过到头来问题并不只关乎数字，不管是否言过其实。而是在于，尽管马丁利有详尽讨论、最新信息，有时还有精细的分析篇章，他仍然有以一个过分简化的模型来替代另一个的危险（用"罗马人是坏人"代替"罗马人是好人"）。关键是这个故事中没有英雄，也没有无辜者。生活在布狄卡统治下的前景并不比生活在其对手苏埃托尼乌斯·保利努斯[1]（据说即使按罗马标准他都算残忍）手下更吸引人。这当然就是奥登在 1937 年纪录片中看得如此清楚、概括得简要得多的内容。两个民族都是凶手和强盗。城墙上苦命的新兵既是胜利者也是牺牲品。

本章评论书籍为：

大卫·马丁利（David Mattingly），《帝国的财产：罗马帝国中的不列颠，公元前 54—公元 409 年》（*An Imperial Possession: Britain in the Roman Empire, 54 BC-AD 409*），艾伦·雷恩出版社（Allen Lane），2006 年

---

1 罗马不列颠尼亚行省总督，曾镇压布狄卡叛乱。

23

南希尔兹的亚拉姆语

罗马帝国晚期，有一系列和现代儿童"简易读本"相似得不可思议的教科书。这些书以简单场景和对话仔细描述了一个罗马儿童的日常活动：他起床、洗漱穿衣、上学、见朋友、吃午饭、开心地参加派对然后上床睡觉。通过读本中精选的一套居家生活词汇，读者会在这个一眼就能认得出来的世界中探索：有父母、兄弟姐妹、玩伴和亲戚、家庭活动和教室纪律。但这种相似当然有欺骗性。几乎每个句子都捕捉到了古罗马特有的等级制度、残忍和社会不平等。即使在青少年的世界中，奴隶制也很显眼：孩子最爱用的动词形式不是一般现在时，而是祈使语气（"起床了奴隶，看看天亮了没。开门，开窗……把东西给我，鞋递给我，干净衣服叠好……斗篷和披风拿来"）。这个男孩说话的姿态，在珍妮特和约翰的世界中[1]中就极不合适，最后他以放学后必须问候的人的长串名单作为结束，其中提到家里的阉人。

---

1 此处指的是20世纪50年代前后英国出版的"珍妮特和约翰系列"儿童早期读物。

然而同样引人注目的是这些文本是双语的，拉丁语和希腊语对照。这种双重性的功能一直是讨论的热点话题。有些现代评论家认为这是已经熟习拉丁语的古代学生的希腊语入门书；其他人提出，就算希腊语教学逐渐成为其最终目的，但最初版本是为想要掌握拉丁语的说希腊语的人准备的。实际上，这两种解释都公然不顾文本本身明确表达的内容。因为其宣称，目标在于同时学习这两种语言。虽然对我们来说，这听上去对学生和老师都像是教学噩梦，但这差不多是罗马世界最著名的那位教育理论家提倡的。昆体良[1]在专著《雄辩术教育》（写于公元 1 世纪末）中力劝对儿童的拉丁语和希腊语正式教学应大体并行（因为对两种语言的同等关注将确保哪种语言都"不会妨碍另一种"）。罗马帝国是个多语言的世界。其语言多样性不仅包含这些课本里的拉丁语和希腊语，还有许多其他语言、字母、音节和书写系统——从凯尔特语到埃及语，从亚拉姆语到伊特鲁斯坎语；还有更多的混杂语、地区方言和地方口音。传统上认为帝国的广袤领土在语言上整齐地分为两半（说希腊语的东部和说拉丁语的西部），少数双语罗马精英在中间作为联结，例如昆体良心目中的完美学生，但这几乎不符合这片土地上语言应用的现实。这是误导人的过度简化，尽管它部分产生自罗马帝国意识形态中的一股强有力的源流，对"这两种"之外的任何语言乐于视若无睹、充耳不闻；utraque lingua（"双语"）是标准的罗马简略表达，就好像除了拉丁语和希腊语之外都不算数，甚至都不存在。

---

1 马库斯·法比乌斯·昆体良（Marcus Fabius Quintilianus，约公元 35—约 100），罗马西班牙行省的修辞学家、教育家、雄辩家。

实际上，有足够的迹象显示出比这丰富得多的语言景观，甚至在罗马精英作家的作品中也有所反映。在所有通晓多种语言的人当中，诗人奥维德很可能是最著名，也最不情愿的一个。他与奥古斯都皇帝发生冲突后，在黑海岸边的流放地托弥（Tomi）生活，被迫——反正他（用拉丁语）这么写道——学习当地的盖塔语（Getic）；他甚至声称曾用这种奇特而粗野的语言写了首诗——尽管是在安全而熟悉的拉丁格律（nostris modis[1]）框架内。罗马作家在其他的场合与语境也关注了不同的语言。例如塔西佗讲过公元1世纪一个西班牙农民被控谋杀罗马军官，但他拒绝以其母语希斯帕尼亚语（Hispanic）之外的任何语言回应盘问。再早两个世纪，普劳图斯在剧作《小迦太基人》中为罗马舞台引入了一个讲布匿语的角色；而罗马元老院应该曾经委任（或者迫使）一个"布匿语专家委员会"将一部28卷的迦太基经典农业专著译为拉丁语。

几乎不用争论，在有学问的精英阶层以下，通行的语言种类必然更为丰富。尽管我们无法确定让贸易得以跨越罗马帝国的边疆而发生的究竟是哪些语言、手势、情急之下的临场发挥与纯粹贪婪，但我们完全有信心说，这样的交换一般不是用西塞罗风格的拉丁语进行的。伦敦博物馆中，将参观者引入罗马展区的背景噪声录音是模糊的不正规拉丁语的刺耳杂声，混以现在无法理解的各种"蛮族"口音和方言。这大概是你能得到的最精确接近于罗马行省港口的街市人语声的效果了。

J. N. 亚当斯（J. N. Adams）的《双语现象与拉丁语》

---

1 即"用我们的格律"。

(*Bilingualism and the Latin Language*)对罗马世界中拉丁语同其他语言接触的绝佳研究令人大开眼界，他以前所未有的规模和深度探索了该帝国的语言多样性。亚当斯所称的"双语现象"并非指两种语言同样流利这种罕见现象（即现代对"双语"这个词的一般理解），而多少指的是任何主动使用第二语言的本领或能力——从（按我们的话说）"假日法语"到生来便说两种语言长大的儿童"母语般的掌握"。他往筐里放的不只是相对为人所知的精通希腊语的罗马精英群体，还有学会拉丁语的希腊人，会说过得去的迦太基语（"假日布匿语"？）的罗马人，军队里同时掌握拉丁语和本地语的士兵，为罗马老板工作、有时讲拉丁语的高卢陶工，在希腊提洛岛上不同情境下说不同语言的意大利商人，还有更多种种。这本书远远超越语言细节，提出了我们对罗马帝国和罗马帝国主义文化理解中最重要的一些问题。拉丁语在多大范围内，或者多迅速地抹除了罗马帝国其他本土语言？操多种语言的军队如何有效运转？多语现象在多大程度上成了帝国政府的司法和行政活动的组成部分？

亚当斯恰当地意识到，以古代文献资料为证据追溯第二语言日常的习得和应用是很困难的。在讨论帝国的各种本土语言时，罗马作家几乎总是另有私心。不论奥维德对他挣扎于盖塔语的叙述多有感召力，都不是对他在托弥的语言体验的可靠指引。对奥维德来说，拉丁语和盖塔语之间的对立，是谈论流放的困境和伴随着被逐出罗马的语言身份丧失——并因此导致社会、政治和文化身份丧失——的方式（即便是亚当斯，当他认为奥维德，如果没有别的事情的话，也许让人更了解罗马人对"学习第二语言的可能性"的态度时，也显得太过轻信了）。塔西佗也一样，他提到一种本土语言时，极少不是在将其当作对罗马权势和腐败的愤世嫉俗评论的一种手段。这方面的一个经典例子就是《阿古利可拉传》（塔西佗岳父、不列颠尼亚总督的传记）中的著名段落，他的结论是该行省中先前说凯尔特语的人热心用起拉丁语是他们被奴役的又一方面。

所以亚当斯极为依赖铭文和莎草纸证据，但它们也不是他的唯一资料来源。有一章内容充实，主要讨论西塞罗基本以拉丁语写就的信件中对希腊语习语或句子的使用；这一章提出西塞罗是在哪些状况下、出于什么原因而采用这种语言学术语所称的"代码转换"形式（答案是自我展示、适应通信者不同程度的"希腊性"，还有西塞罗本人心理状态的复杂混合——以及其他因素；引人注目的是，他极少"在危机时刻"用希腊语）。不过，更平凡的人创造的非文学文献——尽管还没"平凡"到不识字，像帝国当时大多数人口那样肯定是文盲——占据了亚当斯著作中更大的篇幅。包括陶工的窑炉生产清单、胡乱画在罗马治下的埃及名胜上的涂鸦、士兵的墓碑、记载法庭流程或企业家活动的莎草纸。

他非常努力地榨取这些难以对付的资料，寻找或能表明作者使用第二语言的语法上的痕迹，或者在双语文本中寻找哪种语言占优势的迹象和对目标读者语言能力的暗示。这搜索令人着迷，尽管极其专业。这本书不适合对拉丁语一点也不懂的读者；而基本掌握古希腊语（加上伊特鲁斯坎语、布匿语和亚拉姆语）也有帮助。

一个特别有意思的例子是竖立在现代南希尔兹的"罗马"墓碑，它抓住了亚当斯正在应对的一些复杂性，墓碑由巴尔米拉男子巴拉特斯（Barates）竖立，以纪念他的不列颠妻子（兼获释奴

图 12　获释奴隶雷吉娜墓，由其伴侣巴拉特斯所立。铭文为拉丁语和亚拉姆语

隶）雷吉娜（Regina）。上面有死去女子的雕像，强烈的巴尔米拉风格（亚当斯因其关注点全在语言学，对这一视觉风格不置一词）。墓碑上的文字本身是拉丁语和巴尔米拉亚拉姆语——然而，由于在南希尔兹不可能存在过大量巴尔米拉人群（哈德良长城没有驻扎过巴尔米拉部队），这篇亚拉姆语文字的功能必定更多在于宣告族裔身份，而非要同操亚拉姆语的读者尝试进行任何实际的沟通。

拉丁语文本比巴尔米拉语文本长，还包含关于死去女子的年纪（30岁）和部落（卡图维劳尼[1]）的额外信息。但在亚当斯和其他编辑看来（我不那么确定），相比巴尔米拉语版本，其文字谬误更多，暗示石匠对亚拉姆语的熟悉程度超过拉丁语，或者至少更乐于从右往左刻字，而非从左往右。与此同时，更多迷惑之处在于某些不正规的拉丁语词尾的变格方式让人想起希腊语用法。

亚当斯猜测巴拉特斯是巴尔米拉商人——如果他和墓碑在科布里奇的那个"某拉特斯"（…rathes，名字开头部分遗失）不是同一个人，那一位是名巴尔米拉旗手。他还合理地提出其第一语言为亚拉姆语，第二语言为希腊语，而拉丁语受到熟悉的希腊语语法形式影响。但即便如此也并未回答文本提出的所有问题。刻制墓碑的人同委托人巴拉特斯是什么关系？他们是否为同一人？或者他们都是生活在罗马治下的南希尔兹的巴尔米拉人？为何亚拉姆语文本略去了雷吉娜是巴拉特斯之妻这一关键信息，而只提到她是他的获释奴隶？

《双语现象与拉丁语》一再触及罗马文化史的主要议题。亚当斯曾表明，"身份是本书的压倒性内容"。也的确如此；虽然任何研究罗马文化身份的学者在处理亚当斯呈现的信息时都会面临大量工作。但这些工作是值得的，因为这里的材料保证让人更清楚地理解一系列罗马文化和政治实践，远超过对语言的专业关注。例如罗马对其埃及行省历史景观的参与。罗马人对于这些以往统治者和文明的有形遗物是如何理解并与之产生联系的？在2000年前，它们在埃及景观中的痕迹比起今天更为引人注目。有一章，亚当斯研究了罗马士兵和游客刻在各种埃及古迹上的涂鸦的语言。

---

1 古代不列颠最为强大的部落之一，占据泰晤士以北地区。

他发现了显著的不一致。在著名的门农巨像[1]（哈德良皇帝等人参观过的巨大"歌唱雕像"）上，罗马人的刻字压倒性地都是拉丁语。在另一个主要的罗马人"朝圣"地，底比斯的地下法老陵墓（所谓的"针筒"）上，人们选择的语言看起来是希腊语——甚至那拨用气势汹汹的拉丁语在巨像上签名的来访者（比如罗马的地方长官）也是如此。语言的不同强烈暗示了在罗马的文化想象中这些埃及古迹的含义不同：巨像促成了来访者对罗马身份的确认，而那些"针筒"则诱发了人们用更"本土的"希腊语进行回应。

不过，亚当斯对罗马军队里语言使用的讨论中可以看出更广的含义。他事实上驳倒了在帝国各处拉丁语都是军队"官方"语言的看法，至少在简单的意义上如此。他表明希腊语可以用于所有"官方"用途，还认识到许多在行省招募的部队低级士兵对军官们操的拉丁语可能理解能力极其有限，仅能以自己的本土语言轻松交流。这对于我们想象的罗马军队的结构、组织和凝聚力有何影响？相比电影、小说和课本中熟悉的千人一面、只说一种语言的士兵，罗马军队某种程度上更接近于现代语言和文化上混杂的超级联赛足球队。

但是，在我们如何理解罗马行省管理的整体基础这件事上，亚当斯著作的含义才是最重要、最令人不安，也是最有潜在争议的。亚当斯清楚表明，罗马人能够从容应对希腊语学习，但是，没有什么证据表明他们对掌握帝国西部其他本土语言也持相

---

[1] 门农巨像位于埃及底比斯尼罗河岸边，是公元前14世纪的埃及法老阿蒙霍特普三世的两座巨型石像，高约22米，后由于地震损坏，裂缝中能发出声音。

同的态度。确实，在相对较早的时候，你能发现表面上粗通伊特鲁斯坎语或布匿语的罗马人：除了那个接到不值得羡慕的翻译任务——28卷古迦太基人的农业思想——的委员会之外，李维还讲了公元前4世纪初期一个罗马执政官的兄弟的故事，他被派到伊特鲁斯坎境内执行侦察任务，因为他熟稔这种语言（他应该在伊特鲁斯坎城市卡勒受过教育，在那里学过）。但逐渐地，亚当斯收集的证据越来越表明：尽管说着各种本土语言的人掌握了拉丁语，罗马人却并未投桃报李。

例如，恺撒在高卢时任用了"学过一些拉丁语的本地人"，有一次还任用一位高卢族长在其入侵部队和本地人之间作翻译。另外，尽管文献记载了为罗马军队服务的翻译，但并无确凿证据证明其中有人生来就说拉丁语。总之，亚当斯总结，"学拉丁语的职责落在了本地人身上……既然他们的主人对本地语言的态度好像它们不存在似的"。此处展现的罗马在西部的管理图景很难解。在最极端的情况下，亚当斯观点蕴含着的意思是将罗马人视为语言上被去势的、脆弱的占领当局，在统治者与臣民的这个关键的结合点上，危险地倚靠臣民的翻译技能。如果这是真的，这就彻底不同于大英帝国采取的帝国统治的语言学模型。比如伦纳德·伍尔夫（Leonard Woolf）[1]出发去锡兰担任行政官员时已掌握泰米尔语，并准备给自己的全套技能再加上几种东方语言，而这不无典型之处。

当然，罗马世界中善意的"罗马人"和他们的臣民间的区别

---

[1] 伦纳德·伍尔夫（1880—1969），英国作家、公务员，英国作家弗吉尼亚·伍尔夫的丈夫，对当时英国文学、政治和思想界影响较大。

在公元后最初几个世纪越来越模糊。罗马公民（因此也包括帝国的政府官员）自己往往来自行省，很可能也是多语言背景，这必然会多少扰乱统治者与被统治者之间表面上鲜明的语言分界。比如尤利乌斯·克拉西基阿努斯（Julius Classicianus），他在布狄卡叛乱后不久被任命为不列颠尼亚的行政长官（尽管其拉丁名字听起来不错），他是高卢出身，很可能有某种与之相配的语言。

但与此同时，我觉得（亚当斯自己一度也承认）获取了一些本土语言能力的罗马人比现存证据能证明的要多。只是短期在任的总督没什么机会或意愿学习少数礼貌用语以外的内容，也许是这样。但在行省或边疆工作更久的官员几乎无法避免地具备一些本土语言能力。毕竟，我们知道（就像巴尔米拉人巴拉特斯），他们有许多人会有本地妻子、女友或娼妓；可以推测他们做爱时不会只说拉丁语。亚当斯也强调过，这个层次的双语现象即使在转瞬即逝的文献、潦草的笔迹或粗糙铭刻的墓碑上也没有留下痕迹是不足为奇的。不只是因为我们在这里探讨的是古代世界销声匿迹的不识字的大多数中的一部分；也是因为这些本土语言有很多根本没有书写形式，不可能进入文字记录。

这些反思仅仅是为亚当斯描绘的语言多样性的丰富画面略添一笔。《双语现象与拉丁语》特别令人印象深刻，材料收集高明。它呈现的罗马帝国比我们平时想象的在文化上更为复杂，坦率说也更为陌生；另外，也许更为重要的是，它证明了对古代世界任何恰当的理解而言，语言研究到底有多关键。

本章评论书籍为：

J. N. 亚当斯（J. N. Adams），《双语现象与拉丁语》（*Bilingualism and the Latin Language*），剑桥大学出版社（Cambridge University Press），2003 年

第五部分

艺术 & 文化；游客 & 学者

从本书第1章（讲述克诺索斯史前宫殿及其发掘者兼重建者亚瑟·埃文斯爵士）起，古典学的现代史一直是贯穿全书的突出主题。最后这个部分直接聚焦为我们阐释古典世界的学者、再现那个世界的艺术家与剧作家、"探索"（以他们北欧人的视角是这样）希腊人和罗马人的地中海土地的早期旅行家和游客。

前两章聚焦古代文学和艺术如何被利用和再利用。第24章赞美希腊戏剧在20世纪的复苏；但也提出警告，不要认为古希腊对现代的影响都是玫瑰色的。的确，有时雅典悲剧重新上演并产生强烈效果，支持各种崇高的自由事业，从女性选举权到反种族隔离的战斗。但我们不能忘记，它也曾是极权主义政权最喜爱的一种艺术形式。博比·肯尼迪（Bobby Kennedy）[1]或许在马丁·路德·金被刺后的著名演讲中引用过埃斯库罗斯："即使在我们的睡梦中，痛也不能遗忘点点滴滴滑落到心头……"但我们发现，这同一句话也曾有过某些不那么可敬的再挪用。

第25章考察迄今发现的最具影响的古代雕塑：所谓的《拉奥孔》。1506年发掘于罗马的这尊雕像将维吉尔《埃涅阿斯纪》中一位特洛伊祭司与儿子们被蛇绞杀的故事凝固于大理石之中（图15）。它激发的讨论超过历来任何艺术品——从争论应如何复原（祭司的右臂让复原工作者忙了几百年），到更理论化的我们对它的反应问题（我们如何能乐于观赏一座刻画如此骇人的死亡的雕

---

[1] 即罗伯特·肯尼迪（1925—1968），曾担任美国司法部长，是美国自由主义的标志性人物，1968年被暗杀。

塑？）。但它还有个饶有兴味的身后事：比如卡尔·马克思很熟悉它并将它作为资本主义邪恶的象征。

后面两章转向旅行，还有游客（尤其是英国人）如何实地体验古典世界。在19世纪探访希腊或意大利是怎样的情形——是不是要像旅游指南的建议那样，带着蚊帐、木髓帽和马鞍，行李之多不堪重负？你该怎么看待"本地人"？第27章解释说，在庞贝，早期访客不仅被鼓励思考人类的生死，还被建议要提防忽悠、诈骗和宰客的餐馆。但在希腊（这是第26章的关注点），对当地人的态度更倾向于更为浪漫或照顾——仿佛现代希腊农民自荷马时代以来没怎么变过。这是我们仍没怎么甩脱的"延续性"错觉。

旅行也是第28章的主题，但是在形而上的意义而言。詹姆斯·弗雷泽的人类学奠基之作《金枝》充满了广泛分布的、采撷自大英帝国各个角落的"野蛮"做法的例证。但实际上他从未涉足比希腊更远之处，他自己也坚持说从没遇到过一个"野蛮人"！当然了，弗雷泽接受的是古典学家的训练，而作为《金枝》之基础的"探索"模型直接来自古典文学（来自《埃涅阿斯纪》里让埃涅阿斯得以安全前往冥界的"金枝"）。弗雷泽之后的那位学者，R. G. 柯林武德远没有那么埋首书桌。尽管现在他最出名的身份是哲学家和《历史的观念》的作者，但第29章将他很大程度上被遗忘的另一种兴趣带入视野。柯林武德也是古典学家，特别是罗马治下的不列颠拉丁文铭文专家。夏天，他在全国四处游荡——追踪、解码、记录墓志铭、涂鸦、宗教献词和里程碑，也就是罗马人在不列颠铭刻下来的痕迹。

第30章的范围更广，探讨了五花八门的一群曾经（老实说有时很不合理）被算作"英国古典学家"的人——从伊丽莎白一世到A. E.豪斯曼（A. E. Housman）[1]和阿纳尔多·莫米里亚诺。本章也思考了我们如何选择记住学者、为何我们近乎任性地不愿正视其错误和弱点。我以才华横溢而令人胆寒的牛津拉丁语学者爱德华·弗兰克尔（Eduard Fraenkel，艾丽斯·默多克[Iris Murdoch]和玛丽·沃诺克[Mary Warnock]等众多人士的老师）为最佳例证，询问哪些应该（或不应）收入古典学者和学术史。

最后一章的重点是许多人最初直面古典学的地方：那个虚构的、依然在抵抗罗马人的高卢村庄，勇敢的阿斯特里克斯和朋友的家。我想知道，是什么让阿斯特里克斯在欧洲如此受欢迎？关于我们自己的罗马的神话（myths of Rome），他有什么要告诉我们？

---

[1] A. E.豪斯曼（1859—1936），英国诗人，最著名的诗歌作品是大学时期的诗集《什普罗郡的少年》；亦是极负盛名的古典学者。

24

唯有埃斯库罗斯能行？

1968年4月4日夜，马丁·路德·金被暗杀后，博比·肯尼迪对印第安纳波利斯黑人贫民区一群愤怒的群众发表演说。演说中间，他对埃斯库罗斯《阿伽门农》中歌队台词的引用很出名："即使在我们的睡梦中，痛也不能遗忘点点滴滴滑落到心头，直到，在我们的绝望中，有违我们的意愿，智慧却降临，经由神的威严恩典。"

表现有力，但对古典文本的使用却有点错误。"我最喜爱的诗"，他开口说道，"我最喜爱的诗人"，他纠正自己，"是埃斯库罗斯……"引文本身是某些（也许建设性的）记忆错误的结果。肯尼迪记住的是伊迪丝·汉密尔顿（Edith Hamilton）[1]在20世纪30年代对这部戏剧的翻译，但他痛切提到的"在我们的绝望中"那句，汉密尔顿写的其实是"在我们的怨恨中"——这是对埃斯库罗斯原文古风的、精确的翻译，意义大为不同。伊迪丝·霍

---

[1] 伊迪丝·汉密尔顿（1867—1963），美国教育家、知名作家，当时美国声名卓著的古典学家之一。

尔（Edith Hall）[1]对肯尼迪的不准确礼貌地保持沉默。她在《69年以来的狄奥尼索斯：第三个千年来临时的希腊悲剧》中极为出色而有力的文章里，将他的演讲视作现代政治参与埃斯库罗斯戏剧的关键例证之一。在此时，"现代史上最黑暗的时刻之一，"她写道，"唯有埃斯库罗斯能行。"不过她通常关切的是埃斯库罗斯戏剧"说出不可说之事"的能力在政治辩论中得到利用的更近的事例——无论是重新思考从巴尔干半岛到波斯湾的军事冲突之恐怖，还是（像托尼·哈里森[Tony Harrison]的《普罗米修斯》那样[2]）解决以贫困和阶级的外形出现的"内部敌人"。

尤为难忘的是她对彼得·塞拉斯（Peter Sellars）[3]1993年改编的《波斯人》的讨论。原剧的主题是公元前480年波斯舰队在萨拉米斯战役中败于雅典人，霍尔评论说本剧非同寻常，"因为剧中角色皆为波斯人，即雅典的入侵者、他们痛恨的敌人"。塞拉斯将背景转换到第一次海湾战争，薛西斯和他的波斯同胞被重新解读为美国的伊拉克敌人。萨达姆·侯赛因的行为得到的同情不超过埃斯库罗斯给薛西斯的同情，却突出了战争中伊拉克受害者的痛苦，更有甚者，他还让演员们"说出了不可说之事"（"我诅咒美国之名……他们是恐怖分子，你瞧"），等于对观众的额外攻击。本剧在洛杉矶上演期间，每晚约750名观众里约有100人离

---

[1] 伊迪丝·霍尔（1959—），英国古典学者，伦敦国王学院教授。

[2] 英国诗人兼剧作家托尼·哈里森（1937—）创作的电影诗，受雪莱《解放的普罗米修斯》影响，以神话隐喻英国工人阶级的困境。他还创作了后文提到的《美狄亚：一部两性战争歌剧》。

[3] 彼得·塞拉斯（1957—）美国戏剧导演，加州大学洛杉矶分校的教授，以对古典和当代戏剧的独特演绎而闻名。

席。但博比·肯尼迪在这部论文集里阴魂不散,不只是他对埃斯库罗斯著名的引用。因为1968年6月5日肯尼迪本人被暗杀,正是《69年的狄奥尼索斯》这出戏开演的前一天,这就是本书标题背后的原因。理查德·谢希纳(Richard Schechner)对欧里庇得斯《酒神的女信徒》激进的改编在纽约的表演车库(Performing Garage)[1]首演——配上即兴表演、裸体、分娩仪式,观众待在梯子上或梯子下,势必和演员混在一起——往往被看作希腊悲剧现代制作的转折点。它标志着古代戏剧近来不同寻常的重生(霍尔评论说,"过去30年内上演的希腊悲剧比古希腊罗马以来任何时代都要多")和它对20世纪后期世界范围内的斗争与不满的强有力参与。这部剧的上演与肯尼迪之死同时发生,这本身就富于启示:戏剧变革与真实的政治悲剧并行,后者眼看着反战的自由主义美国的最后希望破碎。

在《69年以来的狄奥尼索斯:第三个千年来临时的希腊悲剧》里,弗洛玛·齐特林(Froma Zeitlin)对现在几乎被神话了的那场演出的分析之冷静别具一格。她回顾了自己身在观众席中的生动记忆,认可了它在戏剧史上的里程碑地位。谢希纳用一部在20世纪早些时候从来没有在美国做过商业演出的古代悲剧,表现出其主题——关于"暴力、疯狂、狂喜、力比多能量的释放……打破禁忌,还有道德选择的自由"——在向20世纪60年代的纽约发言时可以有多雄辩。同时她避免了陷阱,并未判断其创新完全成功。一次引人注目的演员与观众的互动尝试——"绝对抚慰"(The Total Caress)——尤其(且好笑地)走样了。这是

---

[1] 纽约苏豪区的一家剧院,成立于1968年。

接近结尾,"当彭透斯和狄奥尼索斯因一段同性恋邂逅从场景中短暂退下"时发生的。想法是其他演员在观众当中来回穿梭,调动他们参与被隐晦地称为"感官探索对话"的活动,按齐特林的说法,这是仿照"欧里庇得斯剧中酒神女信徒们平和的感官行为"。这些邂逅可想而知地转了向。于是谢希纳换上了更为非写实的幕间休息,过程中不经意泄露了表面看来颇为即兴的剧作背后潜伏的控制热情。他说,"绝对抚慰"是"危险和自我欺骗的"。"该剧场事件越来越不受剧团控制。"《69年以来的狄奥尼索斯》讨论的戏剧制作的范围远远超出纽约的先锋表演空间,从爱尔兰(奥利弗·塔普林[Oliver Taplin]对谢默斯·希尼[Seamus Heaney][1]根据索福克勒斯《菲洛克忒忒斯》[2]改编的《特洛伊的治愈》的优美评价文章)到非洲和加勒比海。两者之间,文章作者们发掘出了异乎寻常的宝藏,有著名的,不那么著名的,有时老实说很怪的古代悲剧的各种现代版本。比如说海伦·弗利(Helene Foley)就从约翰·费希尔(John Fisher)1996年的坎普风格(camp)戏仿剧作《音乐剧美狄亚》[3]中得到很大乐趣——这是一部剧中剧,讲述一位戏剧导演的烦心事,他试图重新推出这个故事(并颠覆其中的性别政治)把伊阿宋设定为同性恋。这部戏被彼得·布朗(Peter Brown)挑中,他做过非常有趣的调查,名为"歌剧院和音乐厅里的希腊悲剧",确认了过去35年中上演的多达百部希腊

---

[1] 谢默斯·希尼(1939—2013),爱尔兰诗人,1995年获诺贝尔文学奖。
[2] 菲洛克忒忒斯是希腊神话中的英雄,希腊第一弓箭手,有4部以他为主角的希腊戏剧,仅有索福克勒斯的剧本存世,希尼便是根据此版本创作了自己的剧本《特洛伊的治愈》。
[3] 美国剧作家约翰·费希尔的音乐喜剧,大受欢迎,多次获奖。

悲剧的新音乐剧版本,作曲家来自印度、中国、黎巴嫩和摩洛哥,还有更在预料之中的西欧和美国。和费舍尔的同性恋戏仿剧一起出现的还有如此迥然不同的作品:来自新奥尔良,遭到白人船长抛弃的克里奥尔人[1]《美狄亚》,托尼·哈里森的《美狄亚:一部两性战争歌剧》,作曲家未完成曲谱便已去世,最终作为话剧上演。

到了本书最后,读者会意识到,30年内几乎每个有价值的政治目标——妇女权利、对艾滋病的意识、反种族隔离运动、和平进程(从北爱尔兰到巴勒斯坦)、同性恋骄傲、核裁军,更不用说各种反对独裁、帝国主义或撒切尔政府的斗争——都通过希腊悲剧的新演出找到支持(反过来也激励了后者);而这段时期的几乎每个恐怖事件,特别是对巴尔干半岛和波斯湾战争的分析与谴责都使用了希腊悲剧的语言用法(用于特洛伊毁灭的话语可以换成科索沃、巴格达,或你想要的地方)。很大程度上这是这本文集可观魅力的一部分——同时也是它令人困扰的问题的一部分。

似乎所有供稿人对希腊戏剧近期历史的假设都是同样的:过去30年对希腊悲剧的文化兴趣比古代以来任何时候都要强烈;这些现代演出具有前所未有的政治含义;希腊悲剧是讨论最尖锐复杂的人类问题的独特而有力的媒介;这种影响力近来被世界上向善的力量用于自己反对压迫性势力的斗争(和平的代表反对军事强权,女性反对厌女症,性解放反对压抑,等等)。其中有些颇为公正。单纯从制作数量来看,毫无疑问,过去几十年对古代戏剧的兴趣空前——但也应当记住,古典学这门学科有个特征,每一

---

[1] 克里奥尔人一般指欧洲白人在殖民地移民的后裔,典型的如美国路易斯安那州,尤其新奥尔良的该类人群,有时也指当地的非洲人移民后裔。克里奥尔语则是诸多不同语言混杂而来的自然语言。

代后继者都在哀叹古典学问衰落的同时,有能力庆贺自己对古代新颖的再发现。说到底,19世纪80年代的评论家在自己那个年代对希腊戏剧狂热说过差不多一样的话。但有些其他的假设就更具倾向性。如果《69年以来的狄奥尼索斯:第三个千年来临时的希腊悲剧》给这种辩论以空间,或者为一两位没有千篇一律地唱赞歌的作者提供一席之地,这本书或许还能更好。

比如说,是不是真的像作者们一再提出的那样,希腊悲剧有"说出不可说之事"的独特力量?霍尔写到博比·肯尼迪的演讲时说"唯有埃斯库罗斯能行",她为何认为,比如,精心挑选的莎士比亚引文对肯尼迪的任务就会效果欠佳?其实,如果能看到对这位吟游诗人[1](他作为全世界政治异见的载体有自己的光辉记录)的命运如何有异于希腊悲剧的命运的探讨,也是很有用处的。甚至浏览一下当前戏剧界对一切希腊事物的热情的反对意见也是有用的。比如认为古代悲剧是问题而非答案的观点,或是认为西方文化对战争恐怖或性别不平等的应对如此无效,部分原因就在于它无法跳出两千多年前雅典建立的框架彻底思考这些议题的观点?还有罗娜·哈德威克(Lorna Hardwick)在关于后殖民主义的论文中一笔带过的看法,认为在喀麦隆上演《酒神的女信徒》或者在南非演出《安提戈涅》远非政治上的赋权,实际正反映了殖民势力的最终胜利。本土文化也许赶走了政治霸主,但仍在上演他们该死的戏剧。

《69年以来的狄奥尼索斯:第三个千年来临时的希腊悲剧》的多数作者对20世纪晚期舞台上希腊悲剧的参与热情也导致了对

---

1 即莎士比亚。

许多较早期古代戏剧复兴的政治热忱的集体失忆。文集没有追忆吉尔伯特·默里（Gilbert Murray）[1]翻译的《特洛伊妇女》在第一次世界大战期间的演出（包括妇女和平党[2]资助的美国巡演），也没有它为了支持1919年默里在牛津时心爱的事业——国际联盟时的演出。本书对19世纪30年代欧里庇得斯《伊翁》的上演也未置一词，那些演出是几乎不加掩饰的反奴宣言；也没提到维多利亚时代和爱德华时代晚期英格兰的反戏剧审查斗争，很多时候都是围绕着索福克勒斯《俄狄浦斯王》的上演进行的。多数读者会留下令人误解的印象，以为古代戏剧的政治化是最近几十年的发明，还会对霍尔所称的"1968—1969年分水岭"持过于僵化的理解。

更误导人的还在于《69年以来的狄奥尼索斯：第三个千年来临时的希腊悲剧》坚持无视对希腊悲剧的让人不那么自在的政治挪用。是的，古典戏剧曾被召唤来支持的正义目标有一长串——从普选权到罢工的矿工。但它也有几乎同样令人难忘的被用来支持现代世界某些最邪恶的目标的历史，这也是事实。例如希特勒在1936年奥运会的同时上演埃斯库罗斯的《俄瑞斯忒亚》，这个版本夹带了大量私货，将故事解读为雅利安主义的胜利。墨索里尼非常热心支持赞助西西里岛上叙拉古历史悠久的古代戏剧节。正如《威尼斯商人》在第三帝国的演出既被当作支持反犹主义的

---

1 吉尔伯特·默里（1866—1957），20世纪的古希腊语言文化研究领域顶尖学者，萧伯纳《芭芭拉上校》中一个人物即以他为蓝本；同时投身政治活动，1916年担任国际联盟副主席。
2 1915年1月为回应第一次世界大战而成立的美国妇女和平主义和女权主义组织，是美国第一个以公开游行示威作为行动策略的美国和平组织。

武器,也被当作反对反犹主义的武器一样,在战时的法国,阿努伊[1]的《安提戈涅》受到抵抗组织和占领军同样的热烈追捧。

不过,最怪异的政治转向是肯尼迪那段著名的埃斯库罗斯片段的后续命运,这一命运突兀地待在它在自由主义美国年鉴和民权运动神话中的神圣地位一旁。加拿大古典学家克里斯托弗·莫利塞(Christopher Morrissey)不久前评论过,这完全一样的一段话被理查德·尼克松据为自己最喜爱的引文之一。那么,它不仅用来纪念马丁·路德·金之死;亨利·基辛格还声称,尼克松在白宫的最后一晚他也在,这段话曾在他脑中嗡嗡作响。想必,唯有埃斯库罗斯能行。

本章评论书籍为:

伊迪丝·霍尔(Edith Hall)、菲奥娜·麦金托什(Fiona Macintosh)和阿曼达·瑞格利(Amanda Wrigley)编辑,《69年以来的狄奥尼索斯:第三个千年来临时的希腊悲剧》(*Dionysus since 69: Greek Tragedy at the Dawn of the Third Millennium*),牛津大学出版社(Oxford University Press),2004年

---

1 让·阿努伊(Jean Anouilh,1910—1987),法国戏剧家,1943年的《安提戈涅》是其主要作品。

25

大显身手

J. H. 菲斯利（J. H. Fuseli）有幅名画，如其标题所示，表现了一位《艺术家为古代废墟之壮丽而感慨》，他坐在巨大的罗马雕像的一只脚边哭泣（这只脚如今藏于罗马保守宫博物馆，本属于一座君士坦丁皇帝塑像）。菲斯利的重点不仅在于古代艺术依然能让有感受力的人落泪。他也恰当地强调了，自文艺复兴以来重新发现的大部分希腊罗马雕塑杰作从地下出土之时，都处在令人心伤的破损状态：无头的身体、肢解的躯干、悲剧性的残肢。他的艺术家感慨于古代延续至今的壮丽，亦为失去的一切哭泣。

世界主要博物馆展出的如此之多的古典雕塑看起来都保持着原始状态，但多半归因于菲斯利和同事及前人的努力，从米开朗琪罗到托瓦尔森[1]。16和17世纪的罗马，一旦有损坏的杰作出土，当时的一流雕塑家会立刻就位。第一反应通常是一连串精心排练好的说辞，拒绝篡改古代天才幸存的残片。但类似顾忌并不会妨

---

[1] 贝特尔·托瓦尔森（Bertel Thorvaldsen，1770—1844），古典主义雕塑家，出生于丹麦哥本哈根，在罗马度过大半生。后返回丹麦。哥本哈根的托瓦尔森博物馆专门收藏其作品。

图 13　菲斯利深思古典时代的影响

碍他们多久；因为艺术家们很快就会忙于给这件新发现配备上一切所需之物（字面意义上从头到脚），使它看上去符合身份，像个完美的古代雕塑应有的样子。一般来说，凡是看来依然拥有未破损的伸开的手指（或举起的手臂，或者大多数情况下是鼻子）的古代雕塑，其实都是受益于此类现代翻新，很少例外。

考虑到涉及其中的艺术家，有些处置已经成为流行的古典雕塑保留名单中的亮点，也不奇怪。比如说，正是贝尼尼[1]添加的迷人的床垫将卢浮宫别扭的《赫马佛洛狄忒斯》提升到明星地位。又是贝尼尼，给了我们厄洛斯的可爱脸蛋，让他从忧郁的卢多维

1　吉安·洛伦佐·贝尼尼（1598—1680），意大利艺术家，17世纪伟大的雕塑家，将巴洛克风格雕塑发展到令人望尘莫及的地步，同时也是当时杰出的建筑师。

西《阿瑞斯》[1]腿后显露出部分身体（暗中提醒人们战神与厄洛斯的母亲阿佛洛狄忒之间的私情）。其他情况中，一件吸引人的文艺复兴时期修复之作成了后来偶然发现的——必须承认，很多时候偶然得可疑——雕塑"真正的"遗失部分的旗鼓相当的对手。法尔内塞的赫拉克勒斯像的主体发现数年之后，"原作"的腿据说出现了，这时多数人依然倾向于米开朗琪罗的学生古列尔莫·德拉·波尔塔（Guglielmo della Porta）[2]设计的腿。过了很久，那些文艺复兴时期添加的部分才移走，为"原作"让路——甚至到了那时，德拉·波尔塔的版本仍继续在雕塑身边展出（现在它们在那不勒斯博物馆也还是如此）。近来的学术研究对这些修复作品非常看重。尽管20世纪有过几次纯粹主义的发作（例如尽人皆知的托瓦尔森优美的新古典主义修复之作被从慕尼黑古代雕塑展览馆中最著名的希腊组雕上剥下，以及卢浮宫决定将《垂死的塞涅卡》从其血红色的文艺复兴浴盆中移走，置于一块混凝土上），一般而言，艺术史家和博物馆负责人还是逐渐将贝尼尼等人的介入看作持续不断的古典雕塑创作史的重要部分；或许不精确，但其本身便很值得研究。卢浮宫的精彩展览《追随古典时代》其实就赞颂了这一创作史，展览不仅包括大量令人目眩的当代艺术家对古典主题的再加工（包括菲斯利的脚的现代艺术摄影作品，至少5件萨尔瓦多·达利的《米洛的维纳斯》原尺寸变体作品），还有一系列选择得当的希腊和罗马雕塑较早的修复之作、复制品和再创造。

---

1 这件雕塑是一件公元前340—前330年希腊雕塑的2世纪罗马复制品，由贵族卢多维西家族委托贝尼尼修复。
2 德拉·波尔塔（1533—1602），意大利建筑师、雕塑家，深受米开朗琪罗影响。

图14 赫马佛洛狄忒斯使人大吃一惊。从一侧（下方）看起来是沉睡的女性；从另一侧（上方）看去则另有乾坤

插图目录极好地介绍了某些最为有名的古代塑像常常意想不到的 *Nachleben*（身后事）——比如"米洛的维纳斯"在过去50年间被用来为跑车、煤气炉、李维斯牛仔裤、矿泉水和压力袜做广告！——和文艺复兴修复者的目标与方法。当然，修复仍在进行。我们或许以为我们已学会欣赏残缺不全的古代雕塑，其实并不尽然。没有胳膊的《米洛的维纳斯》，撩人地未曾复原，这是一回事；20世纪50年代在罗马以南的斯佩隆加村附近发现的大型雕塑群，碎成数千块，就是另一回事。如今斯佩隆加博物馆展出的再创作的杰作所含的石膏和树脂不可避免地和原有的大理石一样多；它们在身为创造性的重塑这方面不亚于贝尼尼或托瓦尔森任何雄心勃勃的项目。迷惑之处不在于修复的发生（毕竟谁会为了看一堆大理石碎片不辞辛苦地跑去斯佩隆加？）；而在于艺术史家一方面对文艺复兴时期处置古代雕塑的原则与做法越来越感兴趣，却对当代修复者的活动大体上盲目信任——仿佛修复的"科学"无可置疑，和前朝的创造性虚构一点都不一样。这种盲目的经典案例是梵蒂冈博物馆修复的《拉奥孔》群像。拉奥孔，在劫难逃的特洛伊祭司，在维吉尔的《埃涅阿斯纪》里，他未能说服同胞警惕木马和"带着礼物的希腊人"，最终和两个儿子一起被敌对的神衹雅典娜或密涅瓦遣来的蛇绞杀。

梵蒂冈这座繁复的大理石雕塑展现了父子们绝望地同险恶的蛇搏斗，自从1506年在罗马重新发现的那一刻起，便成了古往今来最有名、最具影响力的艺术品之一。它激发了作为现代学科的艺术史在建立之初的一些最重要的争论（特别是温克尔曼和莱辛之间）。很快它就被树为持久的家喻户晓的形象，先是在全欧洲，然后在美国：对卡尔·马克思而言，它提供了资本主义邪恶的象征;对狄更斯而言,它提供了吝啬鬼(Scrooge)和长筒袜搏斗的画面;对一代代漫画家,它是所有政治麻烦一眼可辨的图解(尼克松被录音磁带缠住,或者1960年大胆麦克陷入"欧洲问题"[1])。它一直位于学术议程首位,有两本书以此为主题,作者皆为古典艺术史杰出人物:理查德·布里连特(Richard Brilliant)《我的拉奥孔:艺术品阐释中的另一种主张》(*My Laocoön: Alternative Claims in the Interpretation of Artworks*)和萨尔瓦多·塞蒂斯(Salvatore Settis)的《拉奥孔:名望与风格》(*Laocoonte: Fama e stile*)。

《拉奥孔》在1506年塑像现身时有着绝妙的文献传承。布里连特和塞蒂斯都强调过,其立竿见影的影响很大部分因为它同《埃涅阿斯纪》,还有老普林尼的百科全书著作《博物志》中描述的一尊雕像有关。普林尼写到"提图斯皇帝宫中的拉奥孔……(表现了)用一块石头雕刻出拉奥孔、孩子们和绝妙的紧紧卷起的蛇……由哈格桑多罗斯(Hagesander)、波利多罗斯(Polydorus)和阿塔诺多罗斯(Athenodorus)完成,三人都来自罗得岛"。这座雕像与普林尼看到并描述过的那座雕像匹配得难以置信。尽管如此,《拉奥孔》发现时很不完整。不仅丢失了通常的肢体末端和蛇的零星片段,而且每个人物都失去了右臂。随后便是激烈的争论(由米开朗琪罗和拉斐尔等人组织),探讨如何修复这些胳膊——特别是中心人物拉奥孔本人的胳膊:往后弯折还是笔直向上?到

---

[1] 指1957—1963年担任英国首相的哈罗德·麦克米伦(Harold MacMillan),此处提及的漫画是威兹以拉奥孔为底本绘制的漫画,描绘1960年麦克米伦前往罗马开会,图中麦克米伦被蛇缠绕,蛇身上写着各种欧洲政治难题,漫画中雕塑底座上写着"麦克拉奥孔,1960",漫画标题为《首相正在罗马讨论欧洲问题》。

图 15 特洛伊祭司拉奥孔被蛇绞杀。这里我们看到的是"老"版复原之作,拉奥孔的手臂笔直伸展

16 世纪 30 年代,他们一致认为应该朝空中伸展。以后的(多次)修复每一次都照这个模式来,将儿子们也修复得与之相称。这就成了这座雕塑的经典形象。

到现在为止没什么特别。然而这个故事在 20 世纪有了意外转折。1906 年,一位德国文物学家兼商人路德维希·波拉克(Ludwig Pollak)[1]在罗马一座泥瓦工场地闲逛时,发现了一只弯曲的大理石手臂的断片,隆起的肌肉风格类似《拉奥孔》。他将

---

[1] 路德维希·波拉克(1868—1943),生于布拉格的考古学家和古董商,死于奥斯维辛集中营。因在罗马发现拉奥孔右臂而闻名。

其呈给梵蒂冈的博物馆,它一直待在库房里,直至20世纪50年代——那时博物馆方面认定它的确属于《拉奥孔》原件本身,并将雕塑拆开,取走传统的修复部分,将波拉克发现的胳膊嵌入其中。事实上有非常强大的反对意见:这只新胳膊并不直接吻合父亲破损的肩膀(不得不嵌入一块石膏);看起来尺寸较小且大理石的颜色略为不同;波拉克自己只是相信它来自一座类似《拉奥孔》的雕塑;更别提发现它的情形最好也就是含糊不清,最坏情况则令人生疑——相比文艺复兴时期"偶然"发现遗失部分的故事,可信度并不更少或更多。新的修复整体并没能抓住大众的想象,也不足为奇(想要一眼可辨的"拉奥孔"的漫画家们依然让他胳膊向上)。但出于某种原因,专业艺术史家几乎一致相信它;似乎不情愿让现代博物馆修复者的工作遭受文艺复兴时代重要雕塑家遇到的那种讲求实际的分析。

布里连特和塞蒂斯也不例外:二人基本上都明确为"新"《拉奥孔》背书,尽管布里连特赞成对那3个人物略激进些的重新安排;他们显然不觉得有必要提出任何特别论据来支持波拉克胳膊的真实性。这是各自罕见的疏忽。因为《我的拉奥孔:艺术品阐释中的另一种主张》和《拉奥孔:名望与风格》两本书以其不同的智识风格(布里连特在历史、艺术哲学和美学的交叉点做研究;塞蒂斯在古典学和文化史的意大利传统里)提出了始终具有洞察力的分析,不仅在古代语境中分析这座雕塑,还将"拉奥孔"作为500年来激烈辩论与争论的对象。尤其是布里连特,将其视为范式物体(paradigm object)加以探讨,提出了艺术史和艺术理论的核心议题:确认、模仿、图像学(iconography)、年代测定和反应。用他的话说,这座雕塑相当于"一种对阐释本身的分析的传统主题"。

这是优秀的研究主题。自重新发现以来,《拉奥孔》的几乎每个方面都在某些时候受到过激烈争论。甚至普林尼描述的雕像就是梵蒂冈的《拉奥孔》这一看似简单的"事实"也证明并不那么简单。是的,题材吻合(拉奥孔、儿子和扭动的蛇);出土地点尽管在文艺复兴资料中模糊不清,也可以想象符合"提图斯的宫殿"。问题在于,普林尼声称他的雕像是用一块大理石制成("ex uno lapide"),而"我们的"《拉奥孔》肯定不是。几乎从发现那一刻起,对这一点的可能解释就很清楚:要么普林尼弄错了,或者"ex uno lapide"的含义和我们认为的不同;要么普林尼看到的"拉奥孔"不是我们的,而是这一著名主题的某个没能留存下来的其他版本。塞蒂斯单刀直入,提出(很可能是对的)拉丁语中"ex uno lapide"是句有名的俏皮话,意为杰作,不应按字面理解。布里连特从争辩中后退一步,更广泛地思考这一文本的存在如何不可避免地影响了我们对一件艺术品的理解。

普林尼的叙述也提出了日期测定和独创性的问题。他提到了三位罗得岛艺术家的名字——最初认为是他们雕刻了"我们的"雕像,年代有争议,但显然是在公元 1 世纪中期普林尼写作之前。可是许多批评家后来也曾设想,如果梵蒂冈的《拉奥孔》是某件更早的希腊"原作"的"复制品"呢?那样的话,普林尼提到的的雕刻家做的是"原作"还是"复制品"?而我们又该如何解释,同样的这 3 个名字还刻在斯佩隆加那几堆大理石碎片之一的底座上?另外大家都知道,提比略皇帝在斯佩隆加的某个洞穴里进餐时,洞穴垮塌了,他侥幸逃生,这件巧合之事如此诱人,我们是否能从中得到什么?各种理论层出不穷,为我们的《拉奥孔》的创作年代提出了跨度至少 3 个世纪的严肃说法。最众所周知的是伯纳德·安德烈埃（Bernard Andreae）[1]在过去30年一系列出版物中提出的各种看法，他曾担任位于罗马的德国考古研究所所长，深度参与了将斯佩隆加碎片重新装配成可辨识的雕塑的工作。安德里亚根据实际很少的证据就宣称梵蒂冈的《拉奥孔》是一件青铜原作的复制品，原作为帕加马国王公元前140年左右委托制作的，他推断其目的是诉诸共同的特洛伊起源以协调帕加马–罗马关系[2]。他认为普林尼提到的3个罗得岛人是模仿者，在提比略统治期间制作了他们的大理石版本雕塑，那时他们受皇帝委托，也在装饰那个斯佩隆加洞穴（现在被自信地确定为那次倒霉晚宴的地点），而雕塑主题"与提比略生平有关"。

布里连特或塞蒂斯同这些事均无任何瓜葛（布里连特称安德烈埃为"20世纪的温克尔曼"，这可能是把双刃剑）。两人都认为在罗马帝国复杂的艺术世界里，任何简单意义上的寻找"原作"或"复制品"的过程并不特别有意义。不过，塞蒂斯再次参与进来，直接反驳安德里亚。他自己的文本有很大部分都在试图证明，我们的《拉奥孔》是公元前1世纪晚期的"原作"。布里连特则再度保持距离，没有提出他自己倾向的年代。在许多方面，这是《我的拉奥孔：艺术品阐释中的另一种主张》最引人注目的一项成就：比如向读者表明，确定一件罗马雕塑的年代并不是艺术史最重要的问题，甚至不是必须的问题。

但最后还是有种感觉，布里连特和塞蒂斯都手下留情了。他们都致力于研究对《拉奥孔》的反应的历史，这让他们严肃对待

---

[1] 伯纳德·安德烈埃（1930— ），德国古典考古学家，著作等身，获得诸多荣誉，包括温克尔曼奖章。

[2] 此处又涉及特洛伊王子埃涅阿斯是罗马祖先的传说。

了其他语境里本应礼貌嘲笑的主张（包括安德烈埃的）。事实上，近来关于这座雕塑的文字中很大一部分在得到分析之外也应同样公开批判。如果有谁想要看看对这些文章的机智反讽的力量，就该去查询《古典世界》（*Antike Welt*）期刊上的一篇文章，托尼奥·赫尔舍（Tonio Hölscher）在该文中重返《拉奥孔》，其一连串政治解读甚至超越了安德烈埃（我们能否把"拉奥孔"和儿子们解读为代表奥古斯都和他没能继位的继承人盖乌斯和卢基乌斯[1]？雕塑中的大一些的男孩［盖乌斯？］是不是第一门［*Prima Porta*］的奥古斯都雕像腿上爬着的丘比特的长大一些的版本？诸如此类）。然而，专注的读者并不会担心。在本文插图对《拉奥孔》明目张胆的"旧"修复的提醒下，他们很快会注意到，文章每一段的第一个字母构成了全然恰当的（德语）藏头诗："赞美会是瞎扯"。

本章评论书籍为：

《追随古典时代》（*D'après l'Antique: Paris, musée du Louvre*），巴黎卢浮宫，2000 年 10 月 16 日—2001 年 1 月 15 日，法国国家博物馆联盟（Réunion de musées nationaux），2000 年

理查德·布里连特（Richard Brilliant），《我的拉奥孔：艺术品阐释中的另一种主张》（*My Laocoön: Alternative Claims in the Interpretation of Artworks*），加州大学出版社（University of California Press），2000 年

萨尔瓦多·塞蒂斯（Salvatore Settis），《拉奥孔：名望与风格》（*Laocoonte, Fama e stile*），唐泽利出版社（Donzelli），1999 年

---

1 奥古斯都的外孙盖乌斯·恺撒和卢基乌斯·恺撒，皆早亡，盖乌斯 23 岁死去，卢基乌斯死时 18 岁。

26

别忘了木髓帽

"从每个希腊水手和农民的语言和举止中，古典学者都能不断认出他熟悉的古希腊文学中的措辞和习俗。"1854年的默里《希腊旅行者手册》序言便是这样抚慰焦虑的游客。意思很简单：在一条希腊的船上，你会发现自己回到了奥德修斯身边（"古代人的航海装置和手段或可在日常应用中看到……希腊的海洋仍和从前一样变幻无常"）；在乡村小屋中，你会发现娱乐你的人足以冒充荷马的牧猪人欧迈俄斯（Eumaeus）。"甚至凶猛攻击的害虫——它很快就会找上一个英国人——也恰如阿里斯托芬对旧日希腊人家类似苦难的生动记载中描述的那样。

重温这个古典世界当然不无风险与困难，《希腊旅行者手册》试图对不加准备便贸然来希腊的旅行者可能的遭遇提出非常耸人听闻的警告，以说明自身的不可或缺。最重要的事项是健康，实际上，是生存。"水果之丰盛对外国人是个诱惑，"它警告说，"但没什么比这更有害或更能引发致命后果的了。"要抵御阿里斯托芬的害虫，只能依靠一顶廉价却极复杂的蚊帐，而它每日的安装必然会难住所有人，除了最为留意且灵巧之人："我发现进去的最佳方式是把开口放在床垫中间,然后站在里面,在头顶收束袋口。"旅行问题紧随其后。值得带个英式鞍座吗?总的来说是的,因为会舒服得多,但考虑到希腊马匹的"悲惨境况",也确实容易伤害牲畜的脊背。另一方面,英国仆役最好留在国内,或者如果不能留在家,那就留在科孚岛:"他们通常不太乐意适应陌生习俗,也没有天资学会外语,而且"——这典型地暴露出精英们根本看不到工人阶级总要忍受的不适——"会比主人更烦恼于困境和艰苦生活"。雇个本地人要"宜人且有用"得多,只要不指望古物知识,更别说在他们主动告知时表示信任。为此,书籍(手册)是必须的。

很难想象会有人严格遵循这条建议,就像人们不会把现代这类书中令人恐慌的日光浴禁令当回事一样。这些导游书的作用既在于指点或限制旅行者的行动,也在于构建理想旅行的形象(和随之而来的危险减轻的感受)。尽管如此,无论其建议如何实用或者本打算弄得实用,默里《希腊旅行者手册》的连续版本(出版社授权出版;作者和编辑名只有首字母)从希腊独立战争刚结束的1840年首版到进入20世纪,清楚记录了英国游客对这个目的地国家不断变化的态度。这段时期,这个国家在英国人的想象中被重新定义,从危险的探索场所变成了中产上层旅行者和游客可行的目的地。《手册》的不同版本究竟在多大程度上记录了希腊本身的"真实"变化,就更难说了。当然,它或多或少记录了。例如,连续的版本列出了越来越多的高级旅馆("至少和意大利大城镇的那些一样好"),这大抵在反映了旅行者能获取的便利设施的变化的同时也反映了希腊经济生活的变化。但并非总是这么清楚。1884年版提到雅典的一位舞蹈教师,是否因为此类设施之前不存在？是因为游客们对如今自己能从雅典获得什么有了不同的期待？还是因为《希腊旅行者手册》（1884年增至两册）越来越热衷于完整而综合性的信息，不论有用与否？

但总体上，对舞蹈教师的收录符合希腊随着这一系列的继续而逐渐发展出来的越来越驯良的——或至少是更易于应对的外国——形象。1840年的首版雷鸣般地指出在希腊旅行"帐篷是首要必需品"，而1854年修订版则更平和地认为"帐篷尽管在亚洲许多地方是必需品，在希腊则多余而罕见"。到了1884年，"帐篷是无用的累赘"。于是后面的卷册里，之前在野外进行文明旅行的其他必需品也被撤开：餐具箱、地毯、复杂的蚊帐（到1884年顶多替之以轻便面罩）。只有偶然情况下建议似乎指向另一方向。较早的版本建议说一顶不错的草帽足以挡住阳光，但1884年，旅行者被告知得有一顶木髓帽才行（"四月底以后必不可少"，1896年版本加了一句）。

在所有这些变化与再定义中，有一件事自始至终多少保持不变：认为现代希腊和现代希腊人在某种程度上保持了古代世界的精神与习俗。18世纪和19世纪初，许多较早期旅行者对希腊的说法是：尽管考古遗迹令人印象深刻，那些居民却是其古代祖先苍白而令人失望的影子，这已经成了一种陈词滥调。如果旅行者前往这个国家，期望遇到"米太亚德和客蒙的后代"[1]，结果发现了劫匪、骗子和街头小贩；而妇女们就像瓦莱里·德·加斯帕林（Valérie de Gasparin）被迫悲伤地承认的那样，和米洛的维纳斯

---

1 此处应为小米太亚德（约公元前550—前489），雅典人，曾带领希腊人赢得马拉松战役；他的儿子客蒙曾任雅典十将军，即雅典最高军事长官。

简直相去千里。19世纪后期的指南让读者在别处寻找古代的遗产，一定程度上算是对这种情况的反应。如果你对农民的日常生活略有了解，如果你更努力倾听他们所说的那种语言，你心里便会响起古典世界的各种回声。水手用的是荷马史诗中描述的技巧，农夫用的是赫西俄德推荐的方法；如果有足够的想象力，希腊农村盛行的各种迷信可以追溯至异教的观念和做法。

这些关于延续性的问题显然同有关希腊民族的学术战争有交集，这战争起起伏伏延续了两百年左右，有时充满恶意。现代希腊居民是不是古代的直系后裔？还是如19世纪的J. P. 法尔梅赖耶（J. P. Fallmerayer）[1]或20世纪的罗米利·詹金斯（Romilly Jenkins）[2]众所周知的说法，是斯拉夫族的新来者？剑桥大学图书馆藏的一本帕特里克·利·费摩尔（Patrick Leigh Fermor）的《罗梅利：希腊北部纪行》（*Roumeli: Travels in Northern Greece*）1966年的初版中，一名种族主义读者在书边潦草写下评论，从中能看出这一争议偶尔沦落到何等水平。在利·费摩尔提到现代希腊语是"古希腊语无可争议的继承人"之处，这位不具名的潦草书写者补充道："胡说。这是阿尔巴尼亚斯拉夫人（Albano-Slavs）野蛮的混杂语，这些人用他们'外国佬'的畸形身体和肮脏政治玷污了占领的这片土地。"但连续性的观点还提出了更为一般的、同样重要的议题：我们如何理解现代做法和古代前例之间的相似性？旅行家和游客如何将原始主义和历史延续性投射到他们拜访

---

[1] J. P. 法尔梅赖耶（1790—1861），德国语言和历史学家，提出希腊不连续理论，认为四世纪后数百年间希腊人被斯拉夫人等民族取代。
[2] 罗米利·詹金斯（1907—1969），伦敦国王学院教授，主攻拜占庭和现代希腊研究。

的国家?世界各处的旅游目的地和当地人群如何寄希望于并鼓励这些投射,并为了自身目的利用它们(比如说,想想伦敦塔士兵或安妮·哈瑟维的小屋¹)。换句话说,我们正在讨论的是访客和被访人之间的权力斗争——或至少是复杂协商——的一个方面。

在目前看来古怪过时的一个世纪前的旅行建议中,这一点足够清楚。我们觉得更难理解的是它在当时旅游业和相关写作中如何起作用,包括最廉价的旅游手册和更装腔作势的旅行文学。这里,传说中的希腊式好客殷勤——其根源据说可以追溯到荷马的世界——提供了揭示真相的复杂案例。

最近的《孤独星球》(*Lonely Planet*)指南鼓吹说,"希腊人的好客名声并非神话",继而详细描述了"好客"做法(其记述紧密呼应更早的《蓝色指南》[*Blue Guide*]²)。你可能被"邀请到陌生人家里喝咖啡、吃饭,甚或过夜";拒绝这些,或试图付钱,或拒绝回答向你提出的私人问题,都是不礼貌的。确实,希腊度假博主的网站上就点缀着类似情况的小插曲:照片上,一位大爷(和他的驴)带领全家人到他的房子里,拼命端上没完没了的咖啡、可口的本地私酿、给孩子的成堆水果。很容易忘记的是,以任何客观标准看,希腊人和世界上任何其他民族相比都并不更加好客,也不可能更好客。相反,是我们选择将其社交方式阐释为最纯粹形式的好客。

我们这么做,部分原因是让自己在希腊时的行事方式和国内不一样(去陌生人家里过夜难道不正是我们教孩子们不要做的事

---

1 此处指莎士比亚的妻子安妮·哈瑟维童年居住的农舍,位于埃文河畔斯特拉福,现作为博物馆对外开放。
2 一套权威旅行指南,最早出版于1918年,着重介绍艺术相关内容。

儿吗?);部分原因是为了促成我之前提到的驯化过程。只需片刻就能看出,从这些"好客"的邂逅中可以构建出另一种叙事:"可口的本地私酿"是"无法入口的烈酒";水果又生又苦;你真正想看的神庙遗迹要沿土路走整整一小时,这会儿再去太晚了;也更不可能天黑前安全返回住地。在"好客"的口号下,我们将潜在的令人不安的文化差异理解为一种原始的(实际上是荷马式的)美德,我们可以钦佩之,同时也稍微有点照顾的心态。另一方面,连续数版的《希腊旅行者手册》对于这种邀约持怀疑眼光,坚定地警告读者就算对方恳切提出,也不要接受希腊村庄中的免费床位——主要依据天下没有免费午餐这项(同样荷马式的)原则。

牵着驴的老大爷如何看待这一切就更难猜,至少我这样觉得。看一眼希腊旅游手册和海报就能明白,现在这种纠缠不清的供求链中,该国旅游业按照这些荷马式好客故事暗示的淳朴自然的原始主义推销自己——不管萧条还是不萧条。一个现代欧洲国家竟选择在明信片上突出满脸皱纹的没牙农民形象,或者——以一种更具狂野西部风格的原始主义——满是弹孔的路标的形象,这本身就是一种矛盾,只是我们已视为理所当然。

这些刻板印象是游客和"本地人"之间更为复杂的博弈的一部分,但总的看来英国的观察者对此依然视而不见。19世纪晚期,古典学家简·哈里森请求年轻的向导带她去巴赛的神庙[1],却遭到了拒绝,理由是那里住着恶灵,她既恼怒又狂喜:恼怒的是她得另寻办法去神庙;狂喜的是她发现了原始宗教信仰的证据。她似乎从未想过那男孩也许恰恰是在用他知道她会乐意听到的那种借

---

[1] 巴赛的阿波罗·伊壁鸠鲁神庙。

口来让她改变主意。我们也不常想到,当我们在无法入口的烈酒和没熟的水果上踩雷时,其实是"开炮的给炮轰了",而"炮"就是我们对原始的殷勤好客的执着;换句话说,我们才是笑话。

初看起来,帕特里克·利·费摩尔对二战前后在希腊漫游的著名记叙迎合了 20 世纪浪漫主义希腊文化崇拜的一切假设和想象。《罗梅利:希腊北部纪行》和《马尼:伯罗奔尼撒南部纪行》(*Mani: Travels in the Southern Peloponnese*)包括了马尼地区(伯罗奔尼撒南部中间凸出部分)杀人越货的盗匪的传奇故事。这些浪子气质的传奇结合了对拜占庭历史和文化神秘内容的复杂而过时的研究,也意料之中地坚持荷马时代以来希腊风俗和观念的延续性。他在一段特别热情洋溢的桥段中讲到在马尼最南端的娱乐活动:

> 自《奥德赛》时代以来,希腊有许多事情未曾改变,其中最引人注目的是对陌生人的殷勤……对陌生人在希腊牧人畜栏逗留时的描写,莫过于奥德修斯在伊塔卡伪装身份进入牧猪人欧迈俄斯小屋的那段。如今依然有同样的二话不说的接纳,对连姓名都不知道的陌生人的需求的关心:这家人的女儿会往他手上倒水,给他干净毛巾,桌子会先摆好,再拿进来,主人会拼命劝酒劝菜。

一个冷嘲热讽的人看到这一切,肯定会把几乎任何形式的社会交换都描述成荷马式的了("在典型的英国晚宴上,来宾会赠送礼物,其中最珍贵的——也就是最昂贵的酒——会存放起来以后用。同时这家的女儿会给客人发放小块的食物,一般是橄榄,之后退回自己的房间。"）。说到底，显著的相似之处是造出来的，不是被发现的。

利·费摩尔仍然因其 1944 年在绑架德国克里特岛指挥官克雷佩（Kreipe）将军的行动中扮演主要角色而闻名（还因为——至少在古典学者心里——他第二天早晨和俘虏一起在克里特的山洞里醒来时吟诵贺拉斯的索拉克特山颂诗[1]，相当于在战壕里唱《平安夜》的高端版本）。不论绑架的后果对于克里特岛的平民或战争的进程而言有何后果，这个故事也带着浸染在他一些旅行写作中的大男子主义调子。利·费摩尔战后多次旅程都有伴侣，即后来的妻子琼相伴。但她极少有被人看到的机会，确有机会时通常也显然是被动角色（很像默里《希腊旅行者手册》关于希腊旅行只在非常次要的位置提及了对"女士们"的建议）。最近的再版中这种缺席愈发严重，其中保留了约翰·克拉克斯顿（John Craxton）[2]典型的封面设计，但删去了首版中收入的琼拍摄的那些引人注目的黑白照片。

尽管如此，《马尼：伯罗奔尼撒南部纪行》和《罗梅利：希腊北部纪行》仍然极为迷人。原因部分在于利·费摩尔能将洞察力转为生动的措辞（"有些过渡时期的城镇已经不懂好坏之分"，这句俏皮话可以用到什鲁斯伯里[3]和伊拉克利翁[4]之间的上千处地

---

[1] 贺拉斯《颂诗集》第一部第九首。
[2] 约翰·克拉克斯顿（1922—2009），英国画家，二战之后在希腊度过很多时间，后定居克里特岛。
[3] 位于英国什罗普郡，保存着中世纪的街道和建筑，也是查尔斯·达尔文的出生地。
[4] 克里特岛的最大城市。

方）；部分在于他能从有时暗淡的资料里编织出扣人心弦的故事。最妙的故事之一是《罗梅利：希腊北部纪行》里一段好笑的闲扯，讲述试图以拜伦的曾孙女，异常古怪的温特沃思夫人的名义，从迈索隆吉翁[1]某人那里取回拜伦的一双拖鞋。这个故事和其他著作节选、新闻作品（包括他自己对克雷佩事件的叙述）一道收入《墨丘利的话语》(Words of Mercury)，人们得以好好品尝利·费摩尔文字带来的感受。

那不只是对格言警句或故事的慧眼，不只是对优美文学的天赋。当你透过那些希腊延续性的荒唐说法看去，就会发现在其之下有细微得多的记录，叙述了对现代希腊、它的人民和神话（它关于自身和我们的神话，正如我们关于它的神话）的矛盾心情。例如拜伦的拖鞋故事中有一篇未收入《墨丘利的话语》节选的附录，透露了真情，用不到一页篇幅叙述了鲁珀特·布鲁克（Rupert Brooke）[2]在斯基罗斯岛的身后境遇，还有岛上不同种类的原始主义。布鲁克从未踏足斯基罗斯岛；他只是葬在那。但这未能阻止"欧·布鲁基斯"被征召进了该岛屿的文化史和风景之中。"他曾经，"一位牧羊人如是说，"在林中默默徘徊，正是老派英国绅士的写照，高大庄重，头发飘逸，眼神炽烈，一部长长的白胡子。"

可想而知，利·费摩尔鄙视希腊的现代大众旅游业。在《罗

---

[1] 希腊城市，希腊独立战争期间起义军的总部，1824年英国诗人拜伦在此病故。

[2] 鲁珀特·布鲁克（1887—1915），英国诗人、士兵。第一次世界大战爆发后参加英国皇家海军，1915年前往安特卫普的远征中因败血症死于爱琴海上的船上，享年27岁，葬于希腊斯基罗斯岛。

梅利：希腊北部纪行》中，他想象出现代雅典小酒馆的景象（"驯服的人群由小圆眼睛导游带领着聚集在此……整个曼彻斯特、整个里昂、整个科隆和半个中西部接踵而至"）后，转向未来："在暗淡的时刻，我看见一个个孤独的海湾、一座座岛屿如今和可能成为的模样……海滨因 50 个自动点唱机和 1000 个无线收音机活跃起来。现在每栋房子都是文艺酒吧、精品店或古董店；新酒店高耸，混凝土别墅翻番。"他未能预见的是自己也可能成为旅游业的目标。《孤独星球》引导读者们去往马尼那座村庄，它强调说，利·费摩尔（当时 90 岁，后于 2011 年去世）仍然每年在此居住一阵——还有他的前管家经营的小酒馆。这迥异于——也可能不是——维多利亚时期的《希腊旅行者手册》，后者指引读者去寻找欧迈俄斯的小屋和奥德修斯的船。

本章评论书籍为：

帕特里克·利·费摩尔（Patrick Leigh Fermor），《罗梅利：希腊北部纪行》（*Roumeli: Travels in Northern Greece*），约翰·默里出版社（John Murray），2004 年

帕特里克·利·费摩尔（Patrick Leigh Fermor），《马尼：伯罗奔尼撒南部纪行》（*Mani: Travels in the Southern Peloponnese*），约翰·默里出版社（John Murray），2004 年

帕特里克·利·费摩尔（Patrick leigh Fermor），阿泰米斯·库珀（Artemis Cooper）编辑，《墨丘利的话语》（*Words of Mercury*），约翰·默里出版社（John Murray），2004 年

27

游客的庞贝城

如果你在 19 世纪中期想去庞贝,最佳建议是坐火车从那不勒斯去附近的车站,再步行或乘车去遗址主入口之一。1849 年 10 月 22 日,因罗马革命[1]短暂流亡的教皇庇护九世想必是这样做的。庇护随 8 点 30 分的火车抵达,由一队瑞士卫兵、若干那不勒斯要人和私人厨子陪同。"为了让教皇陛下不用长途步行到遗址",还安排了一辆马车,由于现代车轮不匹配古代标准,沿途街道上好多著名的庞贝踏脚石不得不移除,再也没有放回原处。教皇游览了遗址,欣赏了农牧神之屋(现藏于那不勒斯的考古博物馆的著名的亚历山大马赛克[图 3]那时还在原地),然后观看了进行中的发掘工作,发掘过程中恰好找到了一些可以供他带走的文物。

除去那辆马车、对文物的破坏和规模过大的护卫,这也是更普通的游客遵循的标准参观模式。1853 年的首版默里《意大利南部旅行者手册》推荐乘火车抵达,除非你在 5 人以上团队里,考

---

1 1849 年 4 月 30 日至 7 月 1 日,在朱塞佩·加里波第(1807—1882)支持下,教皇国内成立了短暂的罗马共和国;其间教皇逃走。6 月底,法国军队击败加里波第,之后教廷恢复了对罗马的统治。

虑到当时的票价，从那不勒斯一路乘马车更便宜（这条经济学常识显然没被教皇放在心上）。到达车站后，它强烈建议沿"坟墓街"进入遗址，这是现在离开这座城市前往秘仪别墅[1]的主要游览线路，然后穿过废墟走回车站旁的贝勒维酒店，可以在"非常热情有礼的老板"那儿吃到晚午餐。接着，精力旺盛的人可以选择参观圆形剧场，或回程时游览赫库兰尼姆。尽管教皇在庞贝的短途旅行数日后特别访问了这另一座被埋葬的城市（并在此过程中获得了更多战利品），但对当时的多数游客而言，虽然一个世纪前赫库兰尼姆曾是欧洲最伟大的文化景点之一，如今却只值得在有时间的情况下在返程途中停留。你到那不勒斯来，要看的是庞贝。

当然，19世纪中游客体验在许多方面发生了变化。1865年之前遗址是收门票的，费用涵盖导游，即cicerone[2]，而如今导游是义务的了；贝勒维旅馆换了新的管理人员，名字改成狄俄墨得旅馆，成了危险的游客陷阱（默里《意大利南部旅行者手册》警告读者们，除非"事先和店主达成了收费协定"，不要点餐）。但游览的许多基本方面保持不变。

直到19世纪70年代，通过坟墓街进入市里仍然是推荐路线，这说明对19世纪多数游客来说，参观庞贝就是参观亡者之城。这是考古现场，也是丧葬现场，它唤起人们对毁灭的悲剧和人类处境之脆弱的思考，同时似乎又自相矛盾地令古代世界复"活"。骸骨在游客行程表上一直是优先项目。但19世纪60年代朱塞佩·菲奥雷利（Giuseppe Fiorelli，曾是激进的政治家，后来成为庞贝发

---

[1] 庞贝城附近的一处罗马别墅遗迹，以保存良好的壁画闻名。
[2] 意大利语"导游"。

掘史上最有影响的负责人之一）开发的重塑受害者遗骸的技术进一步强化了在庞贝体验到的悲悯。石膏被注入死者血肉和衣物腐化后留下的空洞中，产生出他们身体特征和最后时刻扭曲挣扎的令人触目惊心的形象。

《复原古代：庞贝和赫库兰尼姆的遗产》（*Antiquity Recovered: The Legacy of Pompeii and Herculaneum*）是一本插图精美的论文集，论述了庞贝和赫库兰尼姆的现代史，其中尤金·德维尔（Eugene Dwyer）撰写的一章引人入胜，其主题便是这些石膏人物。德维尔解释了石膏人物身上可见的厚重衣物，男女明显都穿长裤、妇女围巾包头——按某位考古学家的说法是"东方人的做法"（'all'uso degli orientali'）——如何消除了罗马裙服即便不算冶艳暴露，也是袒胸露臂的大众形象（而此后的其他学者则提出这样的问题：人们在火山爆发时决定穿的什么是否真能当作典型日常衣着？也许头巾只是让头发不进灰尘的实用工具，并不那么"东方"）。他还追溯了几个石膏人物的历史，他们成了这座城市及其毁灭的尤为著名的象征。这包括菲奥雷利制作的第一组中的一个：面朝上倒下的女子，竭力仰起身想要呼吸，绕在腰间的裙子很容易给人错误印象，以为她怀孕了。有些维多利亚时代学者认为她是妓女（她带着丘比特小塑像和银镜）；其他人认为她是尽职的主妇（基于她还带着一把很大的铁钥匙）。不管哪种，这个通常被称为"孕妇"的女子是19世纪60年代和70年代初对遗址的探讨中的主角，记录在许多早期照片中——直到被更令人动容的受难形象抢了镜头，她的石膏像也神秘失踪。

这些垂死的人物在现代的想象中萦绕不去。珍妮·赫希（Jennie Hirsh）在《复原古代》另一篇论文中讨论了两个这样的石膏人物，这对在死亡中也彼此紧紧拥抱的人像在罗西里尼1954年的电影《意大利之旅》中担任了龙套角色，尖锐而令人苦恼地提醒两个来到遗址的现代游客（英格丽·褒曼和乔治·桑德斯扮演）他们自己的婚姻已经变得有多疏远而空洞。即使最铁石心肠或严格学术型的访客也很难不因为仍在遗址玻璃柜中展示的少数石膏人物而有所触动——其死亡的痛苦令人不适地展示给所有人。

不过在其他方面，如今参观这座死者之城的体验和一个半世纪前非常不同。当然，尽管发现以来公开的面积是19世纪50年代的两倍还多，许多旅游亮点还是保持不变的：除了这些吸引人的石膏人物，游客们依然蜂拥前去农牧神之屋、伊西斯神庙和斯塔比亚浴场。但关键在于游览的基本目标变窄了。现代访客通常是来观看一座古城，要"回到过去"（就算每年和其他一两百万人一起）。19世纪的访客也怀着这些目标前来；实际上，罗马人的日常生活在这里首次显露在现代人注视下的想法让庞贝在早期游客那里拥有了特殊优势。但除此之外，他们前来也是为了看到古代时光被揭开的过程。他们对我们关于这座古城了解什么很感兴趣，但对如何了解的兴趣也毫不逊色。

这种对过程的兴趣的一个方面就体现在了19世纪旅游指南中，它非常热切地包含了对人们所见的古代遗迹的身份和功能的质疑、不确定和辩论。最初发掘时，很多建筑是什么、为何而建，并不那么明显。一个经典例子是庞贝主广场上朱庇特神庙右手边的大型建筑，它是无争议地被当作"市场"呈现给现代游客的，即室内市场（macellum）。如今它是遗址上最不引人注目的遗迹之一，许多维多利亚时代旅行者大肆宣传的鲜艳壁画已然褪色，难以辨认。不过其中一侧原本有店铺摊位，后面有家肉铺，主庭院

图 16　19世纪庞贝模型,显示了中景所谓室内市场的废墟,中央是令人困惑的一圈石头(雕塑基座,建筑支柱?)

中央顶棚下是收拾鱼的区域(从发现的大量鱼鳞判断)——全都在已被神化的罗马皇帝的保佑下运营,他们的神龛矗立于建筑远端,挨着肉铺。或者说人们是这样自信地告诉我们的。

19世纪的来访者则相反,有一系列彼此冲突的阐释可以解闷。那时一些最高权威人士认为它可能是一座十二神的神龛或万神庙(基于这个假设,现在认为是支撑中央顶棚的12个支柱其实是12个雕像底座)。或者,它也可能是奥古斯都崇拜的大片礼拜区域,而这种帝王崇拜的祭司的"小房间"很晚近才鉴定为店铺。或者如果你是威廉·格尔爵士(Sir William Gell)[1],19世纪上半叶这处遗址的畅销手册《庞贝亚纳》(*Pompeiana*)的作者,这本书仅次于布尔沃-利顿(Edward Bulwer-Lytton)[2]更为畅销的《庞贝

1　威廉·格尔(1777—1836),英国考古学家、学者。
2　爱德华·布尔沃-利顿(1803—1873),英国作家和政治家。

的最后时日》(Last Days of Pompeii, 1834), 那么这就是附带神龛的漂亮"小餐馆"(即市中心咖啡馆或餐厅, 所谓店铺根本不是那么回事, 而是古代的私人餐位, 肉铺柜台实则是 triclinium——也就是餐厅的固定长榻)。没错, 有时更晚近的研究或发掘解决了前几代人日思夜想的谜题。但往往会和这个室内市场一样, 一种省事的、即便可疑的现代正统说法就这么取代了 19 世纪的争辩和讨论。

这些不同的优先事项也体现在 1849 年的那种为教皇安排好的发掘表演的传统中, 从 18 世纪起这就是庞贝旅游业的惯用手段——在那个时代, 任何来访的要人都很好糊弄, 在他鼻子底下貌似意外地挖出的财宝、画作或(最好不过的)一具骨架就能狠宰他一笔。我们现在往往嘲笑这些骗局的粗陋和观众的轻信(来访的王室人员真的会那么天真, 相信此等奇妙发现正好发生在自己抵达的那一刻?)。但和往常一样, 旅游业的把戏体现了本地人的狡诈, 也暴露出来访者的期冀与渴望。访客在这里想要见证的不仅是发掘的物品本身, 还有令往昔重现的发掘过程。

同样富于启迪的是 19 世纪指南本身和其他通俗说法的修辞习惯。因为它们对古迹的描述不仅包括各个建筑的古代史, 还系统性地仔细标明了现代重新发现时的日期和状况。似乎那些早期来访者应在心中同时打开两个年表: 其一是古城自身及其发展的年表, 其二是庞贝逐渐重新显露于现代世界的历史。

朱迪思·哈里斯(Judith Harris)的《被唤醒的庞贝: 再发现的故事》(Pompeii Awakened: A Story of Rediscovery)和《复原古代: 庞贝和赫库兰尼姆的遗产》以各自不同的方式试图重现这一立体景象的某些内容, 认为重新发掘被埋葬城市的故事对于我们今日拜访遗址时如何理解它非常关键。两本书都对庞贝和赫库兰尼姆的现代史提出了生动有趣，时而尖锐的洞见，论及性格古怪的波旁王朝国王（和他们往往可畏的王后）治下最初的探索活动，积极进行考古活动的拿破仑王朝，和更晚近发掘活动的两位最出众的负责人。第一位是菲奥雷利，他不仅发明了遗体浇筑石膏的技术，还将庞贝划分为考古"区域"和"板块"（regiones 和 insulae），人们至今依然据此知悉、管辖和勘查这座城市。第二位是阿米狄奥·迈伊乌里（Amedeo Maiuri），他在 1924 年到 1962 年间主管遗址，历经了法西斯主义的统治和倒台，发掘出的庞贝城范围之广空前绝后，他还众所周知地在 20 世纪 50 年代把发掘现场的火山碎石提供给那不勒斯-萨莱诺高速公路（autostrada）的建筑商，以换取工人和挖掘设备来补贴自己的发掘工作。

考古史可能会摆出某种"瞧我们比前辈进步了多少"的沾沾自喜的口气。甚至颇为出色的《复原古代：庞贝和赫库兰尼姆的遗产》也未能完全免于这一弊病。蒂娜·纳吉博格（Tina Najberg）在一篇论述赫库兰尼姆"门廊"绘画的论文里斥责可怜的老波旁时代发掘者忽视了"情境"考古学的需求，还从原址扯下最好的画作带回自己的博物馆，斥责过于频繁，导致我发现自己都偏向波旁人那边了；除此之外该文很有意思。毕竟，如果室内市场的画作能在刚刚出土、颜色尚且鲜明完好时就被拖到博物馆，那么我们仍能辨认画的是什么。

但大部分时候《复原古代：庞贝和赫库兰尼姆的遗产》几乎没出过错。它囊括了几篇极为出彩的现代庞贝史的案例研究，作者是本领域几位最杰出的学者。我特别喜爱詹姆斯·波特（James

Porter）对赫库兰尼姆莎草纸别墅[1]的思考和他对诸多荒谬说法的揭露，那些说法为要求重新发掘的呼声火上浇油（比如说它之前属于皮索，他是尤利乌斯·恺撒的亲戚，也是哲学家斐洛德穆的庇护人，或者说它的"拉丁图书馆"或许正在等待发现）。同样，克洛伊·查德（Chloe Chard）出色的论文讨论了早期游客的野餐习惯和他们对遗址上炫耀性消费的描述的重要性（就算教皇把私人厨子拽到庞贝，也几乎不可能比安娜·詹姆森［Anna Jameson］[2]1822年的"英式野餐游乐会"［Picnic party of pleasure, à l'Anglaise］吃得更铺张，食物包括牡蛎、"伦敦瓶装波特酒和半打不同的葡萄酒"）。还有李·贝尔曼（Lee Behlman）关于罗马禁卫军传说的优秀文章，这位士兵的骨骸据称是发现于赫库兰尼姆的城门，在那里，他在火山灰倾覆时死在岗哨上，顽强地"至死忠诚"（Faithful unto Death）——这正是爱德华·波因特（Edward Poynter）为该场景所创作的英雄化的画作的标题。

但如果有一篇文章表明了对庞贝及其发掘史的"接受"并非可有可无的附加内容，而是现代考古学对该遗址的理解的不可或缺的一部分，那就是贝蒂娜·伯格曼（Bettina Bergmann）关于著名的秘仪别墅"狄奥尼索斯"壁画的那一章。这些绘画出现在1931年迈伊乌里出版、国家（也就是法西斯）资助的华丽画册里，应用了当时最先进的彩色摄影技术，一般被认为描画了一

---

[1] 18世纪在这座别墅里发现的图书馆中藏有将近2000件莎草纸卷子本典籍，另有许多艺术品。这是当地最豪华的房屋之一，据说属于尤利乌斯·恺撒的岳父凯索尼努斯。
[2] 安娜·布朗内尔·詹姆森（1794—1860），英国游记作家、文艺评论家，主要著作为《神圣与传奇艺术》。

场婚礼或者某种配以鞭打和显露阳具的入会秘仪,现在它同迈伊乌里的名字紧密相连,以至于许多人以为他是最初的发掘者。实际上别墅是 1909 年在一次隐晦地称为"私人"发掘的活动中发现的,发掘者是当地一位旅馆老板奥雷利奥·艾特姆(Aurelio Item),因此遗址最初的名字是"艾特姆别墅",不是"神秘别墅"。壁画在迈伊乌里接手之前已经出版并讨论了 3 次,用的都是颇为乏味的黑白照片。伯格曼对壁画的讨论内容广泛,延伸到后来的媒体挪用,从心理分析到 HBO 电视剧《罗马》,不一而足,讨论过程中她提出一个关键问题。迈伊乌里的壁画图像和最初发掘时相比有多接近?或者就此而言,如今我们在遗址上所见到的在多大程度上精确反映了 1909 年发现之物?很多参观者或许意识到了,该房间的屋顶和上半边墙壁是现代复原(尽管据我自己观察,许多人相信整个房间,包括屋顶等,都是古代奇迹般的留存)。多数游客——肯定还有多数学术界参观者——都假定这些绘画呈现在眼前的样子起码多多少少和出土时一样。他们对吗?我们观看的是不是考古学家历来声称的"原作的鲜艳与生动"?

通过寻找老照片和对庞贝档案的仔细研究,伯格曼表明了罗马绘画中这些"保存最好"、最著名的绘画在多大程度上是现代构造。在它们最初被发现和得到迈伊乌里出版之间的那段时期里,这些画作被弃之不顾,任其状况恶化了好几年,除了一些帷幔之外根本没得到保护;它们被偷窃又重装(有几块在艾特姆的旅馆发现);从墙上移除又装回(实际上的新墙体);反复涂刷蜡和石油溶剂(因此才有光亮的"鲜艳"色调)。这些还只是我们能证实的。伯格曼诚实地得到结论,我们如今再也不能重构狄俄尼索斯壁画在罗马时代的样貌了——尽管我们可以肯定它和现在所见的显著不同。就我自身而言,我再也不会用同样方式看这幅壁画了。

本章评论书籍为:

朱迪思·哈里斯(Judith Harris),《被唤醒的庞贝:再发现的故事》(*Pompeii Awakened: A Story of Rediscovery*),I. B. 陶里斯出版社(I. B. Tauris),2007 年

维多利亚·C. 加德纳·寇茨(Victoria C. Gardner Coates)、乔恩·L. 塞德尔(Jon L. Seydl)编辑,《复原古代:庞贝和赫库兰尼姆的遗产》(*Antiquity Recovered: The Legacy of Pompeii and Herculaneum*),盖蒂出版社(Getty Publications),2007 年

28

金 枝

"他改变了世界——不是墨索里尼那样,用花衬衫和蓖麻油;不是希特勒那样,用对强力的空洞吹嘘。他改换了所有人都呼吸的文化空气的成分,从而改变了世界。"

此处颂扬的这位文化革命者(现在看来肯定不太可能)是詹姆斯·弗雷泽爵士,被1937年1月27日的《新闻纪事报》(*News Chronicle*)天花乱坠地夸了半页有余。这篇文章——标题为《他发现了你为何相信你所相信的事》——自然并未吝惜对这位耆宿元老的赞美,当时他已八十有余。这篇文字随后将弗雷泽描绘为探索时间和空间的英雄,"在公元前1000年的波利尼西亚,或维京人尚未涉足其海滩的冰封北境都一样自如"。最后他被拿来和最浪漫的不列颠英雄中的一位相比(还是对他有利):"这位沉静的终日伏案的学者,他所拥有的头脑恰如弗兰西斯·德雷克爵士的身体,探寻遥远的国度,把他们的财宝给自己人带回来。"

把这通胡说八道当作一位战前写手的夸张宣泄会很省事,作者有一种令人肉麻的吹捧才能和对《金枝》的奇怪热情。但令人不安的事实却是,这只是20世纪二三十年代普遍存在的将弗雷泽理想化的一例（甚至不算特别极端的一例）。从《哈德斯菲尔德日报》(*Huddersfield Examiner*)到《墨尔本世纪报》(*Melbourne Age*)，整个帝国的媒体串通一气，将一位痴迷于自己世界，不爱交际的维多利亚时代学者变为当代英雄。

弗雷泽的部分吸引力恰在于他害羞的学究性格——刻板印象中不食人间烟火的教授，不分日夜地投身学问。"对詹姆森·弗雷泽爵士来说，"一篇报道写道（根据对"一位密友"的采访），"工作是隆重的仪式。身为学者，他一天工作14到16个小时，一周7天，假日照常。"这里没有承认此种起居的单调乏味；只有对这古怪矛盾的崇拜：弗雷泽的著作探索了世界上最为遥远的地区，而弗雷泽自己极少离开书房。"研究野蛮人的权威——但他一个野蛮人也没见过"，好几篇文章的大标题（看来是赞许地）这么宣布；他们接着还让读者放心，詹姆斯爵士"喜欢说他这辈子没见过一个野蛮人；他的书是对原创科学著作的研究成果"。这确实正是弗雷泽在1937年8月一次文人午餐上谈话时对《星期日纪事报》(*Sunday Chronicle*)闲话专栏作者说的。无知的专栏作者天真地以为这位人类学家肯定"在思想上漫步于我们的土著兄弟姐妹居住的波利尼西亚、新几内亚、大堡礁和其他一些地方"——但弗雷泽保证说"他从未去过比希腊更远的地方"。

对任何新闻工作者而言，弗雷泽生活中的一切琐事都成了好稿件。《文学新闻》的读者被透露"Sir James vendrait son âme pour des fruits confits"（"詹姆斯爵士会为了蜜饯出卖灵魂"）的秘密，英国公众则不加分辨地热切倾听关于他高尚地献身学术的荒唐逸闻。最吸引人的故事讲的是他为了多争取珍贵的几分钟埋首于书本，无畏地将个人舒适，甚至个人安危完全置之度外：据报道，一架德国飞机在头顶盘旋时他几乎头也不抬；一次酒精炉爆炸烧焦了他半边胡子和睫毛，他迅速宽慰妻子他没事，然后直接回去看书。后面这桩事故最后变成一幅漫画（弗雷泽夫人的珍藏之一），显示一群"野蛮人"围着熊熊燃烧的大锅跳舞，弗雷泽坐在锅里平静地读一本关于民俗的书。

除了报纸上的闲话，还有更多类似的英雄化。弗雷泽本人不论有多不情愿，仍然牵连到知识分子英雄的公众角色表演中。他曾在一系列不协调的仪式中担任主角，这是对深居简出的学者形象（和现实）的奇怪翻转。这不只是人们一般预期卓越学者、爵士、荣誉勋章获得者会参加的那些传统公众场合。弗雷泽还会发现自己坐着轮椅被推去会见各种来访的显要人士（并给他们留下深刻印象）。其中有一次——或许是史上所有邂逅中最离奇的一次——是会见年轻的杰西·欧文斯，他参加完1936年的柏林奥运会，在回国的路上途经英国。排除万难，此次会见似乎至少部分成功。欧文斯声称，和比世上任何人都更了解古代奥林匹克运动会的著名学者谈话时自己"非常激动"。弗雷泽本人如何看待这一场合，我们无从知晓。

弗雷泽一年中公共生活的固定亮点是他的生日——在他生命中最后10年里都以一系列戏剧晚会为标志（他于1941年87岁时去世），由弗雷泽夫人精心策划，整个英国媒体自然也满心崇拜地报道了。最铺张的一次是1937年他83岁生日。两百多名宾客聚集伦敦向弗雷泽致敬，他亲切地站在一根"金枝"底下——一枝特为此刻从挪威进口的槲寄生。壮观的场景安排包括一只点着83根蜡烛的巨大蛋糕，上演一出轻喜歌剧，改编自弗雷泽夫人本人创作的戏剧（剧名足够恰如其分，叫作《歌唱的树林》），还有室内烟火表演。据报道，弗雷泽自己声称烟火"特别迷人"——不过鉴于这时他已经完全失明了，有人怀疑这句评论有某种反讽，甚至也许对整件事情有种不安。如果是这样，他也极少显露这种不安。确实有几家媒体提到，相比这种被迫的欢庆，他一般更愿意在舒适的书房里工作一整天。但大体上他好像默认了这些公开展示，并提供赞赏的隽语，以王室那种长久忍耐的方式摆姿势拍照。

第二次世界大战之前几年，对"弗雷泽这个人"的崇拜和对《金枝》本身几乎同样的疯狂十分相配。应当承认，甚至有些大众媒体的评论家也开始觉察到弗雷泽的观点有点儿"维多利亚风格"。比如一位作者在《悉尼先驱晨报》（Sydney Morning Herald）对比了弗雷泽对可怜的野蛮人的"怜悯"——因为他们对"文明之福"如此无知——和新一代激进的年轻人类学家的态度，后者"出于一模一样的原因，常常嫉妒野蛮人"。但这些疑虑没怎么减弱人们对弗雷泽牌人类学的热情。删节版《金枝》在头十年卖出了33000多本（1922到1933年）。20世纪30年代接近尾声时，伦敦文学专栏作者们不断推荐此书作为即将到来的战争的漫漫长夜的良伴——内维尔·张伯伦夫人本人也支持这个想法，据《新闻晚报》（Evening News）报道，她过去旅行时大多时候都带着《金枝》。这一成功甚至不只是唯独英国才有的现象。在1940年的纽约，《金枝》和《我的奋斗》并驾齐驱，都是当年的畅销再版书。

对弗雷泽和《金枝》的这种非同一般的热情不容易理解。其他人类学书籍也包括几乎同样的异域信息，读起来短小简单得多。但是，也许除了玛格丽特·米德（Margaret Mead）的著作，没有哪本达到弗雷泽作品的流行程度。牛津、剑桥和其他地方有货真价实的数百名教师,其乖张古怪一样可以为寻找轻松故事的新闻人士提供专栏消息。但就是弗雷泽找到了上大众媒体的办法。为什么?

罗伯特·弗雷泽(Robert Fraser,不是亲戚,拼写不同)没有直接着手回答这个问题,但他的书确实强调了弗雷泽的成功问题。《造就"金枝"》是一部思想史著作。他的副标题("一个论点的起源与生长")清楚表明,作者关注《金枝》的理论内涵及其背景来源。他细致考察了弗雷泽如何受惠于苏格兰思想传统(尤其是休谟),他同罗伯特森·史密斯(Robertson Smith)[1]之间塑造性的关系,后者是他在剑桥的同事,其著作《闪米特人的宗教》正好在《金枝》前一年出版。另外他还追溯了各种版本的《金枝》中论点的变化与发展,从1890年寥寥两卷到第三版(1906—1915)的12卷和1922年的删节版,这项工作就仿佛是对弗雷泽皇皇巨著的所有善意研究者的资格考试。

对一些沉重得毫不妥协的材料,罗伯特·弗雷泽论述轻快。这本书偶尔有种惹人生气的剧情式纪录片的感觉(罗伯特森·史密斯气喘吁吁地冲过学院,告诉犹豫不决的[可以理解]年轻的弗雷泽:"动手啊,哥们!"并让他为《大英百科全书》撰写关于"普里阿普斯"的文章,这种事有证据吗?)。偶尔,扭曲的幽默让一些颇为简单的观点几乎无法理解。(就我所知,"巴黎春天大

---

[1] 威廉·罗伯特森·史密斯(1846—1894),苏格兰圣经学者、比较宗教和社会人类学学者、第九版《大英百科全书》总编,著有《祭祀》《早期阿拉伯半岛的亲属关系与婚姻》《闪米特人的宗教》等比较宗教学的里程碑之作。

酒店发出的不祥喧闹"指的是弗雷泽对第三版《金枝》的新想法，是他住在罗马一家小旅馆的时候想出来的！）不过，《造就"金枝"：一个论点的起源与生长》作为思想史著作大体上做得不错，对罗伯特·阿克曼（Robert Ackerman）出色的，但更严守于传记体裁的弗雷泽研究[1]是有益的补充。

深层的问题在于《金枝》最需要解释的不是在"高雅文化"层面上。弗雷泽这本著作严格意义上的学术主张，它对巫术与宗教的区分、献祭理论、对休谟哲学的阐发，可能都在某种意义上鼓励了它广泛的大众名声，但程度也的确不显著。《新闻纪事报》（News Chronicle）或《斯塔福德哨兵报》（Staffordshire Sentinel）的如饥似渴地阅读这位伟人所有颂词的读者中，大多数对弗雷泽的交感巫术理论和休谟的相似性与接近性原则之间的相似性毫无兴趣。他们很可能甚至都没听说过休谟，更别提罗伯特森·史密斯。他们对弗雷泽及其著作的热情必有其他缘故。最近的《金枝》研究中（包括罗伯特·弗雷泽的）没有一本解释过这些原因，它们往往对销售数字的规模表达了略感困惑的钦佩，但忽视了大众对弗雷泽的狂热崇拜和记载了这种崇拜的丰富资料。

《金枝》对大众的吸引力最重要的一个方面是探险和旅行主题。当然，这本书没有记录实际发生的航行：正如媒体记录不断强调的，弗雷泽其实从未去过他描述的多数国家，未见过他描述过的多数习俗与仪式。尽管如此，一首又一首的颂歌将他表现为探险英雄，新的弗兰西斯·德雷克爵士。而弗雷泽自己在导论中

---

[1] 此处应指《J. G. 弗雷泽：他的生平与作品》（J. G. Frazer: His Life and Work）。

将《金枝》写成一趟"航行"——作者是舵手,用"我们桅杆支索里的风"鼓起风帆。弗雷泽讲的是怎样的旅行?当然不是一度需要勇气,如今已是寻常的环地中海旅行。毕竟,该书第一章召唤出意大利的海岸作为整个探险相对安全的起点。弗雷泽的航行带着读者去往更遥远的时空,抵达全然陌生的土地,原始不列颠的奇特风俗(五谷妈妈、五月花柱等等)和帝国土著人群的怪异习性并列。部分"现实",部分"隐喻",这趟旅程通往他者、异域、不同于20世纪初英格兰南部越来越都市化和工业化生活的一切。

某些方面这是扰乱人心的旅行:一方面是"野蛮人"奇特而暴力的习俗;一方面是原来英国也有过它那份"不理性"的不安的感觉。但无论强烈的危险感觉如何,至少读者最终安全地回家了(也就是再度踏上意大利)。当然,这正是书的标题《金枝》告诉我们的。学术界读者肯定最终会意识到,它(以颇为复杂,甚至反常的方式)和弗雷泽对内米湖的狄安娜圣林里离奇的罗马宗教习俗的初步分析有关,"祭司王"在这片著名的树林里奉职,直到欲夺取其位置的敌手将其杀害。但它也提到了维吉尔的"金枝",就是埃涅阿斯按西比尔的吩咐摘下,以保证自己安全去往冥界,再安全返回的魔法树枝。换句话说,标题宣布了它的目的:它就像埃涅阿斯的树枝,带着读者踏上奇异的航程,进入令人恐惧的陌生世界,然后再带他们返回安全地带。

弗雷泽"航行"的意象以出乎意料的方式在1890年一本明显以《金枝》(第一版才出版几个月)为基础的流行小说中敷衍成篇。格兰特·艾伦(Grant Allen)的《伟大的禁忌》将弗雷泽的旅行隐喻变为实际的旅行和冒险故事。讲述一对年轻的英国情侣菲力克斯·瑟斯坦（Felix Thurstan）和缪丽儿·艾里斯（Muriel Ellis）小姐在南太平洋上被浪从一条汽船上冲下，冲到名为波帕利的岛上，岛民的宗教习俗近乎复制了弗雷泽的描述。故事里有些荒唐场面：菲力克斯（已疯狂爱上缪丽儿）被迫杀死食人的神王（god-king），自己充当了神的角色；岛上宗教习俗的可怕秘密通过一只会说话的老鹦鹉透露给了我们的主人公。但最后这幸福的一对儿再次抵达英国——而且当然结婚了。最后一幕中，他们想方设法对付缪丽儿暴躁的老姑妈，她对他们没结婚却在岛上共处这么久表示反对。"禁忌，"小说最后总结道，"在英国和波帕利差不多一样。"

这不是什么好小说；它是对《金枝》粗糙而简陋的重述。不过，部分出于这个原因，它对我们理解弗雷泽著作为何立刻为大众接受很重要。菲力克斯和缪丽儿在他们这部糟糕的情节剧中演出了每个《金枝》读者的体验——踏上旅程，进入可怕而未知的世界，又安全返回熟悉的文明世界，但现在对自己文化的禁忌和约束有了更深刻的意识。《伟大的禁忌》中，《金枝》露出了它探险航程的真面目。

当然，战前《金枝》的成功背后还有其他因素。第三版的体量宛如包罗万象的知识的纪念碑，仅仅这一点就让它立刻有了权威——而它400页的索引将它变为整个世界文化方便的参考书。同时这本书收入和解释了大英帝国的土著居民习俗，这就让它和当时的政治现实联系起来。有些评论家从非常实际的角度阐释这一联系——有一位评论道，"如果詹姆斯爵士揭示的关于习惯、习俗和传统信仰的知识得到了更多关注，落后原始民族的治理中的诸多错误本可避免"。弗雷泽自己据说也希望他的书能"有助于那些负有治理原始民族的任务的人"。不过，更重要的是弗雷泽对帝国事业的象征性贡献。《金枝》将帝国的臣民呈现给他们的主人，在宏大的学术项目中将土著人变为称手的支持证据，从而合法化了英国帝国主义。这是政治霸权精巧地转化为学术文字。

《金枝》为什么在今天依然流行，更是一个谜。1922 年的删节版从未绝版；出版社再版了 12 卷版本的重印本，庆祝首版一百年——大抵也希望获得某些商业上的成功。如果以为弗雷泽的理论与论点和他的流行有多大联系，那就是天真了。无可否认（从它出现在神秘学书店和平装本的花哨封面来看），弗雷泽的死亡和再生理论同现代秘传宗教之间或许有某些联系。但就算最热情的神秘学追随者也会觉得很难看出弗雷泽过时的民族志和自己的兴趣之间有何关联。至于普通读者则缺乏那种坚持不懈的诱因，《金枝》看来肯定是连篇累牍、不知所云的文字，它坚持比较一个又一个陌生世界，让它更令人困惑。

这本书对我们依然重要，不是因为还有人热心阅读，而是因为那些对我们仍然很重要的作者曾经（愉快地，或有时厌恶地）读过它——艾略特、乔伊斯、马林诺夫斯基、劳伦斯、利奇、叶芝。我们透过他们的眼光看到这本书，不可逆转地与从弗雷泽文本直接获得的任何兴奋感产生了距离。1925 年，剑桥古典学者、希腊宗教专家简·哈里森追忆了自己这代人与弗雷泽的人类学的最初邂逅，她写道："仅仅'金枝'这个神奇词语的发音，我们就听见并理解了。"

巫术不再完全一样了。

本章评论书籍为：

罗伯特·弗雷泽（Robert Fraser），《造就"金枝"：一个论点的起源与生长》（*The Making of 'The Golden Bough': The Origin and Growth of an Argument*），麦克米兰出版社（Macmillan），1990年

29
哲学遇见考古学

1938年2月，牛津大学温弗莱特形而上学哲学讲席教授R. G. 柯林武德（R. G. Collingwood）轻度中风，那时他才48岁。这是一系列中风的头一次，之后一次较一次严重，并在5年内导致了他的死亡。20世纪30年代常见的治疗方法不如现代医学干预有效，但更令人愉快。他的医生推荐长期休假、长时间散步和航海。还鼓励他继续写作：尽管教书被视为有害血管，研究工作却被认为对它有益。

他与牛津签署了离职一年的合约，然后立即买了艘小帆船，计划用它单人穿越海峡并绕欧洲航行（很难说是休闲游览，但也是根据海上空气利于恢复健康这一基本原则）。出师不利。航行不过数日，他就遇上了可怕的风暴，被迪尔救生船[1]营救出来，拖到岸边。他再度出发，但很快再次中风，他熬了过去，看来靠的是在远海抛锚停船，自己躺在铺位上直至头痛减轻，身体恢复运转。他再度抵达陆地时，已经开始写自传了。

---

[1] 建于1830年的英国沃尔默救生艇站在迪尔市有一条救生艇。

在湖区的家里休养数月后，自传便已完成：一本直言不讳，时而自夸的小册子，结尾处不加防备地攻击"我年轻时"的某些牛津哲学家是"即将到来的法西斯主义的宣传员"。牛津大学出版社不得不克服一些疑虑，坚持若干修订，之后于次年出版。与此同时柯林武德已踏上另一趟旅程，这次是跟随一艘驶向远东的荷兰船。船长在舰桥上为他临时搭了露天书房，正是在这条船上，他开始写作《形而上学论》（*Essays on Metaphysics*），并在雅加达一家旅馆完成了第一稿。返程时，他删掉了自传中最冒犯人的一些段落，同时还在撰写他称为自己"杰作"的重磅作品：一本将以《史学原理》（*The Principles of History*）闻名的书。

返回牛津后他只待了一两个月。根据他自己难以置信的说法，一位素不相识的美国学生在宽街的桑顿书店外和他搭讪，邀请他同自己及学生船员们去希腊。他同意了；他们六月出发，而柯林武德在宣战前不久才回来。1940年，他对这趟旅程的记叙《大副日志》（*The First Mate's Log*）由牛津大学出版社出版。

这狂乱的行动并不是柯林武德到目前为止的典型生活。没错，他一直是个失眠的工作狂，但生活克制，节奏无疑更具绅士风格且学究气。如果他的生涯有任何非同寻常之处，那就是他的两种并行的，但一眼望去颇为不同的研究与教学兴趣：一方面是哲学；另一方面是罗马史和考古学——特别是罗马治下的不列颠考古学。实际上，1935年被选为温弗莱特教授之前，他担任的是少见的混合职位，大学的哲学与罗马史讲师。大部分时间都在研究自己特有的唯心主义哲学——到了20世纪30年代中期，对那些开始听A. J. 艾耶尔（A. J. Ayer）[1]和J. L. 奥斯

1　A. J. 艾耶尔（1910—1989），英国哲学家，以逻辑实证主义观点闻名。

汀（J. L. Austin）[1]的人来说，这肯定看来愈发过时。他把夏天都用来挖掘、抄录、记录、描画罗马碑文（从墓碑到里程碑），准备《不列颠的罗马铭文》(*Roman Inscriptions of Britain*)全集——该项目几乎贯穿了他的整个学术生涯。1938年以前，他已经发表了一些罗马-不列颠考古学重要研究，对学院哲学做出一两项显著贡献。但正如斯蒂凡·科利尼（Stefan Collini）[2]在《缺席的思想》(*Absent Minds*)中关于柯林武德的章节里评论的，假如他死于1938年的第一次中风，他的工作很可能"只能在20世纪关于英国哲学和学院学术的较为详细的概述中得到一条小小的脚注"（而且还能加一句，人们会认为他得到温弗莱特教职实属幸运）。造就他名声的是那次中风后发表的著作。

其实，他活动的步调——私人生活和职业生涯皆然——在1941年他确信自己时日不多之后益发加速。一月，他最终辞去大学讲席。接着，以将死之人的冲动，他和妻子离婚并和情妇凯特结婚，她曾是他的学生，后来成为演员，比他年轻20岁（弗雷德·英格利斯 [Fred Inglis] 在他的柯林武德传记中合理地考虑过，会不会他30年代晚期的所有国外旅行，与其说是受到冒险精神和对海风有益健康特性的信心驱使，不如说是逃离复杂家事的欲望）。1941年12月凯特生下他们的孩子，1943年初，柯林武德在湖区去世，多次严重中风下他的瘫痪愈发恶化。但在此之前，他完成了另一本书《新利维坦：或人，社会，文明与野蛮》(*The New Leviathan: or Man, Society, Civilisation and Barbarism*)，

---

[1] J. L. 奥斯汀（1911—1960），英国哲学家，专长为语言哲学。
[2] 斯蒂凡·科利尼（1947—）英国文学评论家，剑桥大学英国文学与思想史教授。

1942年问世。标题不仅是暗示了这是召集霍布斯的政治哲学以对抗法西斯主义的一次毫不妥协，有时气势汹汹的尝试——"他对那场战争的贡献"，英格利斯这样认为。而即使他的崇拜者也不得不承认，书中还包含他对自己越来越喜欢的一些目标的直言不讳的"疯狂"攻击，其中就有他曾受益良多的教育体系。后期的柯林武德是家庭教学的热情倡导者，认为柏拉图最大的罪过之一是"将教育应该职业化这个疯狂理念植入欧洲世界"。

除了《自传》和它时而得罪人、时而迷人的对哲学与现代政治间的相关性的主张，他最有影响的著作都没有在他生命最后的那几年出版，而是在他死后，有些还是很久以后。柯林武德最著名的著作《历史的观念》（*The Idea of History*）出版于1946年，他在本书中抨击了被他称为"剪刀加糨糊"的历史研究方法（如今我们对此已耳熟能详），并捍卫了一切历史都是"思想史"的观念，而这本书是他去世后由以前的学生兼遗嘱保管人马尔科姆·诺克斯（Malcolm Knox）从各种幸存手稿资料中编纂而成的。近来才清楚，诺克斯的编纂有多偏颇——例如，他删去或缓和了柯林武德对黑格尔的诸多批判。

有些书甚至到该世纪后半叶才面世。他对罗马-不列颠研究最为不朽的贡献是800页的《不列颠的罗马铭文》总目。这一项目由弗朗西斯·哈弗菲尔德在第一次世界大战前开启（见本书第240页）。最初选择的编辑于1915年在达达尼尔阵亡后，柯林武德被选作继任，断断续续编辑此书，多半是在暑假期间，直到1941年他将材料转给他的初级编辑 R. P. 赖特（R. P. Wright）。最终于1965年出版，柯林武德和赖特是共同作者（后者在序言中以哀怨而谴责的语气承认，"正文的撰写比我被引导预期的要久"）。

又过了30年,《史学原理》,就是柯林武德去远东的旅途中开始动笔但未完成的那本"杰作",总算见了天日。人们一直以为它已经佚失,很可能诺克斯筹备《历史的观念》时从中选出主要内容后就毁掉了。但1995年两名眼尖的档案管理员找到了隐藏在牛津大学出版社的手稿。本书1999年出版,距离他去世50多年。

英格利斯的《历史人:R. G. 柯林武德生平》(*History Man: The Life of R. G. Collingwood*)充满热情的欣赏之意。作为一部学界人士传记,其不同寻常之处在于它特别展现了柯林武德在湖区的童年,他的父亲W. G. 柯林武德是年迈的罗斯金的秘书,威廉·华兹华斯的儿孙辈在当地公众中仍有声望,而亚瑟·兰塞姆(Arthur Ransome)[1]是柯林武德家的常客。实际上,英格利斯还大胆猜测,正是柯林武德让兰塞姆产生灵感,创作出《我们不是要出海》(*We Didn't Mean to Go to Sea*)中的哥哥约翰·沃克(John Walker)。不论真假,它提醒我们,1938年柯林武德单枪匹马开始他不幸的英吉利海峡航行时,身后有一生的冒险航行经验。对于柯林武德在牛津的生活与体验,英格利斯就颇不可靠,摆出许多流行的陈词滥调,谈到两次大战期间古老大学怪异保守的世界,从《故园风雨后》的上流社会本科生圈子到沉默易怒、基本单身的大学教师。不可能不怀疑,柯林武德从20世纪二三十年代牛津的智识氛围中的收获比英格利斯准备承认的要多许多。除了正在进行的哲学的革命,那也是罗纳德·塞姆(Ronald Syme)[2]重新思

---

[1] 亚瑟·兰塞姆(1884—1967),英国儿童文学作家。主要作品有《燕子与亚马孙》系列,后文提到的《我们不是要出海》是这个系列的第七本作品。
[2] 罗纳德·塞姆(1903—1989),英国著名古典学家、历史学家,其《罗马革命》是20世纪极具影响力的罗马史著作。

考（并再政治化）罗马史的时代，其名著《罗马革命》于1939年出版。

尽管这本书的热情十分迷人，但有两个有关柯林武德成就及其学术经历的问题，它的回答只令人半信半疑。第一，他身后出版的，依然是他最著名作品的《历史的观念》有多重要？第二，其学术生涯的两个方面，罗马-不列颠考古学和哲学之间，如果有联系，联系是什么？换言之，《不列颠的罗马铭文》和《历史的观念》有没有关系？更别说和《形而上学论》了。

《历史的观念》有一些非常显赫的支持者。昆汀·斯金纳（Quentin Skinner）自己说过，正是这本书在他自己的历史研究事业之初赋予其灵感，当然斯金纳后来为柯林武德一切历史都是"思想史"的口号做出了自己的独特解释。而且，只要没什么竞争（"在英文写成的经典著作供应并不过度的领域内"，科利尼评论过，这是本经典），它曾是在大学读历史的本科生，或者想要这么做的高中毕业生的理论后备。它仍然出现在一般参考书目里，并被雄心勃勃的中小学教师热情推荐给学生（尽管几年前我问过一群大约50名在剑桥学历史的三年级学生还有谁读过这本书，没有一个人举手）。现在对它做判断时，问题在于，其主要观点似乎颇无争议。某种程度上这无疑展现了本书在流行方面的成功。但部分原因也在于这些观点首先就并不特别有原创性，阐释方式也让人很难反对。毕竟，用柯林武德的话说，谁会声称更倾向于"剪刀加糨糊"，而非他提倡的"问题和答案"的历史风格？可能有人反对研究历史的部分目的是帮我们理解（正如英格利斯所言）"我们会如何以不同于现在的方式思考和感受"吗？

30年后重读《历史的观念》，我发现自己不像学生时代那样钦佩了，或至少更容易反向思考。他描述的盲目而不加质疑的"剪刀加糨糊"的历史叙事和仅仅满足于粘贴一条条资料的历代历史学家的形象，现在看来很大程度上是为自己服务的虚构形象。无须叙事学的诞生或返回"宏大叙事"风格也能意识到，历史叙事一直都是选择性的，一直都在提出关于证据的问题。像柯林武德描述的他方法论上的假想敌那样完全不加质疑的历史根本不存在——即便是最质朴的编年史也是如此。他的"问题和答案"方法或许也不如他声称的那么不言而喻地富有成效，在考古学这个史学的实用分支上则肯定不是。在《自传》里，他辛辣地谈到那些文物收藏家，他们遵循着皮特-里弗斯（Pitt-Rivers）[1]的惯例，纯粹出于好奇发掘遗址（对西尔彻斯特罗马城镇的发掘是他的特定目标）。相比之下，最好的考古学家"从来不会在不明确了解自己在寻找什么信息的情况下就开挖"。但这没有考虑同样重要的事实：有的问题会蒙蔽研究者，令其忽视材料的意外之处和更广阔的潜力。某些最好的史学和最好的考古学一样，有一些就是好奇心驱动且机会主义的，而不是像柯林武德，还有艺术与人文研究委员会以及其他政府资助的机构中他始料未及的后辈所乐于想象的那样，是以结果为导向的。

最后，我们要如何理解柯林武德学术生涯的两面，即哲学和考古学兼史学之间的关系？柯林武德本人认识到了这个问题，不断呼吁两者间的"和解"。在为不同活动做出明确排名时，他将哲学置于首位，将考古活动更多地描述为对其历史哲学观念的实际

---

[1] 奥古斯都·皮特-里弗斯（1827—1900），英国考古学家、文化人类学家、军官，他收集的藏品构成牛津大学皮特-里弗斯博物馆的基本馆藏。

应用。说到底，尽管他是混合的讲师席位，但其后他成了温弗莱特形而上学哲学教授，而非卡姆登罗马史教授。对其职业生涯的研究也多遵从这一排名，赋予哲学活动重要得多的权重，有时将考古学贬为暑期的业余爱好。但这肯定部分是因为这里谈及的作者都是哲学家和文化史学家，对古代世界的了解，对柯林武德在文物研究中重要性的了解往轻了说也是很不牢靠的。英格利斯在此处是尤为糟糕的罪魁祸首。他似乎没有意识到《不列颠的罗马铭文》的重要性；他弄混了维吉尔的《牧歌》和《田园诗》；他以为 Res Gestae（拉丁文"功业"）和"手势"（gesture）有关；他还宣称阿尔喀诺俄斯是"尤利西斯的情人瑙西卡的母亲"，柯林武德航行去远东的那条船就是以他命名的（两处错误：阿尔喀诺俄斯是瑙西卡的父亲，瑙西卡和尤利西斯并非情人，至少荷马的版本里不是）。就连科利尼也在发表了柯林武德诸多重要考古学文章的那份刊物的名称上栽了：刊名（现在依然）是《罗马研究期刊》，不是《罗马史期刊》。

就像往常一样，当你从古典学的立场看待时，事情就颇为不同。柯林武德自己也许选择不去思考他接受的正式教育的影响；他更关心抨击专业教学法远及柏拉图的整个历史。但他是从前牛津"古典文学和哲学学位考试"（Greats，也就是古典学）课程的产物，这无疑非常关键，学生最后两年半的学业集中于并行的学习，一方面是古代史，另一方面是古代和现代哲学。多数学生对其中一方面要擅长得多，大多数故事讲到未来的古代史学家绝望地试图往脑子里塞下足够的柏拉图、笛卡儿和休谟，以便成功通过期末考试（或者未来的哲学家绝望地试图背下足够的伯罗奔尼撒战争或阿古利可拉在不列颠尼亚的战役的内容）。在"Greats"

背景下，柯林武德并非身怀两种不兼容的兴趣的特立独行者。考虑到课程的教学目标，他是少见的成功案例，即便是略微怪异的成就过高者；他对各种兴趣的结合正是 Greats 旨在提倡的。

换句话说，柯林武德不只是英格利斯和其他人想表明的有考古爱好的哲学家。我们更应将他看作独特的牛津式古典学异常成功的产物，现在这种形式已不复存在（数十年前 Greats "改革了"）。因此，他和那帮学生最后的远航是前往希腊，而且正如他在《大副日志》中写的那样，去两千五百年前苏格拉底曾到过的德尔斐"与其说是作为游客，不如说是朝圣者"，就毫不为奇了。"如果一个人以苏格拉底为先知，"他写道，"前去德尔斐的旅途就是去他的麦加的旅途。"这就是"Greats"人的信条。

本章评论书籍为：

弗雷德·英格利斯（Fred Inglis），《历史人：R. G. 柯林武德生平》（*History Man: The Life of R. G. Collingwood*），普林斯顿大学出版社（Princeton University Press），2009 年

30
遗漏了什么

爱德华·弗兰克尔（Eduard Fraenkel），20世纪最有声望的古典学者之一；从纳粹迫害下逃到英国的难民；1935年到1953年牛津大学基督圣体学院拉丁语讲席教授；普劳图斯罗马喜剧激进的再阐释者，表明它远远不止是散佚的希腊戏剧的二手拼凑；古典教学新方法的先锋（尤其是德国风格"研讨课"，而非传统的讲座或辅导）；同时也是——从他的几个女学生的叙述判断——连环咸猪手。牛津大学萨默维尔学院导师伊索贝尔·亨德森（Isobel Henderson）曾预先警告学生，尽管她们会学到很多，但很可能被"动手动脚"。至少萨默维尔的学生会有所准备。根据玛丽·沃诺克（Mary Warnock）本人的回忆录，她在牛津大学玛格丽特·霍尔夫人学堂（LMH）读书时，就完全不知道会发生什么。40年代初，弗兰克尔从他最有名的研讨课之一中挑选了她，并迅速安排了晚饭后的私人辅导课。这些课结合了若干令人陶醉而具启发性的拉丁语希腊语讨论和"亲吻及越来越经常的摸索……（我的）内衣"。沃诺克异想天开地琢磨出一条聪明的对策，要继续教学但避免"动手动脚"。她邀请朋友伊莫金从剑桥过来参加课程。但弗兰克尔魔高一丈。他指出，伊莫金需要更细致地研究品达，而玛丽应该专注于早期拉丁语和《阿伽门农》。结果最后他设法安排了一周两晚这种消遣，一次和他的"黑羊"，一次和他的"白羊"（这是他自己根据她们的头发颜色起的绰号）。直到一个不那么顺从的 LMH 学生向导师告发了他才算到头，辅导课被关停了。任何超过 45 岁的学术界女性对此可能都有一种矛盾的反应。一方面，不可能不对一目了然的持续性骚扰实例和（男性）权力滥用感到愤慨。另一方面，我们如果诚实的话，也很难压抑对大约 1980 年之前那个学术时代的一丝伤感怀旧，在那之后，教学中的情欲维度——毕竟从柏拉图开始就一直活跃——会被坚定地扑灭。沃诺克本人也有这种矛盾心情，权衡了（对弗兰克尔妻子和一些他的"女孩"同样）造成的伤害和伴随"动手动脚"且无法与之分割的启发性教学。在不止一次的报纸采访中，她指出弗兰克尔是她遇到的最好的老师。不管我们如何选择豁免或暂停道德判断，这个中年大学教师乱摸的事件提出了传记写作中的重要议题。回顾性的名人生平叙述中包括什么、排除什么？这些人生平的权威记载背后是怎样的审查原则在起作用，特别是当它们在传记辞典和其他类似参考书中传播的时候？这有多重要？弗兰克尔的案例是范例性的，也是最具揭露性的例证之一。弗兰克尔生平的权威英文记录中没有一篇提到他乱动的手或者他在辅导女性的课上发生了什么，这并不意外。我们手上最接近的记载是布里格斯和考德尔（Briggs and Calder）的著名古典学家《传记百科全书》（*Biographical Encyclopaedia*）里尼古拉斯·霍斯福尔（Nicholas Horsfall）叙述中的寥寥一句话："他的确热烈地，但也极为得体地欣赏女性美。"极为"得体地"？要么霍斯福尔惊人地无知，要么是对那些知情人士（也就是牛津古典学研究机构的大部分人）的谨慎暗示。或者，更可能是先发制人，预防任何人冒险把有限圈子里人所共知之事泄露到更大范围中去。公平地说，霍斯福尔这一版的弗兰克尔传记总体上判断谨慎，也是最富于启发的论述之一。例如，他这篇是唯一照直提到弗兰克尔最引人注目的身体特征的重要文章：他萎缩的右手。相形之下，戈登·威廉斯（Gordon Williams）[1]登在《英国国家学术院通讯》（*Proceedings of the British Academy*）纪念1970年弗兰克尔去世的长篇回忆录中提到导致他残疾的童年疾病，但接着就用一整段描述其主人公（"矮小""前额宽阔""漂亮的眼睛"等），未提到那只萎缩的手。好像必须在死后掩饰身体上的弱点，就像掩饰性剥削一样。

弗兰克尔生平的权威说法现在一致集中在他特别吃苦耐劳、可以超长时间工作的能力上。"他每天早晨不到八点半就坐到书桌前，"威廉斯解释，"他一直工作到晚饭时间，如果没有客人占据精力，就会回去工作到十点半左右。然后走回家，和露丝（他的妻子）说说话。""占据精力"的客人们，至少在沃诺克时代，肯定部分摧毁了眼睛钉在书本上的工作狂教授的单纯形象。补全弗兰克尔标准像的另一方面是他的自杀，就在露丝去世数小时之后。"弗兰克尔选择不在她走后继续独活，他死在家里"，这是休·劳埃德-琼斯（Hugh Lloyd-Jones）在老版（和新版）《牛津国家人物传记大辞典》（*Dictionary of National Biography*，以下简称 *DNB*）里优雅的说法，或者，用霍斯福尔更夸张的言辞说，"我们深深尊敬他的殉情自杀"。如果设想一个人对妻子的爱

---

[1] 戈登·威廉斯（1926—2000），古典学家，曾在耶鲁大学长期任教。

和对自己的女学生"动手动脚"必定水火不容，那是愚蠢的。但是，在沃诺克的经历（她直接提到露丝对弗兰克尔"嗜好"的不快）的映照之下，弗兰克尔的爱妻人设看起来就是另一番样子了。最起码，对其职业和性格的权威说法并没能秉公处理明显更复杂且更有意思的现实情况。就好比旅游指南继续吹捧早就被六车道高速路一分为二的宁静小渔村，这些传记涉及的是从繁杂的现实生活中抽离出来的一个阶段。对弗兰克尔的类似叙述中，最不尽人意、最为尊者讳的说法见于三卷本的新版《英国古典学家辞典》（*Dictionary of British Classicists*），辞典收集了约 200 位作者的传记性短文，涵盖 700 多位古典学家，从埃德温·阿博特·阿博特（Edwin Abbott Abbott，原文如此）——一位致力于拉丁语学习应该很有趣这一理念的 19 世纪的校长——到甘特·祖尼茨（Gunther Zuntz），他也是逃离纳粹德国的难民，在曼彻斯特大学教书多年。收入本书的主要资格（除了在英国工作，不必生为英国人）是从公元 1500 年之后活跃于古典学学习或教育，直到 2000 年之前去世的人；古代史学家尼古拉斯·哈蒙德（Nicholas Hammond）和欧里庇得斯《希波吕托斯》的编辑 W. S. 巴雷特（W. S. Barrett）都有点踩线，两人都是 2001 年去世。关于弗兰克尔的短文严格避免提到其"私人"生活的几乎任何方面。没有一处提到露丝，更别提自杀（这是其身后名的一个关键因素）或者那双手，无论是萎缩的还是乱摸的。与此同时这是一篇毫无特色的吹捧性传记，几乎一无是处。弗兰克尔论述拉丁散文韵律的书非常不尽人意（甚至戈登·威廉斯都乐于称之为"一场灾难"），在这里却被赞颂为"对这一艰深而具有争议性的主题的系统性研究"。

弗兰克尔著名的研讨课也获得赞美，他自己则被誉为"杰出且有影响力的教师"。某种程度上无疑如此,沃诺克和许多其他学生依然如此证明。但不可避免存在另一面。劳埃德-琼斯坦承"身为教师他有某些缺陷。他不能快速领会别人,很少能够从听众那里引出意见;他倾向于极端的赞美或责难,许多学生觉得他让人害怕"。或者像威廉斯说的,一名"受害者"曾将他的研讨课描述为"一只白鼬对一群兔子讲话"。换而言之,它们既是此处认为的激进的教学创新,也是专业权力和霸权的运用。由于作者超过200个,《英国古典学家辞典》其他条目的质量不可避免地良莠不齐。较薄弱的那些不过是改述了其传主的老 *DNB* 条目,措辞都是借鉴来的,非常相似(不出意外,有数个条目是那些也在新 *DNB* 中撰写短文的作者所作,重叠就更为可观)。不过也有其他诸多类型的错误。委托儿女们充满孝心地撰文介绍自己的父亲(古典学确实倾向于在家族内传承)对客观性并无帮助,这至少有3例。偶尔,北美的作者对英国机构表现得没什么把握(在关于剑桥古典学者兼东方学专家、简·艾伦·哈里森前男友R. A. 尼尔[R. A. Neil]的短文中,苏格兰教会术语"quoad sacra"["与神圣事物有关"]被混淆成"quondam sacra"["曾经神圣"])。一般来说,在叙述的主角去世很久的情况下,关于人性弱点的叙述往往更坦率和开放。例如我们读到理查德·波森(Richard Porson,1759—1808)嗜好杯中物,但没见到提起 G. E. L. 欧文(G. E. L. Owen,剑桥哲学家,1922—1982)的同样嗜好。

最好的条目(相对较少)是作者对其传主的学术工作熟稔于心,对其个人生活境况消息灵通的那些,他们或直接知晓,或通过长时间研究档案得知,理解传主工作的社会、文化和学术背景。唯有他们逃脱了隐喻的"指南"风格。M. L. 韦斯特(M.

L. West)对希腊音乐史学家的描述、薇薇安·纳顿(Vivian Nutton)关于古代医药史学家的短文尤为突出。克里斯托弗·斯特瑞(Christopher Stray)撰写的系列文章亦然,精妙捕捉到了历代中小学古典学教师的古怪之处。比多数人更古怪的是19世纪晚期温切斯特的埃德蒙·莫谢德(Edmund Morshead):绰号"末末儿",有自己的个人语型("莫谢语")并和学生分享,他上课的那间教室不出意外地叫作"蘑菇"[1]。但斯特瑞也一再证明这些老师对古典学教学和更一般性的课程的创新与改革的投入。死脑筋的奇普思先生(Mr. Chips)[2]和语法训练之枯燥更多的时候是现代人自己的虚构,而非(至少在更激进的学校里)18、19世纪的现实。埃德温·阿博特·阿博特热心地想让拉丁语变成一种乐趣,他并非个例。"末末儿"在用莫谢语含糊不清地讲话之外,都在公开要求古典学教师不要将科学家看作敌人,并指出,对古典学学科的辩护也可能和对它的攻击一样偏执。斯特瑞的短文写得很好,部分原因在于诙谐有趣,同时没有咄咄逼人地嘲笑文章主角。全三卷最吸引人的条目中有一条也是如此:马尔科姆·斯科菲尔德(Malcolm Schofield)写的关于哈里·桑德巴赫(Harry Sandbach, 1903—1991)的短文,后者是剑桥古典学家,最知名的是他对斯多噶派哲学和希腊喜剧的研究。斯科菲尔德温和地戏仿了他所写的这种体裁,并借此设法为我们讲述了更多关于主角的事,比所有那些板起脸孔的叙事都要高明。文章结尾几句貌似简单的句子很典型:"桑德巴赫是个和蔼的小个子,不会说冒

---

1 这位老师的绰号Mush(意思是"捣成末")、个人语型("Mushri")和教室外号(Mushroom)都衍生自他的姓的谐音。
2 奇普思先生是一个电影角色,一位上了年纪的拉丁语教师。

失或伤人的话；实际上他完全不会主动开始聊天，尽管一旦谈话开启也乐于最低限度地参与一下。否则，也可以和他一道享受沉默。"要是有这么显露实情的关于弗兰克尔的内容就好了。这种辞典中总会有边界纷争（英国君主——简·格雷女士［Lady Jane Grey］[1]，收还是不收？），在这里我怀念几位公认的，但未能入选的候选人。没有塞缪尔·巴特勒（Samuel Butler，《奥德赛的女作者》[The Authoress of the Odyssey]的作者）、没有威廉·格尔（William Gell），他写了第一部关于庞贝的英文叙述。新版 DNB 还放弃了好几十个被称为"古典学学者""古典考古学家""拉丁语学者"或"希腊语学者"的人，未能让他们进入辞典。女性的条目非常少（700多条中不到40条），很大程度上准确反映了本学科男性的优势地位——但并非全部。如果有选择，我会收入1988年去世的罗马史研究的重量级人物伊丽莎白·罗森（Elizabeth Rawson），而非伊丽莎白一世女王。罗森被排除在外想必出于文章主角应"约在1920年前出生"的规定——但这是无益的排除。同样无益的是去掉了（我猜出于同样原因）弗兰克尔的学生，20世纪最有影响力的古典评论家之一科林·麦克劳德（Colin Macleod），他于1981年自杀；还有历史学家马丁·弗雷德里克森（Martin Frederiksen），1980年死于交通事故。不过，正如它对伊丽莎白一世的提及所暗示的，还有一个事关项目整体定义的更重大的问题。抛开《英国古典学家辞典》这项任务有多妄自尊大这个问题（或者，它是否就是感到自己日薄

---

[1] 简·格雷（1537—1554），英格兰第一位女王，但其登基仅有数日，且王位有争议；后遭处决。她从小接受良好的古典学教育。

西山的学科会做的那种事？），它对19世纪中叶之后的时期还是有一定意义的——当时古典学刚成为专业学科和可识别的利益团体。正是在此时，"古典学家"（或"古典"）一词的应用第一次多少包含了其现代的专业含义。在那之前，当拉丁语教学——还有较小程度上的希腊语——主宰学校课程时，将任何精英男性称为"古典学家"都是毫无意义的——或者反过来你可以说他们都有资格得到如此称呼。因此，《英国古典学家辞典》可想而知地优中选优了，伊丽莎白一世之外还收入了本·琼森（Ben Jonson）、萨缪尔·约翰逊（Samuel Johnson）、约翰·伊夫林（Johns Evelyn）、弥尔顿和斯图尔特·穆勒，诸如此类。但看到这些人挨着晚近的专业人士，读者很难有所收获。不过，如果能借着这个《英国古典学家辞典》如今主动提供的机会，来思考此处呈现的专业古典学家有何共同点——如果有的话——又如何反映了作为学科的古典学，读者还是能有所收获的。在从头到尾读完的人看来，最引人注目的方面是英国和德国古典学之间强大而复杂的关系。部分而言这是20世纪30年代难民流入的后果：文学评论家弗兰克尔和查尔斯·布林克（Charles Brink）、历史学家菲力克斯·雅可比（Felix Jacoby）和斯蒂凡·怀恩斯托克（Stefan Weinstock），还有考古学家保罗·雅克布斯塔尔（Paul Jacobsthal）等更多人士。实际上，《英国古典学家辞典》里最友好的趣闻中有一条很好地阐明了这些难民的突出地位。故事讲的是，许多难民（哪怕只是短暂地）流落到了收容所。收容所按国籍区分。意大利营里只有3位教授（阿纳尔多·莫米里亚诺［Arnaldo Momigliano］，劳伦佐·米尼奥-

帕卢埃洛［Lorenzo Minio-Paluello］[1]和皮耶罗·斯拉法［Piero Sraffa］[2]），还有大量侍者及厨师。德国营里满是学界人士，其中有很多古典学家。英国指挥官提出，这3位意大利教授也许在德国营里会感到更自在。另外两人同意搬家，但莫米里亚诺（据奥斯文·默里［Oswyn Murray］[3]说）劝阻了他们，说，"在满是侍者和厨师的营地里当3个意大利教授，比在满是德国教授的营地里当3个意大利侍者要强"。但这不仅是德国学者们实际到场的问题。从19世纪早期开始，这里就有一位又一位的学者在各自的传记中被称颂为将德国独特的学术传统带到海岸这边的链条上重要一环：例如康诺普·瑟瓦尔（Connopp Thirlwall）[4]，他"有助于将渊博的德国Altertumswissenschaft[5]引介到英国"；W. M. 林赛（W. M. Lindsay）[6]，在莱比锡学习了两个学期后，带来了德国语言分析的火把；或亚瑟·斯特朗夫人（Mrs Arthur Strong）[7]，在慕尼黑跟随阿道夫·富尔特文格勒（Adolf Furtwängler）[8]学习之后，为艺术

---

1 劳伦佐·米尼奥-帕卢埃洛（1907—1986），出生于意大利威尼斯，牛津大学中世纪哲学教授，拉丁语专家。

2 皮耶罗·斯拉法（1898—1983），生于意大利都灵的经济学家，剑桥大学教授，编辑了十一卷本《李嘉图作品与通信全集》。

3 奥斯文·默里（1937—），牛津大学古典学者。

4 康诺普·瑟瓦尔（1797—1875），英国历史学家，生涯中屡屡受到争议，曾长期担任圣大卫教堂主教。

5 德语，即古典学。

6 W. M. 林赛（1858—1937），出生于苏格兰的古典学家，对拉丁语研究影响较大。

7 亚瑟·斯特朗夫人（1860—1942），本名欧仁妮·塞勒斯，英国考古学家、艺术史家。

8 阿道夫·富尔特文格勒（1853—1907），德国考古学家、艺术史家，指挥家威廉·富尔特文格勒的父亲。

史研究做了同样的事。相反，没有人因为将法国或意大利学术传统引进到本国而被称颂（尽管他们以不同方式同样杰出）。有少数几人还因为没有足够严肃地对待德国学术而遭谴责。

但是，很难对来自柏林和慕尼黑的一波波影响的这种重点强调照单全收。有一些当然存在。然而，如果对德国知识分子的引进真有这些传记短文共同表明的那种规模，那么弗兰克尔在 1934 年抵达牛津时就会感到自己宾至如归。实际上没有——不论是社交上还是思想上（1935 年他选上拉丁语讲席教授后引发的争议彻底清楚说明了情况）。现代吹捧性传记也许粉饰了这件事，就像粉饰其他许多事一样。但是，部分问题肯定如《英国古典学家辞典》无意中透露的那样，是英国人想象中德国学术的"神话"（再加上它作为学术严谨象征性标志的角色）和对研讨课有新颖想法的真诚的德国教授的实际情况之间的尴尬冲突。任何新的弗兰克尔传记无疑都应该旨在揭露并处理这位工作狂教授形象的表面下的各个方面。还应将他和他的难民同辈（其中很多人都觉得在这里很难被接纳，不管我们愿意怎么想）与复杂而内涵丰富的英国人对德国古典学术的幻想这一背景加以对照。

本章评论书籍为：

罗伯特·B. 托德（Robent B. Todd）编辑，《英国古典学家辞典》（*Dictionary of British Classicists*），连续国际出版社（Continuum），2004 年

31

阿斯特里克斯与罗马人

1977年，阿斯特里克斯的创造者勒内·戈西尼（René Goscinny）去世，用一篇法国讣闻的话说，"就像埃菲尔铁塔倒了"。这个勇敢的小个子高卢人对抗罗马征服（借助魔法药水，吞一口能产生几分钟不可抵挡的力量）的漫画冒险故事和巴黎天际线上最显著的地标一样，是界定了法国文化身份的一部分。1969年一次全国调查表明，2/3的人至少看过阿斯特里克斯丛书中的一本；戈西尼去世时，法国的总销量据说超过了5500万本，让阿斯特里克斯遥遥领先于主要对手，比利时的丁丁。1965年，法国发射的第一个航天卫星以他命名（美国后来以被命名为查理·布朗和史努比的航天飞船与之抗衡）。可想而知，阿斯特里克斯也有更家常的衍生品，从芥末酱到洗衣粉，它们在20世纪60和70年代席卷了法国市场。据说戈西尼的搭档阿尔贝·乌德佐（Albert Uderzo）曾在地铁站看到了并排的3幅广告，3种迥异的产品，但都有阿斯特里克斯及其漫画同伴同样热情的背书。从那时起，他们更严格地限制了允许他们的英雄做广告的产品。

戈西尼1926年生于巴黎，童年在法国和阿根廷度过，在纽约学习漫画业，后来和一起学习的那群艺术家创办了《疯狂》（*Mad*）杂志。1951年返回法国后他和乌德佐组队，戈西尼撰文，乌德佐绘图。他们名为《欧帕帕》（*Oumpah-pah*）的短命漫画为《阿斯特里克斯》做了预演，漫画主角是个平脚底印第安人，生活在狂野西部的遥远村庄，勇敢对抗白脸人，而1959年，他们在漫画杂志《领航员》（*Pilote*，和《疯狂》一样目标是成年人而非儿童）第一期上发布了《欧帕帕》的古代高卢版本后时来运转。《领航员》由卢森堡电台资助；杂志和角色阵容的一夜成名和该电台提供的宣传轰炸密不可分。

他们第一本完备的书《高卢人阿斯特里克斯》于1961年出版；16年后戈西尼去世时，刚完成第24本《阿斯特里克斯在比利时》的脚本，这是一场刺激打斗的冒险，有些特别老套的比利时人，大量啤酒和比利时抱子甘蓝，再加上一对《丁丁历险记》里的角色不可避免地跑了个龙套。这差不多就是《阿斯特里克斯》的终结了。这本书绘制之前戈西尼就过世了，乌德佐对完成这项工作极不情愿。但出版商无法承受这样的伤感，将其告到法庭，试图迫使他拿出图画。他们赢了第一轮官司，乌德佐勉强着手工作。讽刺的是，他上诉推翻判决时，书已经出版了。过去30年，乌德佐（现已80多岁）一再退休，宣布这个系列完结了，结果却在几年后回头，带来一部新的单人创作的冒险故事。同时，他用一座极有品味的主题公园——巴黎郊外的阿斯特里克斯公园——和一连串电影持续从阿斯特里克斯现象上赚钱，包括《勇士斗恺撒》和《高卢勇士之女王任务》，两部电影都由杰拉德·德帕迪约（Gérard Depardieu）扮演肥胖得恰如其分的高卢人。

对阿斯特里克斯的粉丝来说，重要的问题在于乌德佐单独出的书到底能否赶上这对搭档黄金时期制作的"经典":《角斗士阿斯特里克斯》(我们的英雄登记为角斗士,以便救出被恺撒抓走的村里的游吟诗人);《阿斯特里克斯与克里奥帕特拉》(这是那部电影的基础,阿斯特里克斯和朋友们来到埃及,发现自己身陷曼凯维奇史诗片[1]的滑稽模仿中);《阿斯特里克斯在不列颠》(高卢使团要送魔法药水给艰难斗争的不列颠人,以阿斯特里克斯教他们泡茶而告终)。戈西尼去世前,乌德佐从未在文字创作中起多大作用。从《阿斯特里克斯和女演员》判断,这一重大问题的答案是令人失望的"不能"。讽刺寡淡无味。故事线太过复杂,不够引人入胜。故事开始时,阿斯特里克斯和最好的朋友、石柱搬运工奥贝里克斯(一起)过生日。他俩的妈妈到场时满脑子主意,盘算终究要让儿子们结婚,而父亲们因为在当地寨堡(oppidum)售卖纪念品太忙,不能参加庆祝,寄来闪闪发光的剑和头盔作为礼物;后来发现这是从一个罗马大人物那偷来的财物;两位父亲最后因偷窃入狱,罗马人则派出一个女演员假扮成奥贝里克斯的心上人法尔巴拉(Falbala,即"俗艳的"——译者们称她"帕纳西亚"[Panacea][2]),想要甜言蜜语骗回武器;真正的法尔巴拉不可避免地露面了,紧跟着就是显而易见的混乱。这读着很像点缀着乏味罗马史课程的闺房笑剧——整个《阿斯特里克斯》系列中字最多的对话泡泡之一就在这里用来展现令人窒息且并不完全准确的公元前1世纪罗马政治的简介:"很久以前罗马被三巨头统治着……就是说三个执政官,等等等等",阿斯特里克斯对理所当

---

1 即约瑟夫·曼凯维奇导演、伊丽莎白·泰勒主演的电影《埃及艳后》。
2 意为"灵丹妙药"。

然感到困惑的奥贝里克斯解释道。

乌德佐的结构也不总是这么糟。他较早期的一些努力成果证明是二人联手系列的优美续篇，巧妙契合20世纪八九十年代不断变化的政治和幽默潮流。《阿斯特里克斯的奥德赛》(《阿斯特里克斯和黑金》)让高卢人去往中东，寻找魔法药水至关重要的神秘成分（最后发现是石油），精彩地呈现了石油工业、污染和中东政治的错综复杂；在他们带着珍贵的货物回家的路上，海峡上糟心的意外导致世界上出现了第一只被石油污染的海鸥。后现代的转向越来越明显。"我不太喜欢这趟冒险"，《阿斯特里克斯和儿子》的剧情发展到一半时，阿斯特里克斯对奥贝里克斯抱怨。"噢，都会好的!"奥贝里克斯安抚他，"肯定会以星空下的宴会为结束，和往常一样。"他指的是每个阿斯特里克斯冒险故事独特的最后一幕——除了——读者将会发现——这一次。

然而更大的问题是，这些古代高卢人和他们倒霉的罗马对手的漫画故事何以如此成功？戈西尼和乌德佐自己总是拒绝对此表示任何兴趣。当他们遇上（用他们的话说）被"诠释病"困扰的采访者时，他们以虚张声势、胡言乱语（以及，我希望是反讽的）缺乏好奇心来反击。戈西尼一度宣称，人们笑阿斯特里克斯，"是因为他干好玩的事，就这样。我们唯一的志向就是好玩"。有一次，一个绝望的意大利采访者（不怎么微妙地）暗示阿斯特里克斯与罗马帝国斗争的吸引力和"小人物拒绝被现代社会的令人痛苦的重压击溃"有关。戈西尼干脆地回复说，既然他不坐地铁上班，他不知道小人物被任何东西击溃的事。

另一方面，多数评论家认为有许多事情需要解释。有些人和那位意大利采访者一样，念念不忘高卢人和超级大国罗马之间大卫对抗歌利亚般的吸引力。或至少是有所变化的大卫和歌利亚：阿斯特里克斯不是靠过人的诡计和智力打败蛮力——而是多亏意外获得比敌人更强大的蛮力。一次次冒险中，高卢人过于机智的计谋大多都和完美布局的罗马计谋一样不奏效。令人宽慰的幻想在于，幸亏有魔法药水，阿斯特里克斯和朋友们可以搞得一团糟但仍然获胜。

其他人则大量分析这套漫画对成年人的吸引力，这是《领航员》最初的目标。书里满是对当代法国文化和政治的揶揄：雅克·希拉克的经济政策在《奥贝克里斯和伙伴们》中被拆得底儿掉，希拉克本人被漫画一目了然地描绘为自命不凡的罗马经济学家；对知情人来说，《高卢人的旅途》（《阿斯特里克斯和宴会》）中，阿斯特里克斯和奥贝克里斯路上停留的马赛咖啡馆完全复制了帕尼奥尔（Pagnol）[1]的电影《马吕斯》（Marius）里那家起到重要作用的咖啡馆（巴纽显然很得意："现在我知道我的作品会不朽了。"）。还有一连串对经典艺术品的巧妙戏仿，哪怕并没有最博学的《阿斯特里克斯》粉丝们想让我们认为的那样比比皆是。迄今最巧妙的是《军团士兵阿斯特里克斯》，其中杰利科的《美杜莎之筏》[2]被改为一帮衣衫褴褛、怨声载道的海盗的救生船（"我惊呆了"［Je suis medusé］——其中一人大喊，好让没发现这处致敬的人能看懂）。对成年人的吸引力显然是这套书销量的关键因素，考虑到多数儿童读者要依靠成年人的购买力。奥利维耶·托

---

1 马塞尔·帕尼奥尔（Marcel Pagnol，1895—1974），法国小说家、剧作家、电影导演。

2 西奥多·杰利科（1791—1824），法国浪漫主义画家，《美杜莎之筏》是他的一幅油画，表现沉船之后生还者的求生。

德（Olivier Todd）说过，父母们跟在孩子后面看《丁丁历险记》；但孩子们要等父母读完《阿斯特里克斯》才有机会摸到书。

另一个关键因素必然是《阿斯特里克斯》追忆并讽刺的历史。就像《从1066谈开去》（*1066 and All That*）依赖于我们对它恶搞的英国历史上各种形象与故事的熟悉程度，《阿斯特里克斯》让法国读者回到他们全都知道的那一刻：法国教科书里法国历史开始的时候。"Nos ancêtres les Gaulois"（我们的祖先高卢人）是无数教科书反复灌输给儿童的一句口号；那些早期祖先中的关键人物是维钦托利，公元前1世纪50年代后期反抗尤利乌斯·恺撒的著名叛乱中的高卢人领袖。恺撒那本为自己服务的《高卢战记》中详细地记录了维钦托利，视其为叛徒和高卢民族主义者，在阿莱西亚战役[1]中被罗马人的谋略完全压倒；他向恺撒投降并被送到罗马，几年后在恺撒公元前46年的凯旋式中作为庆典的一部分被杀。

现代法国文化中，左派和右派都视维钦托利为民族英雄。比如第二次世界大战期间，他承担了双重任务，既是"我们历史上首位抵抗战士"，也是贝当和维希政府在失败时如何高贵地行事，并体现出高贵的法国性的象征。身为失败的叛乱者，他如何带着最大限度的尊严，将武器置于恺撒脚下，这一场合已成了神话般的形象，成为这个民族历史上的关键时刻之一。《高卢人阿斯特里克斯》第二框出现了这一刻，在别开生面的转折中，维钦托利想办法把那包武器扔到了恺撒脚趾头上——因此激起的不是胜利演

---

[1] 阿莱西亚战役是公元前52年高卢战争中恺撒带领的罗马军团和高卢人之间的关键战役，高卢战败后成为罗马的一个行省。

说，而是好大一声"哎唷"。实际上，整个系列中，阿斯特里克斯本人都能被看作维钦托利的替身，是关于一位设法逃脱恺撒掌控的高卢民族主义者的幻想。

但是，如果阿斯特里克斯如此深深扎根于法国大众文化中，我们如何解释他在世界其他地方的巨大成功？（就我所知，《从1066谈开去》从未在法国、冰岛或日本触动人心。）部分原因是野心勃勃的翻译。整部系列的英文翻译安西娅·贝尔（Anthea Bell）和德里克·霍克里奇（Derek Hockridge）对这份工作充满热忱。所有的法语玩笑，特别是独特的文字游戏，都被变成了新的英语包袱，往往和原作无甚关联。主要角色的名字都被有规律地改动了：音盲的乡村游吟诗人 Assurancetourix（"汽车综合险"）变成了 Cacofonix[1]；法国小狗伊迪飞（Idefix）成了英语中的 Dogmatix[2]。贝尔和霍克里奇忠实于幽默精神而非幽默的字母。因此，比如《美杜莎之筏》中，"我惊呆了！"换成了对这一模仿意图的英式暗示："我们被困在杰利科里边了！"

译者插手的结果几乎总是一本非常不同的书。经典案例便是《阿斯特里克斯在不列颠》。这本书和《阿斯特里克斯在比利时》风格很像，法语原文经常取笑英国人，后者完全被表现成法国陈词滥调中一直想象的样子。他们5点钟停下来喝热水休息（阿斯特里克斯还没告诉他们怎么泡茶），他们喝温啤酒，食物涂上厚厚的薄荷酱，讲一口几乎无法听懂的某种盎格鲁法语。最爱说"Bonté gracieuse"（"天哪"）；很多句子后面都跟着个"plutôt"

---

1 意为"声音嘶哑刺耳的"。
2 英文 dogmatic 意为"教条的"，词中还包含 dog，即狗。

("相当");形容词被反复塞到名词前面(说"magique potion"而不是"potion magique"[1])。不过,在贝尔和霍克里奇的翻译里,尖刻的法式沙文主义被转化为英国特色的自我嘲讽。英国译本最初版本中戈西尼和乌德佐向读者保证这套漫画的目的是温和有趣的口信几乎不必要;贝尔和霍克里奇已经把刺拔了。

基础的故事线也强化了这套书的国际吸引力,至少在欧洲如此。不管是否有意,戈西尼和乌德佐都利用了罗马帝国在这块大陆多数地方的遗产。因为不管罗马人征服到哪儿,那里都依然流传着英勇抵抗和富于魅力的本地自由斗士的传说。如果对法国人来说,阿斯特里克斯不可避免地脱胎于维钦托利的故事,那么英国人可以将他看作布狄卡或卡拉塔库斯[2]的翻版;德国人把他看作自己的赫尔曼(拉丁文学中以阿米尼乌斯闻名)的一个版本。至于意大利人自己,他们通常乐于听到关于罗马祖先的笑话——特别是当他们就像阿斯特里克斯的对手那样,被描述为颇为亲切友好的反派,由于彻底缺乏效率而没干什么严重的坏事。

美国是唯一一个《阿斯特里克斯》一直是小众喜好的西方国家——尽管有一次冒险的确将高卢人带到了新世界,想来是在尝试招徕美国读者。这种市场的隔阂被没完没了、不合情理地理论化了。法国的文化沙文主义者很愿意认为《阿斯特里克斯》对迪士尼喂大的美国大众来说太精妙复杂;他们还指出了相对优雅高端、非常法国味儿的阿斯特里克斯公园和附近粗俗的巴黎迪士尼乐园之间的反差。其他人试着给出政治性解释,将漫画中好高卢

---

[1] 意思是"魔法药水";英语里面形容词在所修饰的名词前面,法语反过来。
[2] 卡拉塔库斯是公元前1世纪不列颠南部一片区域的国王。

人和坏罗马人的冲突解读为几乎不加掩饰的对美国帝国主义和新超级大国霸权的抨击（他们认为，这套漫画因此才有了意料之外的中国和中东的小众市场）。但归根结底，《阿斯特里克斯》是欧洲的，无可撼动。罗马帝国的遗产提供了流行文化中的语境，让不同的欧洲国家彼此交谈、谈论彼此，并谈论共有的历史与神话。从大西洋另一头很难看穿这一点。

在整个欧洲，阿斯特里克斯的故事也鼓励了许多人更深入地思考它反映的历史和前历史及它具体体现的神话。考古学家也不甘落后地利用漫画流行的机会，向学童和家长介绍博物馆和参观遗址的乐趣；比如几年前大英博物馆关于铁器时代和罗马治下的不列颠藏品的"教育包"就用阿斯特里克斯做标语和代言人——"阿斯特里克斯在大英博物馆"。不过讽刺的是，戈西尼和乌德佐的高卢-罗马冲突场景中作为基础的阐释罗马历史的方法在学术界早已不再流行了。回到大概40年前，你确实会发现考古学家以《阿斯特里克斯》风格重构罗马帝国北方行省的历史。那时普遍认为罗马帝国主义是严苛而分明的。它为这些被征服领土上的本地人提出一个简单的选择：罗马化或抵抗；学拉丁语、穿托加、造浴场，或者（没有真正的魔法药水的话）把自己染成靛蓝色、跳上镰刀战车去屠杀最近的罗马步兵军团分队（见本书第22章）。在《阿斯特里克斯与首领争夺战》中，这一选择引人发笑地戏剧化了，这一章把阿斯特里克斯的村庄和临近的高卢定居点做了对照。如果说阿斯特里克斯和朋友们选择了抵抗罗马，另一个村庄同样热情地拥抱罗马化。我们看到他们本地小屋装饰了古典风格的柱子，首领的罗马画像得以摆在本村充作广场的地方，孩子们在学校里经受着"语法折磨"。

研究罗马帝国主义的方法如今更为现实。我们逐渐了解，罗马人并无足够人力或意愿来强制推行《阿斯特里克斯》想象的那种直接控制和文化一统模式。他们的头等要务往往是金钱和安生日子。假如本地人交税、不公开叛乱，并且在必要时对罗马文化常规略表姿态，他们的生活——如果愿意的话——就能和以前差不多。这种新形式的罗马行省生活还没有通过连环漫画而不朽。但数年前，考古学家西蒙·詹姆斯（Simon James）画了一幅单幅漫画插图，在古典学家中出了名，因为它概括了研究北方行省罗马帝国主义历史的新方法。它表现了一处本地小农庄，有传统的铁器时代的圆形小屋和明显的本地家庭。挨着农庄的是一条罗马道路，一伙罗马兵团士兵正路过农庄，逐渐行军走远（身后乱七八糟地丢下考古学家将会在两千年后热切挖掘的那些罗马小摆设）。农庄和道路之间，狡猾的本地人已经搭起一块巨大的硬纸

图17　罗马不列颠尼亚是否只是一出戏？这幅漫画意在提醒我们，罗马化在有些方面相当脆弱

板，画着古典的建筑立面，有三角墙和圆柱，他们正不屈不挠地撑着这块板，要给士兵们留下印象，临时掩盖住后面愉快继续着的本地生活。但他们无须伪装多久："行了，科夫多，他们走了！"本地人老婆冲着本地人丈夫喊道，同时兵团士兵正在走远。这种把戏尚未进入阿斯特里克斯的全套技能中。

本章评论书籍为：

阿尔贝·乌德佐（Albert Uderzo），《阿斯特里克斯和女演员》（*Asterix and the Actress*），安西娅·贝尔（Anthea Bell）、德里克·霍克里奇（Derek Hockridge）译，猎户座出版公司（Orion），2001年

后 记

评述古典学

本书第一章探讨了亚瑟·埃文斯在克诺索斯史前宫殿所做的工作,特别是他对建筑、绘画——实际上是对整个爱好和平的克里特岛米诺斯母系文明的重建。我只是顺便提到了他在当地最重要、最引人入胜的发现之一:数百个刻字泥版,尽管付出很大努力,埃文斯自己也未能破译其书写字母系统。但他确实认识到它们属于两种不同类型:少数用他所称的"线形文字A"写就;其余(绝大部分)用的是他所称的"线形文字B"。他认为两种都不是任何形式的希腊语,连非常原始的形式也不是。

半个世纪后,建筑师、卓越的密码破译专家迈克尔·文特里斯证明埃文斯至少错了一半。尽管线形文字A仍未破译,文特里斯在剑桥的约翰·查德维克的支持下意识到线形文字B确是某种形式的希腊语。换而言之,地中海史前文明中有一些和我们更为熟悉的从荷马开始的希腊世界之间存在语言上的联系。这是20世纪最令人兴奋的破译(尽管让一些充满希望的古典学家失望的是,后来证明这些泥版不是早期史诗,很大程度上是事务性清单);1956年文特里斯在车祸中丧生,年仅34岁,他的研究成果尚未完全出版，但这并未让泥版失去魅力，反而增添了魅力。

不过，线形文字 B 的破解在 1952 年就已发布了——压根不是在学术出版物上，而是在当时 BBC 第三节目（现在的三台）的谈话节目上。这要归因于年轻的 BBC 电台制片人普鲁登斯·史密斯（Prudence Smith）的努力，很久以后她追忆了她的独家新闻：

> 迈克尔·文特里斯和我丈夫共事……他和他妻子跟我们很熟……据说迈克尔正在研究克里特泥版——哈哈，建筑师做这么一件事挺逗的。但他就是在做，确实是。
>
> 一天晚上（我永远不会忘记）我们去他在汉普斯特德的新房子吃晚餐……迈克尔没露面；他在另一间屋里……他妻子一直在上雪利酒和小食，但迈克尔没露面，一直不露面。我们有点饿了。最后他出现了，看起来完全累坏了，他说，"很抱歉让你们等这么久，但我做成了，我做成了！"——就好像他装好了一个衣柜还是什么似的。"我就知道"，他说，"那是希腊语"……
>
> 下个礼拜在第三节目的谈话会议上，我相当胆怯地说："我认识那个破译了克诺索斯泥版的人。""你说什么？"有人说道，"它们是无法破译的。""噢不是的，"我说，"我向你保证这是真的。我们必须让他上节目。"他们相信了我，节目播出了；这是第一次公开宣布解码……说服（文特里斯）并不难。他认为（电台）是合适的地方。

这部分是个机缘凑巧的故事，部分是个关于优秀新闻的故事。但也令人愉快地想起"前线古典学"和重大古典学发现一直以来和英国的广大听众多么接近。文特里斯认为，公布解码的消息，"电台是合适的地方"。其他许多人也发现，要发布全新的古典学阐释，要继续就古典世界辩论，"合适的地方"在教室或学术期刊之外。我们已经看到（见本书第24章），对希腊悲剧的一些最重要的重读是在舞台上而非书房中创造的；克里斯托夫·洛格翻译的荷马《伊利亚特》很可能是一百多年来最具影响的版本，它也是从第三节目开始诞生的。而且，尽管过去10年左右"书评区"和一般文学新闻会遭受有时很野蛮的削减，但你仍能在普通大幅报纸或周刊上读到对古代世界相关的书籍细心而审慎的探讨。我在剑桥古典学系最有影响力的前辈之一，出生于美国，有时才华横溢，有时笨拙的摩西·芬利，在20世纪50年代后期和整个60年代，发表于书评和重播电台谈话中的内容比学术期刊中多得多。

这种情况下，我很乐意提醒你，本书每一章都源自非专业的文学杂志上的随笔或书评。诚然，"书评产业"显然毁誉参半。首先有根本性的偏袒问题，如果不是腐败问题的话。持批判态度的书评往往被归为某些私人嫌隙，持赞赏态度的那些可能看起来像是不加掩饰的抱团。但问题也在于书评有多重要，有何影响，甚至它们到底得到了多认真的阅读。讽刺之处在于，尽管出版商不断骚扰文学编辑评论他们的书，他们也正确地让焦虑的作者们放宽心，评论家怎么说看来对书卖出多少影响极其有限。换言之，唯一一个绝对保证会聚精会神阅读且重读评论的人是相关书籍的作者（因此，作者们，不论你认为的不公正评论让你感觉多受伤，绝不要撰文抱怨；很可能你恰恰让本来没人在意的东西获得了注意力！）。

但这就没抓住书评何以依然重要这个问题——以及为什么我

们比以前更需要它们。当然，我是有偏向的。30年来，我每年都为各种论文和期刊撰写几十篇书评，20年来我一直担任《泰晤士报文学增刊》的古典学编辑，要选择评论哪些书，找哪些评论家，并在文章发来后加以编辑。这会成为一个文学腐败的小世界的中心吗？我认为不会。无论如何，我的基本准则是，如果我很确定我能预测他们会说什么，我就绝不会将任何书发给任何评论家。如果评论家认识作者（在相对紧密结合的古典学群体里有时注定如此），我就必须确信评论家会感觉能够依据他们看到的内容，写一篇或正面或负面的评论（我不会把书发给那些只准备说好话的人）。不过，简单的事实是，公平行事完全没那么难——其实公平行事可能还比成功地腐败要容易得多。

所以书评是为了什么？我确定这里虚构和非虚构有很大差别。但在我的领域，它们有一项至关重要的工作：作为基本的品控机制——并不完美，我承认，但是目前最好的。如果拉丁语全错，或者神话和日期都弄混，那就得有人照实说出来（而不仅是出版5年后在学术期刊专业述评中出现）。

但比这更重要、更吸引人之处（毕竟谁耐烦看一系列美化的勘误表？）在于，在让书籍值得写作和出版的持续进行的辩论中，书评是关键的一部分，也是让它所激发的对话向更广大受众开放的方式。在我看来，在文学杂志写书评的部分乐趣在于，要在远远超出图书馆和教室墙内的地方思考我的学科中一些最专门的论著，试着理解其论点，并且说明为什么它可能很重要、有意思或有争议（我想作者本人在《纽约书评》上看到讨论他对修昔底德的技术性评论[见本书第3章]的文章也有点意外——但我试着表明，它提出了重大议题，同我们时至今日如何理解和误解、引用和误用修昔底德有关)。

我希望我以与之完全相称的无畏与坦率完成了这项工作。我在呈现一本书的论点时不会手下留情。但我确有一条铁律：我不准备对作者当面说的话也绝不放在书评里。"如果你不能说出来，那也不要写出来。"(在我看来)应该是评论家坚定的座右铭。事实上，回头看本书各章，我意识到有时候有些话我已经对作者本人说过了。在十多年在研讨会和学术会议吧台边的断断续续的辩论和分歧之后，彼得·怀斯曼(第6章和第10章)发现我以钦佩和沮丧混杂的心情回应他对早期罗马历史和戏剧的有想象力的重构时，并不会感到震惊。

当然，我是对是错，那是另一回事。不过，在编辑和调整这些书评，令其适应本书中的新家时，我发现我没怎么改变主意(尽管我确实在回顾时想到，我在第2章中对德尔斐神庙女祭司各种不同的"嘴"有点过于热情)。我希望它们能在这里找到新的读者，将老手和新手都带入古典学对话中。我希望——如文特里斯在提到一个我永远无法做到的伟大发现时说的——这里会证明是它们"合适的地方"。

延伸阅读

大多数情况下，要找到更多内容或要跟进我在讨论中提出的问题，显然应去看所评论的那本书。这一部分并非系统书目。它包括我提到的一些最重要的其他著作或与主题有关的更多参考文献；还提出了几条(进一步)延伸阅读的建议，我承认，主要集中于一些个人最爱。

导 论

Gary Wills 对克里斯多夫·洛格（Christopher Logue）版本的荷马史诗的讨论，载于 *NYRB* 23 April, 1992。

第一部分

1

Nicoletta Momigliano 著 *Duncan Mackenzie: A Cautious, Canny Highlander* (*Bulletin of the Institute of Classical Studies*, Supplement 63, 1995) 的主题是 Duncan Mackenzie 的生涯。Martin Bernal 的 *Black Athena: the Afroasiatic Roots of Classical Civilization* 的前两卷（已保证还有更多卷）出版于 1987 年和 1991 年（London and New Brunswick, NJ）；Bernal 强调了——并非没有争议——古希腊文化的埃及、非洲和闪米特起源。C. Gere 的 *Knossos and the Prophets and Modernism* (Chicago, 2009) 是近来最饶有趣味的 "克诺索斯现象" 研究著作之一。

3

对修昔底德的重要文学研究近作包括：V. Hunter, *Thucydides: The Artful Reporter* (Toronto, 1973); T. Rood, *Thucydides: Narrative and Explanation* (Oxford, 1998); E. Greenwood, *Thucydides and the Shaping of History* (London, 2006)。

4

James Davidson 关于亚历山大的著名论文刊登于 *LRB* 1 November, 2001。对于想要了解一些关于 "总督责任" 和古代波斯社会其他方面基本信息的人，T. Holland, *Persian Fire: The*

First World Empire and the Battle for the West (London, 2005) 或 M. Brosius, *The Persians* (London, 2006) 应能填补一些空白。C. Vout 的 *Power and Eroticism in Imperial Rome* (Cambridge, 2007) 很好地讨论了哈德良和安提诺乌斯。

5

W. Hansen (ed.), *Anthology of Ancient Greek Popular Literature* (Indiana, 1998) 翻译了《爱笑者》的精选笑话；全文翻译可见 B. Baldwin, *The Philogelos or Laughter-Lover* (Amseterdam, 1983)。

第二部分

6

Arnaldo Momigliano 的 *On Pagans, Jews and Christians* (Middletown. CT., 1987) 一书中可以很容易找到他关于罗慕路斯和埃涅阿斯的论文（'How to Reconcile Greeks and Trojans'）。

8

A. Richlin, 'Cicero's head", in J. I. Porter (ed.), *Constructions of the Classical Body* (Ann Arbor, 1999)，这是一篇关于西塞罗遭斩首的出色研究；配以 S. Butler, *Hand of Cicero* (London, 2002)。

9

这里可以找到关于西塞罗对威尔瑞斯的攻击（显示出西塞罗有些咒骂有多不公平）中其他主题的一丝不苟的技术性研究：J. R. W. Prag (ed.), *Sicilia Nutrix Plebis Romanae: Rhetoric, Law and Taxation in Cicero's Verrines* (Bulletin of the Institute of Classical

Studies, Supplement 97, 2007)。

第三部分

11

J. P. Hallett, 'Perusinae glandes and the changing image of Augustus', *American Journal of Ancient History* 2 (1977), 151—71 是一篇详尽（且坦率）的关于佩鲁贾石弹的研究。

12

日耳曼尼库斯演讲的莎草纸记录由 Dominic Rathbone 翻译并讨论，见 World Archaeology 26（2009），网络资源如下：www.world-archaeology.com/features/oxyrnchu/。Adrian Goldsworthy 的"双人传记"是 *Anthony and Cleopatra* (London, 2010)。贺拉斯的"疯狂的女王"见其 *Odes* 1,37（尽管这首诗其余部分对女王的看法更为微妙）。

13

我在 Carcopino 的 *Daily Life in Ancient Rome* (New Haven and London, 2003) 第二版的前言中讨论了这本书的政治背景。

14

斐洛描写他觐见卡利古拉的文字见其所著 *On the Embassy to Gaius* (译文见 Volume 10 of the Loeb Classical Library edition of the work of Philo, 网址 www.earlychristianwritings.com/yonge/book40.html (Chapter XLIV and following)。Walter Scheidel 对罗马帝国权力转移时的血腥记录的讨论是 2011 年在剑桥做的一次

讲座内容的一部分（www.sms.cam.ac.uk/media/1174184）。Pliny, *Letters* 4, 22 讲述了和涅尔瓦皇帝的那次尽人皆知的晚宴。

15

斗兽场的长期历史是 K. Hopkins and M. Beard, *The Colosseum* (London, 2005) 一书中的重头戏。

17

罗兰·巴特的文章很方便地重印于此: S. Sontag (ed.), *Barthes: Selected Writings* (London, 1982)。Woodman 的 *Annals* 译本出版于 2004 年（Indianapolis）；格兰特"一直很受欢迎的"企鹅版译本到了 2012 年下半年总算被 Cynthia Damon 的新企鹅版本替代。塞涅卡的笑话出现在他神化克劳狄乌斯皇帝的幽默短文里，*Apocolocyntosis*, chapter 11。皮索祖先坟墓复杂（且时而模糊）的历史是 P. Kragelund, M. Moltesen and J. Stubbe Ostergaard, *The Licinian Tomb. Fact or Fiction* (Copenhagen, 2003) 的主题；雕塑也在一本皇家学院展览目录中占据重要地位（Royal Academy Exhibition catalogue）: *Ancient Art to Post-Impressionism: Masterpieces from the Ny Carlsberg Glypotek* (London, 2004)。

18

哈德良统治时期的物质文化，见 T. Opper, *Hadrian. Empire and Conflict* (London, 2008)，本书插图华丽；对色情维度的讨论见 C. Vout, *Power and Eroticism in Imperial Rome*（Cambridge, 2007）。

第四部分

19

Hackworth Petersen, *The Freedman in Roman Art and Art History* (Cambridge, 2006) 对针对获释奴隶艺术品的学术势利眼提出了尖锐的分析,且图例丰富(引用了 Howard Colvin 对欧律萨西斯"极糟的墓碑"的评论)。

20

The Oracles of Astrampsychus(及其他古代大众文学选本)的翻译见 W. Hansen (ed.), *Anthology of Ancient Greek Popular Literature* (Indiana, 1998)。

22

Benjamin Britten 为奥登抒情诗做的总谱将由 Charlotte Higgins 重印于 *Under Another Sky: Journeys through Roman Britain* (London, 2013)。对维德兰达文献最清楚的介绍是 A. Bowman, *Life and Letters on the Roman Frontier: Vindolanda and its People* (London, 1994)。

23

Eleanor Dickey 的双语对话有些部分有了非常精彩的带翻译的新版本,标题为(颇为惊人)*The Colloquia of the Hermeneumata Pseudodositheana: Volume 1, Colloquia Monacensia-Einsidlensia, Leidense-Stephani, and Stephani* (Cambridge, 2012)。

第五部分

24

Christopher Morrissey 在 2002 年加拿大的一次古典学会议上，讨论了埃斯库罗斯篇章的再利用；其论文概述网址为 http://morec.com/rfk.htm。

25

Hölscher 关于拉奥孔的讽刺文章（'Laokoon und das Schicksal des Tiberius: Ein Akrostikon'）刊登于 *Antike Welt 31* (2000)。

26

目前对利·费摩尔生平的主要记录见 A. Cooper, *Patrick Leigh Fermor* (London, 2012)。

27

Dwyer 发表了关于石膏灌注更完整的叙述，见 *Pompeii's Living Statues: Ancient Roman Lives Stolen from Death* (Ann Arbor, 2010)；庞贝的晚近历史与接受是以下插图展览目录的主题，V. C. Gardner Coates, K. Lapatin, J. L. Seydl (eds), *The Last Days of Pompeii: Decadence, Apocalypse, Resurrection* (Malibu, 2012)。

31

C. Goudineau, *Par Toutatis!: que reste-t-til de la Gaule*？(Paris, 2002)，法国人痛快淋漓地反驳了阿斯特里克斯勇敢对抗罗马人所代表的法国历史的神话。

致　谢

为了这些文章最初的出版和这本新书，我要感谢很多人。约翰·斯图洛克（John Sturrock）最早向我展现了好的书评是什么样子，菲尔迪·芒特（Ferdy Mount）敢于信赖我，让我负责《泰晤士报文学增刊》（TLS）的古典学部分。玛丽-凯·威尔莫斯（Mary-Kay Wilmers）和鲍勃·西尔维斯（Bob Silvers）是我在《伦敦书评》和《纽约书评》的慷慨的编辑（认识和这些报刊有关的所有人很有意思，特别是利亚·赫德曼［Rea Hederman］）。20多年来，TLS是我的第二个家，所有员工（尤其是莫琳·艾伦［Maureen Allen］）都知道她们对我意义多大。2002年彼得·斯托特德（Peter Stothard）开始在TLS做编辑时我认识了他。从那时起他一直是不可或缺的良师益友和切磋问题的对手，不论古典学项目还是其他——本书许多章节背后都有他的影响。

我的家人罗宾、佐伊和拉夫经受住了这些文章的写作与重写过程，给我提出的点子比他们意识到的更多（罗宾拍了许多照片，我说我永远用不上，但用上了）。黛比·惠特克（Debbie Whittaker）一如往常承担了大量工作，将本书的原材料变为成品。Profile 出版社的苏珊·希伦（Susanne Hillen）对草稿的编辑工作很精通，博丹·布希亚克（Bohdan Buciak）的校对独具眼光；我的朋友潘妮·丹尼尔（Penny Daniel）、安德鲁·富兰克林（Andrew Franklin）、露思·基里克（Ruth Killick）和瓦伦蒂娜·赞卡（Valentina Zanca）让我得以坚持下去，从头到尾为我打气。谢谢你们每一位。

《古典学还有未来吗？》献给我的最佳编辑和密友彼得·卡森（本书是他的想法）。我等待许久方才说出这些——但是，是彼得教会我，好的写作和出版不仅依靠智力、专业知识和勤奋，还依靠忍耐、幽默和同情心。我将永不忘怀那些教诲和午餐。

令人悲伤的是本书出版前彼得去世了——但他见到了校样，认可了封面，庆祝了它的诞生，读到了献词。*In memoriam*[1].

---

1 怀念。

文章来源

这些文章较早的版本出版于以下刊物：
引言：New York Review of Books (*NYRB*), 12 January, 2012.

1. *London Review of Books (LRB) 30 November, 2000; review of J. A. MacGillivray, Minotaur: Sir Arthur Evans and the Archaeology of the Minoan Myth (Jonathan Cape, 2000).*
2. *LRB 11 October, 1990; review of Jane McIntosh Snyder, The Woman and the Lyre: Women Writers in Classical Greece and Rome (Bristol Classical Press, 1989); J. J. Winkler The Constraints of Desire: The Anthropology of Sex and Gender in Ancient Greece (Routledge, 1990); Giulia Sissa Greek Virginity, translated by Arthur Goldhammer (Harvard, 1990).*
3. *NYRB 30 September, 2010; review of Donald Kagan, Thucydides: The Reinvention of History (Viking, 2009); Simon Hornblower, A Commentary on Thucydides, Volume III, Books 5.25–8.109 (Oxford University Press, 2008).*
4. *NYRB 27 October, 2011; review of Philip Freeman, Alexander the Great(Simon and Schuster, 2011); James Romm (ed), translated from the Greek by Pamela Mensch, The Landmark Arrian: The Campaigns of Alexander(Pantheon, 2010); Pierre Briant, translated from French*

by Amélie Kuhrt, *Alexander the Great and his Empire: A Short Introduction* (Princeton University Press, 2010); Ian Worthington, *Philip II of Macedonia* (Yale University Press, 2008); James Romm, *Ghost on the Throne: The Death of Alexander the Great and the War for Crown and Empire* (Knopf, 2011).

5. *Times Literary Supplement*, 18 February, 2009; review of Stephen Halliwell, *Greek Laughter: A study of cultural psychology from Homer to early Christianity* (Cambridge University Press, 2008).

6. *TLS*, 12 April, 1996; review of T. P. Wiseman, *Remus, A Roman Myth* (Cambridge University Press, 1995); Matthew Fox, *Roman Historical Myths: the regal period in Augustan literature* (Clarendon Press, 1996); Gary B. Miles, *Livy, Reconstructing early Rome* (Cornell University Press, 1995); Carole E. Newlands, *Playing with Time, Ovid and the Fasti* (Cornell University Press, 1995); T. J. Cornell, *The Beginnings of Rome, Italy and Rome from the Bronze Age to the Punic Wars, c 1000 – 264BC* (Routledge, 1995).

7. *TLS*, 11 May, 2011; review of Robert Garland, *Hannibal* (Bristol Classical Press, 2010); D. S. Levene, *Livy on the Hannibalic War* (Oxford University Press, 2010).

8. *LRB* 23 August, 2001; review of Anthony Everitt, *Cicero: A Turbulent Life* (John Murray, 2001).

9. *TLS* 30 September, 2009; review of Margaret M. Miles, *Art as Plunder: The ancient origins of debate about cultural property* (Cambridge University Press, 2008); Carole Paul, *The Borghese Collections and the Display of Art in the Age of the Grand Tour* (Ashgate, 2008).

10. *TLS* 13 May, 2009; review of T. P. Wiseman, *Remembering the Roman People: Essays on Late-Republican politics and literature* (Oxford University Press, 2009).

11. *NYRB* 8 November, 2007; review of Anthony Everitt, *Augustus: The Life of Rome's First Emperor* (Random House, 2006).

12. *NYRB* 13 January, 2011; review of Stacy Schiff, *Cleopatra: A Life* (Little,

Brown, 2010).
13. TLS 13 September, 2002; review of Anthony A. Barrett, Livia: First Lady of Imperial Rome (Yale University Press, 2002); Sandra R. Joshel, Margaret Malamud and Donald T. McGuire Jr (eds), Imperial Projections: Ancient Rome in Modern Popular Culture (Johns Hopkins University Press, 2001).
14. LRB 26 April, 2012; review of Aloys Winterling, Caligula: A Biography, SOURCES
15. LRB 2 September, 2004; review of Edward Champlin, Nero (Harvard University Press, 2003).
16. TLS 24 June, 2005; review of Richard Hingley and Christina Unwin, Boudica: Iron Age Warrior Queen (Hambledon, 2005); Vanessa Collingridge, Boudica (Ebury Press, 2005); Manda Scott, Boudica. Dreaming the Hound (Bantam Press, 2004).
17. LRB 22 January, 2004; review of Cynthia Damon (ed.), Tacitus: Histories I (Cambridge University Press, 2002).
18. LRB 18 June, 1998; review of Anthony Birley, Hadrian: The Restless Emperor (Routledge, 1997).
19. TLS 29 February, 2012; review of Henrik Mouritsen, The Freedman in the Roman World (Cambridge University Press, 2011); Keith Bradley and Paul Cartledge (eds), The Cambridge World History of Slavery, Volume One: The Ancient Mediterranean World (Cambridge University Press, 2011).
20. TLS 17 March, 2010; review of Jerry Toner, Popular Culture in Ancient Rome (Polity Press, 2009); Estelle Lazer, Resurrecting Pompeii (Routledge, 2009).
21. TLS 31 January, 2007; review of Sheila Dillon and Katherine E. Welch (eds), Representations of War in Ancient Rome (Cambridge University Press, 2006).
22. TLS 4 October, 2006; review of David Mattingly, An Imperial Possession: Britain in the Roman Empire, 54 BC – AD 409 (Allen Lane,

2006).
23. *TLS 13 June, 2003; review of J. N. Adams, Bilingualism and the Latin Language (Cambridge University Press, 2003).*
24. *TLS 15 October, 2004; review of Edith Hall, Fiona Macintosh and Amanda Wrigley (eds), Dionysus since 69: Greek tragedy at the dawn of the third millennium (Oxford University Press, 2004).*
25. *TLS 2 February, 2001; review of D'après l'Antique: Paris, musée du Louvre, 16 octobre 2000–15 janvier 2001 (Réunion de musées nationaux, 2000); Richard Brilliant, My Laocoön: Alternative claims in the interpretation of artworks (University of California Press, 2000); Salvatore Settis, Laocoonte, Fama e stile (Donzelli, 1999).*
26. *LRB 18 August, 2005; review of Patrick Leigh Fermor, Roumeli: Travels in Northern Greece (John Murray, 2004); Patrick Leigh Fermor Mani: Travels in the Southern Peloponnese (John Murray, 2004); Patrick Leigh Fermor, edited by Artemis Cooper, Words of Mercury (John Murray, 2004).*
27. *TLS 6 September, 2007; review of Judith Harris, Pompeii Awakened: A story of rediscovery (I. B. Tauris, 2007); Victoria C. Gardner Coates and Jon L. Seydl (eds), Antiquity Recovered: The legacy of Pompeii and Herculaneum (Getty Publications, 2007).*
28. *LRB 26 July, 1990; review of Robert Fraser, The Making of 'The Golden Bough': The Origin and Growth of an Argument (Macmillan, 1990).*
29. *LRB 25 March, 2010; review of Fred Inglis, History Man: The Life of R.G. Collingwood (Princeton University Press, 2009).*
30. *TLS 15 April, 2005; review of Robert B. Todd (ed.), Dictionary of British Classicists (Continuum, 2004).*
31. *LRB 21 February, 2002; review of Albert Uderzo, Asterix and the Actress, translated by Anthea Bell and Derek Hockridge (Orion, 2001).*

出版后记

英国著名古典学者玛丽·比尔德从 30 余年前开始,就在不同的报刊上撰写古典学领域著作的书评了。本书汇集了她多年以来发表的书评中的 31 篇,评论对象既包括艰深的学术专著,也有相对通俗的人物传记,还有更为大众化的流行漫画等。通过这些书评,作者以轻松幽默的笔调展现了学科内部的诸多探讨与争论,同时大胆地提出了自己有时富于争议的观点。

在此之上,作者力图向我们展现的是:古典学远不是板起脸孔,传授尘埃落定的知识的学科,而是依然鲜活,充满了激动人心的新发现、新观点。她不仅邀请我们游览古典学世界,也邀请我们参与到讨论中来。这门学科不仅与古人相关,也与我们自身相关;不仅探讨过去,而且面向未来。

服务热线:133-6631-2326　188-11142-1266
服务信箱:reader@hinabook.com

后浪出版公司
2022 年 10 月

图书在版编目（CIP）数据

古典学还有未来吗？：从古希腊罗马到现在 / (英) 玛丽·比尔德著；汪蘅译. -- 北京：北京联合出版公司, 2023.6
　　ISBN 978-7-5596-6834-9

Ⅰ. ①古… Ⅱ. ①玛… ②汪… Ⅲ. ①古希腊—历史 ②古罗马—历史 Ⅳ. ①K125②K126

中国国家版本馆CIP数据核字(2023)第061637号

Confronting the Classics: Traditions, Adventures, and Innovations by Mary Beard
Copyright © Mary Beard Publications Ltd, 2013
Simplified Chinese translation © 2023 by Ginkgo (Shanghai) Book Co., Ltd.
All rights reserved.
本书简体中文版权归属于银杏树下（上海）图书有限责任公司。

北京市版权局著作权合同登记　图字：01-2023-1001

古典学还有未来吗？：从古希腊罗马到现在

著　　者：[英]玛丽·比尔德
译　　者：汪　蘅
出 品 人：赵红仕
选题策划：后浪出版公司
出版统筹：吴兴元
特约编辑：侯　畅
责任编辑：孙志文
营销推广：ONEBOOK
装帧制造：墨白空间·张萌

北京联合出版公司出版
（北京市西城区德外大街83号楼9层 100088）
天津中印联印务有限公司印刷　新华书店经销
字数269千字　880毫米×1194毫米　1/32　12印张
2023年6月第1版　2023年6月第1次印刷
ISBN 978-7-5596-6834-9
定价：58.00元

后浪出版咨询（北京）有限责任公司　版权所有，侵权必究
投诉信箱：copyright@hinabook.com　fawu@hinabook.com
未经许可，不得以任何方式复制或者抄袭本书部分或全部内容
本书若有印、装质量问题，请与本公司联系调换，电话010-64072833